Vijf Levens Herinnerd

Dolores Cannon

Vertaald door:
Michael Wouters

© 2009 door Dolores Cannon
Eerste druk door Ozark Mountain Publishing, Inc.-2009
Eerste Nederlandse vertaling - 2022

Alle rechten voorbehouden. Geen enkel deel van dit boek, in deel of in zijn geheel, mag worden gereproduceerd, verzonden of gebruikt, in geen enkele vorm of middel, zij het elektronisch, fotografisch of mechanisch, inclusief fotokopie, opname, of in de vorm van informatieopslag- of opvraagmiddel zonder schriftelijke toestemming van Ozark Mountain Publishing Inc. Met uitzondering van korte citaten in literaire artikelen en recensies.

Voor toestemming, digitalisering, samenvattingen, aanpassingen of voor onze catalogus of andere publicaties: schrijf naar Ozark Mountain Publishing Inc., P.O. Box 754, Huntsville, AR 72740, t.a.v. Permissions Department.

Library of Congress Cataloging-in-Publication Data
Cannon, Dolores, 1931-2014
Five Lives Remembered, by Dolores Cannon
(*Vijf Levens Herinnerd*, door Dolores Cannon)
    Het verhaal van hypnotherapeut Dolores Cannon's begin op het gebied van regressie en ontdekking van vorige levens.

1. Hypnose 2. Reïncarnatie 3. Goddelijke bron 4. Inlopers *
*[letterlijk vertaald van de door DC gebruikte term 'Walk-ins']
I. Cannon, Dolores, 1931-2014 II. Reïncarnatie III. Metafysica IV. Titel
ISBN: 978-1-956945-28-7

Vertaald door: Michael Wouters
Omslagdesign en Opmaak: Victoria Cooper Art
Boekopmaak (lettertype)*: Times New Roman
Boek ontwerp: Nancy Vernon
Uitgegeven door:

WWW.OZARKMT.COM
Gedrukt in de Verenigde Staten van Amerika

Inhoudsopgave

Introductie		i
Hoofdstuk 1	Het Podium Opzetten	1
Hoofdstuk 2	Het Doek Gaat Op	8
Hoofdstuk 3	De Vergelijkingstape	21
Hoofdstuk 4	Het Leven van June/Carol	39
Hoofdstuk 5	De Dood van June/Carol	70
Hoofdstuk 6	We Ontmoeten Jane	86
Hoofdstuk 7	Sarah in Boston	116
Hoofdstuk 8	Mary in Engeland	132
Hoofdstuk 9	Sterke Gretchen	140
Hoofdstuk 10	Een Geest Gecreëerd	165
Hoofdstuk 11	Leven als een Geest	174
Hoofdstuk 12	Een Geest Kijkt naar de Toekomst	190
Hoofdstuk 13	Kennedy en de Schorpioen	203
Hoofdstuk 14	Het Doek Gaat Neer	214
Epiloog		223
Schrijverspagina		227

Opmerking van de vertaler:

Ik voel mij zeer vereerd dat ik deel heb mogen uitmaken van Dolores' reis, om deze kennis te kunnen verspreiden onder Nederlandse lezers.

Met dank aan Ad Wouters voor het proeflezen.

Aangezien dit boek grotendeels is geschreven in de vorm van een 'interview', heb ik geprobeerd om zo dicht mogelijk bij de originele text te blijven. Als er een verandering plaatsvond in accent, of gebruik werd gemaakt van een 'simpeler' taalgebruik, heb ik geprobeerd om dat in mijn Nederlandse vertaling zo goed mogelijk weer te geven. Vandaar dat er hier en daar een woord wordt herhaald, of dat ik simpeler, 'gesproken' Nederlands heb gebruikt.

Introductie

Sinds 1979 ben ik ijverig werkzaam op het gebied van reïncarnatie, vorig-leven therapie en vorig-leven onderzoek. In vroegere tijden werd hierop neergekeken, door diegenen die professioneel werkzaam waren op dit gebied. Maar de laatste jaren is dit een waardevol middel geworden in de behandeling van gezondheidsproblemen, fobieën, allergieën, familie- en relatieproblemen etc., die niet behandelbaar zijn met conventionele vormen van therapie. Vele psychologen maken nu gebruik van deze methode, toegevend dat het niet uitmaakt of zijzelf of hun client geloven in vorige levens. Het belangrijkste dat telt is, dat het de cliënt helpt en als zodanig is het een hulpmiddel dat de moeite waard is, bij het verkennen van de onderbewuste geest. De oorzaak van veel problemen kan worden herleid naar trauma's uit andere levens. Vaak worden zij niet veroorzaakt door slechts één vorig leven, maar door een herhaald, gevestigd patroon dat zo sterk is, dat het wordt overgedragen naar het huidige leven.

Dit is het soort werk, dat ik heb gedaan sinds 1979. Echter degenen die hun vorige levens wilden onderzoeken, waren niet op zoek naar antwoorden voor complicaties in dit huidige leven. Velen van hen benaderden mij uit nieuwsgierigheid. Zij wilden simpelweg weten of ze inderdaad eerder hadden geleefd. Het kwam veelvuldig voor in gevallen waar er geen duidelijke reden of doel was, dat de cliënt informatie kreeg over hele normale en wereldse levens. Waar er een geldige reden was om de onbekende delen van hun geest te verkennen, konden het resultaat en de informatie vaak erg opzienbarend zijn. Het bijzondere is, dat de meesten informatie verkrijgen, die aanduidt dat zij reeds eerder hebben geleefd. Hoe dieper de hypnotische trance, hoe meer informatie wordt verkregen. Ik heb ontdekt dat de beste proefpersonen voor onderzoek naar reïncarnatie, de zogenaamde somnambulistische* personen zijn.

*[de somnambulistische staat is de staat van onderbewustzijn waarin slaapwandelen voor kan komen, ook wel de droomstaat of REM-staat.]

Deze mensen kunnen het diepst mogelijke niveau tamelijk eenvoudig bereiken en terwijl zij in deze staat verkeren, verworden zij letterlijk de persoon uit het vorige leven tot in het kleinste detail. Gedurende mijn jaren van therapie en onderzoek ben ik elk mogelijk voorbeeld tegengekomen, maar van tijd tot tijd ontdekte ik iemand die in een interessant tijdperk leefde of die gerelateerd was aan een belangrijk persoon. Zodoende heb ik mijn boeken geschreven over deze fascinerende gevallen. Dit heeft geleid tot de 'Conversaties met Nostradamus trilogy', 'Jezus en de Essenen', 'Zij Liepen Met Jezus', 'Tussen Leven en Dood', en 'Een Ziel Herinnert Zich Hiroshima'.**

**[originele titels: 'Conversations With Nostradamus trilogy', 'Jesus and the Essenes', 'They Walked With Jesus', 'Between Death and Life', and 'A Soul Remembers Hiroshima']

Daarna breidde het zich uit naar mijn werk met UFO/ Buitenaardse gevallen: 'Hoeders van de Tuin', 'De Legende van Starcrash', 'Nalatenschap van de Sterren', 'De Conservatoren', en tot slot de gevorderde metafysische serie: 'Het Spiraliserende Universum'.***

***[originele titels: 'Keepers of the Garden', 'The Legend of Starcrash', 'Legacy from the Stars', 'The Custodians' en 'The Convoluted Universe'] **nog niet alle titels zijn in het Nederlands vertaald.

Gaandeweg werd mijn werk met hypnose uitgebreid, door het ontwikkelen van mijn eigen, gespecialiseerde techniek om mensen te helpen genezen, door het gebruik van hun geest en contact met hun Hogere Zelf. Ik onderwijs deze methode nu over de hele wereld. Ik schrijf nog steeds meer boeken, gerelateerd aan mijn avonturen voorbij de portalen van tijd en ruimte.

Van tijd tot tijd, gedurende mijn radio en tv-interviews en mijn lezingen worden er vragen gesteld als: "Hoe ben je hier eigenlijk ooit in verzeild geraakt? Waarom ben je begonnen met hypnose?" Als we genoeg tijd hebben, probeer ik dit begin uit te leggen. Als er niet voldoende tijd is, vertel ik dat het 'een lang verhaal is en dat het is beschreven in het eerste boek dat ik ooit heb geschreven: Vijf Levens Herinnerd'. Mensen zijn dan verward, omdat ze op de hoogte zijn van mijn andere boeken en ze vragen mij: "Waarom is dat boek nog niet gepubliceerd?". Het antwoord is: "Ik heb het geprobeerd!". Vaak zijn boeken hun tijd ver vooruit en dat was ook het geval bij dit boek. Toen ik het schreef, waren er geen New Age boekenwinkels en de 'normale' boekenwinkels hadden één plank, of nog minder, gereserveerd voor metafysische boeken. Het was een genre waarvoor de juiste tijd nog niet was aangebroken. Ik stuurde het keer op keer uit [naar uitgeverijen] en ontving alleen maar afwijzingen. Eén uitgeverij zei: "We hadden het kunnen overwegen als je een succesvolle regressie met bekende filmster had gedaan. Dan zou er misschien wel iemand in geïnteresseerd zijn."

Na het jarenlang te hebben geprobeerd en niets terug te hebben ontvangen dan pijn in mijn hart, heb ik het manuscript opgeborgen in mijn archief en ben verdergegaan met mijn werk. Dat betekende niet dat ik gestopt was met schrijven. In tegendeel, toen ik serieus aan de slag ging met regressietherapie, stroomde de informatie binnen vanuit diverse cliënten en begon ik andere boeken te schrijven, terwijl ik 'Vijf Levens Herinnerd' vergat. Het duurde uiteindelijk negen jaar en heel veel voortdurende pijn en teleurstelling voordat ik mijn eerste uitgeverij vond. Tegen die tijd had ik nog vijf boeken geschreven. Gedurende dit proces heb ik elke mogelijke teleurstelling ondergaan die een auteur kan beleven. Vele malen wilde ik het uitschreeuwen: "Ik kan dit niet doen! Het doet te veel pijn!". Elke keer dat ik het dieptepunt van mijn wanhoop bereikte en dacht dat ik maar op moest geven, mijn manuscript tegen de muur wilde smijten en terug wilde keren naar een 'normaal' leven, bekroop mij de gedachte: "Prima. Als je wilt stoppen, wat ga je dan doen met je leven?" En dan kwam altijd het antwoord: "Ik wil niks anders doen dan schrijven.". Dus dan vocht ik tegen mijn tranen en begon aan een nieuw boek, niet wetend of er ook maar één ooit zou worden uitgebracht.

Wanneer ik nu een lezing geef op een schrijversconventie, vertel ik de aspirerende schrijvers: "Je hebt dus een boek geschreven, en nu? Dat eerste boek wordt misschien nooit uitgegeven. Je moet doorgaan met schrijven. Misschien is het de tweede, of de vierde die wordt uitgegeven. Als je een echte schrijver bent, kun je niet niet schrijven. Het wordt zo'n drang dat je liever schrijft, dan eet. Wanneer het dat punt bereikt dan weet je wat jouw missie is." De energie erachter zal dan zo groot zijn dat de boeken materialiseren om dat het de Wet van het Universum is.

Zoals bleek, waren het mijn vierde, vijfde en zesde boek die als eerste werden uitgegeven (de Nostradamus trilogie) en de andere volgden daarna. Ik weet dat die donkere periode in mijn leven, mijn testfase was. Ik ontving de kans om ermee te stoppen als ik dat had gekozen. Een kans op een normaal leven als dat was wat ik koos. Ik weet nu dat zodra iemand een dergelijke toewijding heeft, dat er geen weg terug is, anders zal die persoon nooit geluk vinden. Daarom vertel ik mensen dat ze nooit hun droom moeten opgeven. Mijn testfase was voorbij, mijn toewijding bepaald en nu worden mijn boeken in tenminste twintig talen vertaald. Ze zijn levende wezens geworden. Ze hebben een eigen leven gecreëerd. Dat zou nooit zijn gebeurd als ik had opgegeven.

Gedurende de veertig jaar sinds ik begon te werken op dit gebied, hebben mijn kinderen en lezers vaak gevraagd: "Waarom publiceer je dat eerste boek niet? Je weet dat er interesse voor bestaat, omdat mensen je altijd vragen naar hoe je begon." Er is zoveel gebeurd sinds ik dat boek schreef in 1980, dat ik dacht dat het maar een simpel en naïef verhaal zou zijn, vooral vergeleken met alle stappen en vooruitgang die ik sindsdien heb gemaakt. Het manuscript kwijnde maar weg in mijn archiefkast tot begin 2009. Ik vond het opnieuw terwijl ik mijn huis aan het verbouwen was en mijn oude papieren opruimde. Terwijl ik het in mijn hand hield, leek het tegen mij te praten: "Het is tijd!". Ik gaf het aan mijn dochter Julia en vroeg haar om het te lezen en mij te vertellen wat ze ervan vond. "Is het te oud?" Is het gedateerd? Is het te simpel en naïef?"

Haar antwoord nadat ze het had gelezen was: "Nee mam, het is een overbruggend boek. Het is een tijdcapsule, een stukje geschiedenis. Mensen moeten weten hoe je bent begonnen en dat het geen makkelijke weg is geweest." Hier is het dan, de introductie van het proces dat mijn ongebruikelijke carrière heeft gelanceerd.

Ja, het is simpel en naïef, omdat dit precies is zoals mijn echtgenoot en ikzelf waren toen we vorig-leven regressie ontdekten. We struikelden er letterlijk over terwijl hij routine hypnose verrichtte in 1968. Het is onmogelijk om dit verhaal te vertellen en weg te laten hoe verwonderd en vol ontzag we waren op dat moment. We legden zaken bloot en luisterden naar concepten die nog totaal onbekend waren voor ons. Er was destijds slechts een kleine hoeveelheid populaire literatuur beschikbaar over reïncarnatie en niets tot zeer weinig over vorig-leven regressie onder hypnose. Metafysica was een onbekend woord en de term 'New Age' was nog niet eens bedacht. De gedachte om een gesprek aan te kunnen gaan met iemand nadat deze was overleden of voor diens geboorte, was verrassend. We hadden geen voorbereiding, dus het verhaal is verteld op de simpele en naïeve manier hoe het is ontstaan. Dit is het verhaal van mijn begin, hoewel het meer over mijn echtgenoot vertelt dan over mijzelf. Dat is echter vaak de manier hoe dingen gebeuren, door toevallige omstandigheden en ontmoetingen die onze levens en de manier hoe we over dingen denken voor altijd veranderden. Ik vraag mijzelf vaak af wat voor weg ik zou hebben gekozen in deze fase van mijn leven, als ons avontuur met betrekking tot reïncarnatie niet had plaatsgevonden in 1968. Het heeft een deur geopend die nooit meer gesloten kan worden en daar ben ik dankbaar voor. Het verbazingwekkende is, dat geen van de inzichten die gepresenteerd worden in dit boek, ooit zijn tegengesproken door mijn verdere onderzoek door de jaren heen. Destijds waren zij fris, verrassend en ongebruikelijk, maar gedurende de tussentijdse jaren zijn zij alleen maar meer bevestigd door de validatie van talrijke (duizenden) gevallen, die telkens dezelfde informatie herhaalden, al dan niet in andere bewoordingen.

Welkom bij jouw intrede in de wereld van het onbekende.

Hoofdstuk 1

Het Podium Opzetten

Dit boek is het verhaal van een hypnose experiment op het gebied van het fenomeen 'reïncarnatie'. Het vond plaats in 1968 en werd bijgewoond door een groep alledaagse mensen. Het was een avontuur dat voor de rest van hun bestaan een diepgaande uitwerking zou hebben op hun levens en hun manier van denken. Ik dacht dat het veel goeds zou brengen om onze ontdekking te delen met anderen. Anderen, die net als wijzelf op dat moment op de tast waren naar enige antwoorden die ons konden helpen de chaotische wereld te begrijpen, die zo op het eerste gezicht geen echte antwoorden biedt. Wat we ontdekten heeft sommige mensen geholpen en anderen verrast. Wat we ontdekten heeft onze kijk op leven en dood voor altijd veranderd. We kunnen niet langer angst hebben voor de dood, omdat het niet langer tot het verschrikkelijk onbekende hoort.

Zoals ik zei, was het een avontuur waarbij alledaagse mensen betrokken waren. Maar wie is er echt alledaags? Elke wezen is gecreëerd door God en op deze verbijsterde, verwarde planeet geplaatst en heeft unieke eigenschappen dat hen onderscheidt van anderen. Er was met zekerheid te zeggen dat Johnny Cannon allesbehalve alledaags was.

Om ons verhaal de geloofwaardigheid te geven die het verdient, is het goed om wat meer te weten over de mensen die erbij betrokken waren en hoe het hele verhaal zich afspeelde. Maar hoe kun je iemands hele leven samenvatten in een paar korte paragrafen? Ik zal het moeten proberen.

Johnny Cannon werd geboren in Kansas City, Missouri in 1931 en hij trad toe tot de Marine van de Verenigde Staten als een jonge man van 17 jaar. Zelfs op die jonge leeftijd had hij al een speciale, warme persoonlijkheid en een vriendschappelijke bezorgdheid voor anderen die vertrouwen en affectie opwekten in bijna iedereen die hij ontmoette. Zijn donkere huiskleur, een nalatenschap van zijn

Amerikaans-Indiaanse voorvaderen maakten een opvallend contrast met zijn verrassend heldere, blauwe ogen. Geen foto van Johnny Cannon zou compleet zijn zonder de onvermijdelijke kop koffie in zijn ene hand en een pijp in zijn andere.

Johnny en ik trouwden in 1951 tijdens zijn stationering in St. Louis, Missouri. Gedurende zijn 21 jaar in de Marine zagen we samen een groot deel van de wereld. Ik ging zo vaak als mogelijk met hem mee, onderweg 4 kinderen producerend. Als een Lucht Controle Officier* [origineel: Air Controlman, ik benoem dit nu als officier] was het zijn baan om de radarbeelden in de gaten te houden en te communiceren met de piloten van landende en opstijgende vliegtuigen, zowel op vliegvelden als op vliegdekschepen.

We waren gestationeerd in Sangley Point op de Filipijnse eilanden in 1960 toen hij geïnteresseerd raakte in hypnose. In die dagen voordat wij betrokken raakten bij de Vietnamoorlog en voordat President Marcos het land overnam, was het een wonderlijk gelukkige plek: door de Marine ook wel een "goede-dienst basis" genoemd. Men had veel vrije tijd, maakte af en toe uitstapjes naar onvergetelijke plaatsen en men had een huis vol met bedienden. Het was een twee jaar durende vakantie. Achteraf gezien waren dat sommige van de gelukkigste dagen van ons leven.

Toevallig was daar een andere man gestationeerd die een professioneel hypnotiseur was, welke een training had gevolgd aan het New York Instituut voor Hypnose. Met zoveel vrije tijd omhanden, had deze man besloten om les te geven op het gebied van hypnose en Johnny dacht dat het een leuke bezigheid zou zijn, om dit te doen. Maar het werd een langdurig, betrokken proces dat ongeveer zes maanden zou duren. Veel van de andere studenten verloren hun interesse en haakten af. De instructeur concentreerde zich niet alleen op de techniek, maar op alle andere facetten van hypnose en de onderbewuste geest. Als iemand de cursus volledig had doorlopen, zou men zodoende op de hoogte zijn van de mogelijke gevaren en hoe deze valkuilen te vermijden. De belangrijkste zorg was om het subject te beschermen en niet deze methode te gebruiken voor entertainment. Johnny doorliep de cursus en bleek zeer vaardig te zijn in hypnose, al zou hij de komende jaren weinig tot geen gelegenheid krijgen om het toe te passen. Andere zaken zaten in de weg – zoals de Vietnamoorlog.

We waren teruggekeerd naar de Verenigde Staten en hadden onze handen vol met de zorg voor vier kleine kinderen, zonder de hulp van de bedienden waar ze aan gewend waren geraakt. Toen ontving Johnny onverwacht in 1963 orders om zich te melden op de U.S.S. Midway een vliegdekschip dat in de haven lag van San Francisco, wat zich voorbereidde om te vetrekken naar de Pacific. De order kwam zo onverwacht dat we slechts twee dagen hadden om ons huis te verlaten, onze bezittingen in te pakken en te vertrekken. Ik was nog niet volledig hersteld van een miskraam van een meisje, nog geen maand geleden en dit was een dubbele schok. Toen Johnny arriveerde in San Francisco had het schip de haven al verlaten en moest hij ernaartoe worden gevlogen. Het was onderweg naar Vietnam.

Zo begonnen drie jaren van eenzaamheid en ogenschijnlijk eindeloos wachten, terwijl ik probeerde om vier kinderen op te voeden met een gelimiteerd inkomen en zonder hun vader. Het is een verhaal dat iedereen die heeft gediend, wel kent. Het vliegdekschip kwam als eerste aan bij de kust van Vietnam, terwijl de oorlog accelereerde en was het eerste om bommen te werpen. Het schip ontving een eervolle vermelding voor het neerschieten van de eerste MIG jet van de oorlog.

Na wat een eeuwigheid leek te duren, kwam Johnny thuis en werden we gestationeerd op een jet training basis in Beeville, Texas. Op die hete, dorre plek deden we ons best om die verloren jaren en het effect ervan op onze kinderen weer goed te maken. Dit is waar ons avontuur begon in 1968.

Gek genoeg begon het allemaal met de grote sigaretten schaarste. Vele methoden om 'af te kicken' werden geprobeerd, maar één die heel effectief bleek was hypnose. Het duurde niet lang voordat men doorhad dat Johnny kon hypnotiseren en hij werd zeer gewild. Er waren velen die wilden stoppen met roken, afvallen, aankomen, slechte gewoonten verminderen, of leren om te ontspannen. We kwamen alle normale gevallen tegen waar hypnose voor wordt gebruikt. Er was één man die de order had gekregen om naar Vietnam te gaan en hij was zo van streek dat hij er niet van kon slapen. Johnny probeerde hen allemaal te helpen. Sommigen boden aan om hem ervoor te betalen, maar dat weigerde hij altijd. Ik was aanwezig bij al zijn sessies en het was fascinerend om hem te zien werken. Zo verliep alles maandenlang vlot – en toen ontmoetten we Anita Martin (pseudoniem).

Anita was de vrouw van een Marinier, in haar dertiger jaren met drie kinderen. We ontmoetten haar vriendschappelijk en zij en ik waren actief in de 'Marinier's Vrouwen Club', maar we waren geen hechte vriendinnen. Anita was van Duitse komaf, blond en mooi, een vriendelijke persoonlijkheid en katholiek gelovig. Ze was onder behandeling van de dokter op de basis voor nierproblemen en hoge bloeddruk, beide verergerd door haar overgewicht. Ze leek maar niet te kunnen afvallen en de dokter had er moeite mee om haar bloeddruk te verlagen. Al deze oorzaken, gecombineerd met diverse persoonlijke problemen hadden haar getransformeerd tot een nerveuze eter. Ze vroeg ons of wij van mening waren dat hypnose haar zou kunnen helpen om te ontspannen, de druk te verminderen en haar ervan zou kunnen weerhouden om zoveel te eten.

Normaal gesproken wilde Johnny niets met een medische oorzaak behandelen, omdat hij wist dat hij niet op dat gebied gekwalificeerd was. Maar de dokter kende ons en nadat Anita met hem had besproken wat zij graag wilde doen, stemde hij ermee in dat het geen kwaad zou kunnen en misschien zelfs zou kunnen helpen. Hij zou de resultaten in de gaten houden.

Het moment dat we voor het eerst naar Anita's huis gingen, was Johnny verrast dat zij zo snel in trance raakte. Hij deed diverse tests maar het bleek dat zij één van die ongebruikelijke personen is, die onmiddellijk in een diepe staat van trance kon geraken. Later zei ze dat ze altijd al had gedacht, dat ze er geen enkele moeite mee zou hebben om gehypnotiseerd te worden; daarom had ze geen mentale terughoudendheid. Dit type subject wordt een 'somnambulist' genoemd.

Johnny werkte vele weken met haar, haar suggesties gevend om te kunnen ontspannen. Hij stelde haar voor om wanneer ze de verleiding kreeg om te veel te eten, dat ze dan het mentale beeld voor zich zou krijgen van het meisje waarop ze wilde lijken en dat zou haar ervan weerhouden om naar de ijskast te gaan. Het leek allemaal te werken, want de dokter rapporteerde dat haar bloeddruk voor het eerst was gedaald en dat haar nieren aan de beterende hand waren. Haar gewicht was ook aanmerkelijk lager geworden. Geleidelijk, terwijl Johnny met haar werkte, bereikte haar gezondheid bijna een geheel normale staat.

In zijn pogingen om de validiteit van haar trance te bepalen, bracht Johnny haar vaak terug naar haar kindertijd. In zulke gevallen waren wij beiden erg onder de indruk van de compleetheid van haar regressie. Ze werd dan zeer uitgesproken, praatte en praatte, in uitvoerige details en had weinig tot geen aansporing nodig. In tegenstelling tot veel hypnose subjecten waarbij het nodig is om veel vragen te stellen om hun reactie teweeg te brengen, leek zij letterlijk het kind te worden dat ze geweest was, zowel in spraak als in manieren.

Op een dag merkte zij op dat ze iets had gehoord over zogenaamde regressie in vorige levens en ze vroeg zich af of er iets van waarheid zat in het idee van reïncarnatie. Wij hadden ook van zulke dingen gehoord, ook al was er in de zestiger jaren nog niet zoveel over bekend als nu. Het idee was nog nieuw en verrassend. De enige boeken die we tot dan toe hadden gelezen die zich bezighielden met reïncarnatie en hypnotische regressie naar vorige levens waren Morey Bernstein's Search for Bridey Murphy en The Enigma of Reincarnation door Brad Steiger. Jess Stern's Search for the Girl with the Blue Eyes kwam uit, nadat we ons experiment hadden beëindigd. De vele andere boeken over dit onderwerp zouden niet eerder verschijnen dan de zeventiger jaren. Zodoende was het extreem moeilijk om ook maar iets te vinden in 1968 in boekvorm dat we konden gebruiken als richtlijn.

We vertelden haar dat we het onderwerp zeer intrigerend vonden, maar dat we nog niet eerder iemand hadden gevonden die bereidwillig zou zijn om zo'n experiment met ons te proberen. Ze was nieuwsgierig om te zien of er ook maar iets zou gebeuren; maar we tastten allemaal in het duister. Het zou de eerste keer voor ons allemaal zijn. Johnny had geen instructies over hoe verder te gaan of wat voor resultaten te verwachten. We begaven ons in het volledig onbekende.

We hadden een uitstekende bandrecorder, een groot en moeilijk te hanteren apparaat dat gebruik maakte van grote 8 inch bandspoelen. Derhalve werd deze fase van het werk allemaal in ons huis uitgevoerd.

Toen de dag was aangebroken voor ons experiment, waren we allemaal opgewonden en vol verwachting. Johnny zei dat het belangrijk was dat we Anita's geest niet zouden vertroebelen met suggesties en daarom was hij extreem voorzichtig met wat hij zou zeggen. We hadden geen idee wat we konden verwachten.

Dat was de manier hoe het begon, als een nieuwsgierigheid, een éénmalig iets om te ervaren en later te bespreken. We hadden er geen idee van dat we Pandora's Doos zouden openen. De bandrecorder stond klaar terwijl Anita het zich gemakkelijk maakte in de leunstoel en gemakkelijk en snel in een diepe trance geraakte, zoals ze al vele malen eerder had gedaan. Johnny nam haar rustig terug door de jaren van haar kindertijd. Opzettelijk bijna te langzaam, alsof hij bang was om de sprong te maken voorbij het bekende en vertrouwde.

Allereerst zagen we haar als een klein meisje van tien jaar oud, pratend over een pluizig thuis-permanentje dat haar moeder haar had gegeven en over een nieuw woord: "apostrof" wat ze die dag op school had geleerd.

Vervolgens was ze een meisje van zes wat enkele kerstcadeautjes had uitgepakt, voordat ze daar toestemming voor had gehad en nu was ze ongerust over hoe ze die weer opnieuw moest inpakken. Daarna als een meisje van twee dat speelde in de badkuip. Daarna een baby van één maand oud.

"Ik zie een baby in een witte wieg", zei ze. "Ben ik dat?"

Diep inademend zie Johnny: "Ik ga tot vijf tellen en zodra ik vijf bereik, ben je terug voordat je geboren bent. Eén, twee, drie, vier, vijf. Wat zie je?"

"Alles is zwart!"

"Weet je waar je bent?" vroeg hij. Anita zei dat ze het niet wist.

Hij ging verder: "Terwijl ik tot tien tel, reizen we verder terug… Wat zie je nu?"

"Ik zit in een auto", antwoordde ze.

Wat? Dit was een enorme emotionele tegenvaller. We hadden gedacht dat als ze terug zou gaan naar een vorig leven, dat dit zeker een tijd zou zijn ver voor de dagen van de auto. Maar een auto? Dat klonk te modern. We hadden zeker gefaald!

"Het is een grote, zwarte, glimmende auto," riep zij uit. "Een Packard en ik heb hem zojuist gekocht."

"Heb je dat gedaan? In welke stad zijn we?"

"We zijn in Illinois. We zijn in Chicago."

"Ik begrijp het. En welk jaar is dit?"

Anita schoof op en neer in de stoel en werd letterlijk iemand anders. "Weet je niet welk jaar dit is?" lachte ze, "Nou, gekkie, het is 1922!"

We waren er toch in geslaagd! We wisten dat ze in haar huidige leven was geboren in 1936. Dus het was duidelijk dat ze was teruggekeerd naar een ander leven, ook al was het een redelijk recent leven. Johnny en ik staarden elkaar stomverbaasd aan. Hij grijnsde lichtelijk, terwijl hij gehaast probeerde te bedenken wat hij nu zou gaan doen. Nu dat de deur was geopend, hoe zou hij verder gaan? Gedurende de volgende maanden zouden we onze eigen techniek en procedures uitvinden, terwijl we ons baanbrekend op onbekend terrein begaven.

HOOFDSTUK 2

Het Doek Gaat Op

Ik zal niet proberen om enige verklaring te geven voor wat er nu volgt, want wie zijn wij om het te weten? Ik zal geen theorieën geven over reïncarnatie. Er zijn inmiddels vele boeken op de markt die dat zo veel beter kunnen. Wat ik jullie wel aanbied in de volgende hoofdstukken, is een fenomeen en ik zal vertellen over het effect dat het heeft gehad op iedereen die erbij betrokken was.

We begonnen als sceptici, maar nu geloven we. Door ons experiment geloven we dat de dood niet het einde is, maar slechts het begin. Onze bevindingen impliceren heel sterk dat we continueren door tijd en ruimte om vele malen te bestaan, voor altijd onsterfelijk. We geloven, omdat dit avontuur ons overkwam. We kunnen niet van anderen verwachten dat ze er op dezelfde manier op reageren, maar velen die de bandopnamen hebben gehoord, hebben gezegd dat het iets met hen heeft gedaan, diep vanbinnen. Dat hetgeen ze hebben gehoord wonderbaarlijk was en ontzagwekkend. Veel van deze mensen zijn niet langer bang voor het leven, de dood of het hiernamaals. Als het dat bewerkstelligt voor slechts enkelen, dan is het al de moeite van het vertellen waard.

Tussen het voor- en najaar van 1968 hielden we regelmatig sessies waarin Anita een aantal ogenschijnlijke reïncarnaties herleefde. Door vele brieven te versturen en door uitvoerig onderzoek te doen, heb ik geprobeerd sommige van haar verklaringen te verifiëren. Maar ondanks dat haar voorlaatste leven in 1927 eindigde, een redelijk recent jaartal, was dat een moeilijke, zo niet onmogelijke taak. Soms werd ik opgewonden van de resultaten, maar al te vaak werd ik er gefrustreerd van. Waar ik in staat was om iets te verifiëren, heb ik dat inbegrepen in het verhaal. Misschien is er ergens iemand die meer weet dan wij en die meer bewijs kan leveren dan ik ooit kan hopen. Maar zoals Johnny zei: "Er zullen mensen zijn die vanzelfsprekend vinden dat dit allemaal bedriegerij is, omdat die mensen ons niet kennen. Voor hen zal er nooit genoeg bewijsmateriaal aan te leveren zijn en voor diegenen die het wel geloven, is er geen bewijs nodig. Dat weten we, omdat we het zelf zo hebben meegemaakt."

Gedurende de sessie was er veel aandacht voor controle en dubbele controle zoals blijkt uit Johnny's vragen, hetgeen hij deed om na te gaan of Anita elke keer terug zou keren naar dezelfde locaties en zou refereren aan dezelfde personen. Er waren ook pogingen om haar in de war te brengen; geen daarvan was succesvol. Ze wist te allen tijde wie en waar ze was. Derhalve verschenen er stukjes en beetjes over diverse bandopnamen. Sommige waren net stukjes van een puzzel, die iets uitlegden wat al eerder was opgenomen. Dus voor de duidelijkheid en om de verhalen makkelijker te kunnen volgen, heb ik de informatie over de diverse levens samengevoegd en een apart hoofdstuk aangemaakt voor elk leven. Het is belangrijk om te onthouden dat ze niet in één keer zo ordelijk voorkwamen, maar het is volkomen duidelijk wanneer ze zo samengevoegd zijn. Ik heb verder niets anders toegevoegd dan ons commentaar. Je zou naar de bandopnamen moeten luisteren om echt de emoties te voelen en de verschillende dialecten en stemveranderingen, maar ik zal mijn best doen om ze zo goed mogelijk te interpreteren.

Dus laat het doek maar opgaan voor ons avontuur.

Zoals reeds geïntroduceerd in Hoofdstuk 1, de eerste persoonlijkheid die wij ontmoeten op deze reis terug in de tijd, was een vrouw die leefde in Chicago in de 1920-er jaren. De toon van haar stem en haar manieren gaven een beeld van een totaal ander type persoon dan degene die voor ons zat in een diepe trance. Het nu volgende is een deel van die eerste sessie, zodat de lezer dit onderhoudende karakter kan ontmoeten op dezelfde manier zoals wij dat deden. Andere delen van de eerste sessie zullen worden opgenomen in de volgende hoofdstukken, zoals ik haar kleurrijke leven in chronologische volgorde heb gezet.

De letters "J" en "A" staan voor Johnny en Anita en van tijd tot tijd zal ik het tellen en andere routinematige opmerkingen tijdens de regressie weglaten zodat het eenvoudiger te lezen is.

A: Ik zit in een grote, zwarte, glimmende auto. Ik heb hem zojuist gekocht. Een Packard!

J: *Is het niet fijne om een grote, zwarte auto te bezitten.*
A: (haar stem werd sexy) Ik heb heel veel fijne dingen.
J: *Welk jaar is het?*
A: (Lach) Weet je niet welk jaar het is? Nou gekkie, het is 1922. Iedereen weet dat.
J: *Tja ik raak de tijd nogal gemakkelijk kwijt. Hoe oud ben je?*
A: Dat vertel ik niet zomaar aan iedereen.
J: *Ja, dat weet ik; maar je kunt het mij wel vertellen.*
A: Nou, ik ben bijna 50 … maar ik zie er veel jonger uit.
J: *Dat doe je zeker. In welke stad zijn we?*
A: Chicago.
J: *En hoe heet je?*
A: Iedereen noemt me June, maar dat is slechts een koosnaampje, want hij wil niet dat iedereen mijn echte naam kent.
J: *Wie wil niet dat iedereen het weet?*
A: Mijn vriend [boyfriend]. Ik denk niet dat hij wil dat zijn vrouw het weet.

Deze uitspraak was een beetje verrassend, totaal niet passend bij Anita. Met wat voor type persoon hebben we hier te maken?

J: *Wat is je echte naam?*
A: Carolyn Lambert.
J: *En je hebt zojuist deze nieuwe auto gekocht.*
A: Nou, eigenlijk heeft hij hem voor mij gekocht en hij gaat mij leren rijden, maar op dit moment heb ik een chauffeur.
J: *Dan heb je vast veel geld?*
A: Mijn vriend. Hij geeft mij alles waar ik om vraag.
J: *Hij klinkt als een hele goede vriend. Wat is zijn naam?*
A: Zul je het niemand vertellen?
J: *Nee, geen ziel.*
A: Nou, zijn naam is Al, en hij heeft een Italiaanse naam die moeilijk uit te spreken is voor mij. Maar ik noem het schatje. Het maakt hem aan het lachen en dan geeft hij me nog meer geld.
J: *Waar woont Al?*
A: Hij heeft een groot, stenen huis en hij woont met zijn vrouw en 3 zonen.
J: *Ben je ooit getrouwd geweest?*

A: Eén keer, toen ik nog heel jong was. Ik had geen idee wat ik deed. Ik was ongeveer 16, geloof ik.
J: *Ben je daar opgegroeid, in Chicago?*
A: Nee, op een boerderij niet ver van Springfield.
J: *Wanneer ben je naar Chicago gegaan?*
A: Toen ik Al ontmoette.
J: *Ben je gescheiden van je (eerste) man?*
A: Nee, ik heb hem gewoon verlaten. Hij is dom.
J: *Wat voor soort werk deed hij?*
A: (afkeurend) Boer.
J: *Heb je kinderen?*
A: Nee. Ik hou niet van kinderen. Die leggen je vast.

Anita is van Duitse afkomst en heeft hele blonde haren met een bleke gelaatskleur. Johnny's volgende vraag was: "Wat voor kleur heeft je haar?"

A: Brunette. Ik ben een beetje grijs nu, maar dat laat ik niet zien. Al wil graag dat ik er jong uitzie.
J: *Hoe oud is Al?*
A: Dat vertelt hij niet, maar ik denk dat hij ouder is dan ik. Wanneer we ergens heen gaan, vertellen mensen hem dat ik mooi ben en daar houdt hij van.
J: *Oh? En wat voor soort plaatsen gaan jullie naartoe?*
A: We gaan naar allerlei plekken, zelfs plekken waar je eigenlijk niet heen zou mogen gaan.
J: *Ben je onlangs nog naar heel grote feesten geweest?*
A: Nou, we zijn naar dit grote feest geweest in het huis van de Burgemeester.
J: *De Burgemeester?*
A: Ja dat is wat ze mij vertelden. Hij heeft een heel groot huis op het platteland. Iedereen was daar; heel veel mensen. Al kent iedereen.
J: *(Zich blijkbaar herinnerend dat dit tijdens de Grote Drooglegging moet zijn geweest.) Wat dronk je op het feest?*
A: Ze vertelden me niet wat het was, maar oh jee, het smaakte afschuwelijk. Het was het gekst smakende goedje.
J: *Denk je dat het, wat ze noemen "badkamer jenever" geweest is? (Hij bedoelde klaarblijkelijk "badkuip" jenever.)*

A: (Grote lach) Nou, Al zei dat er waarschijnlijk iemand in had geplast, dus het zou zomaar kunnen! (Lach)
J: Ja. Je moet er allerlei spullen voor uit Canada halen.
A: Moet dat? Al weet daar alles van.
J: Wat voor soort zaken doet Al? Klust hij er wat bij?
A: Ik denk het. Hij vertelt het mij niet, want hij zegt dat als ik iets weet, dat ze het mij kunnen laten vertellen. Dus vertelt hij me niet veel, want hij wil niet dat mij iets overkomt.
J: Nou, ik ga tot vijf tellen en terwijl ik tel ga je terug naar toen je in Springfield was. Zestien jaar oud, het is je huwelijksdag. Wat voor soort dag is het?

De overgang was direct.

A: Winter. Het is erg koud. Ik kan amper warm blijven. Er is een groot vuur. Tjonge, de wind huilt. Je kan gewoon niet warm blijven.

Haar stem was veranderd van de sexy vrouw naar een jonger, plattelandsmeisje.

J: Waar ben je?
A: In de woonkamer.
J: Hoe laat ga je trouwen?
A: Net na de lunch.
J: En hoelang moeten we nu dan wachten?
A: Gewoon wachten op de priester. Ik denk dat hij uit de stad komt. Paard is langzaam, wordt oud, gok ik.
J: En de man waarmee je gaat trouwen, hoe heet hij?
A: Carl. Carl Steiner.
J: Dus jij wordt mevrouw Carol Steiner?
A: (Walgend) Niet voor lang, hoop ik.
J: (Duidelijk verrast) Oh wilde je dan niet... Waarom ga je trouwen?
A: Papa zei dat ik moest. Kan geen oude vrijster worden. Mijn papa zei dat hij een goede vangst was. Carl is rijk; heb veel land.
J: In de omgeving van Springfield?
A: Ja, niet ver daar vandaan.
J: Ben je naar de middelbare school geweest?
A: Neuh, ik ben niet naar school geweest.
J: Helemaal niet?

A: Nou, ik ben naar de eerste twee klassen geweest, maar mijn papa zei dat meisjes geen donder hoeven te leren. Alles wat je moet doen, is baby's hebben en koken.
J: *En welk jaar is het nu, dat je gaat trouwen?*
A: Uh, het is ongeveer 1909, 1907. Maakt toch geen verschil. Ik blijf niet langer getrouwd dan ik het kan helpen.
J: *Heb je in de stad gewerkt?*
A: Nee, ik werk op de verdomde boerderij. (Walging) Werk, werk, werk, koken, boerenwerk, helpen om voor de kinderen te zorgen.
J: *Heb je veel broers en zussen?*
A: Tjonge, een boel. Zeven broers en vier zussen.
J: *Met al die broers zouden zij het boerenwerk wel moeten doen.*
A: Tja, sommige benne klein. Ze hebben nog niet veel gegroeid. Ze proberen te helpen, ik vind ze lui.
J: *Laten we eens zien, je naam is Lambert? Wat voor nationaliteit heb je?*
A: Nou, ik denk dat het Engels is.
J: *En wat is de naam van je vader?*
A: Pa's naam? Edward.
J: *En je moeders naam?*
A: Mary.
J: *Hebben ze altijd daar op de boerderij geleefd?*
A: Nou, ik ben hier geboren, maar volgens mij kwamen ze ergens anders vandaan, een hele tijd geleden. Ik ben in dit huis geboren.
J: *Hoeveel kamers heeft je huis?*
A: Drie.
J: *Is dat niet erg vol met zoveel van jullie?*
A: Oh we hebben een zolder en een vliering. Tjonge die wind huilt! Ik hoop dat die man niet komt opdagen.
J: *De priester of Carl?*
A: Geen van beide.
J: *Carl is er nog niet?*
A: Oh, ik denk dat hij met papa aan het praten is, buiten in de schuur. (Verdrietig) Hij geeft hem geld voor mij. Ik weet dat hij dat doet.
J: *Je bedoelt dat hij je koopt?*
A: Ik denk het. Eén ding is zeker, als het niet aan papa had gelegen zou ik zeker niet met hem trouwen.
J: *Is je vader een strenge man?*
A: Nou, je kunt maar beter doen wat hij zegt.

J: *Waar is je moeder? Is zij klaar?*
A: Ja, ze is klaar. Ze blijft me maar zeggen: "Niet huilen. Iedereen moet trouwen. Dat is wat er van je wordt verwacht."
J: *Oh, is ze gelukkig dat je gaat trouwen?*
A: Ik denk niet dat ze gelukkig is. Ik denk niet dat ze iets is.

Op dit moment werd Anita vooruit in de tijd gebracht toen Carol 22 jaar oud was en hij vroeg haar was ze aan het doen was.

A: Mij aan het klaarmaken om weg te rennen van deze verdomde, oude boerderij.
J: *Heeft Carl nog steeds al zijn geld?*
A: Moet wel. Hij heeft mij er niks van gegeven.
J: *Heeft hij dat niet gedaan? Heeft hij het ergens achter de schuur begraven soms?*
A: (Dat vond ze niet grappig) Als ik wist waar het was, dan had ik het al.
J: *Laten we eens zien. Je bent nu ongeveer zes jaar getrouwd?*
A: Bijna. Wordt al snel zes jaar, deze herfst, deze winter.
J: *Heb je kinderen?*
A: (Walgend) Ik laat die man mij niet aanraken.
J: *Wat heb je gedaan al die tijd, gewoon boerenwerk?*
A: Ik moet sommige werkzaamheden doen. Heb wat gehuurde hulp, maar die doen niet alles. Ik moet voor ze koken.
J: *Waar ben je van plan naartoe te gaan als je wegloopt?*
A: (Trots) Ik ga naar een grote stad. Ik ga naar Chicago.
J: *Ga je alleen?*
A: Nah. Ik ga met Al.
J: *Waar heb je Al ontmoet?*
A: In een winkel in Springfield. Een dorpswinkel. [general store]
J: *Terwijl je daar je eigen boodschappen deed?*
A: Voornamelijk aan het rondkijken.
J: *Wat deed Al?*
A: (Gniffel) Naar mij kijken. Toen liep hij gewoon op me af en zei dat ik mooi was en hij vroeg naar mijn naam.
J: *Klinkt alsof Al je erg leuk vindt. Gaat hij je meenemen naar Chicago?*
A: Ja ik ga het ontzettend leuk hebben.

Toen Anita later wakker werd, zei ze dat ze een indruk had van de scene hier. Het was als de restanten van een droom die iemand heeft wanneer hij wakker wordt, wanneer men nog steeds stukjes en beetjes kan herinneren voordat ze wegvagen. Ze zei dat ze lang zwart haar had en dat ze blootsvoets was. Ze zag deze man daar staan, donker en knap, een beetje klein, in een krijtstreep pak en slobkousen. Hij was het type man dat zeker een flinke indruk moet hebben gemaakt op een simpel plattelandsmeisje. Klaarblijkelijk was de aantrekkingskracht wederzijds.

J: *Hoe lang nog voordat je gaat weglopen?*
A: Ik ga vannacht als het donker wordt.
J: *Komt Al naar de boerderij toe om je op te halen?*
A: Ja, hij komt me tegemoet bij de poort.
J: *Heeft hij een auto?*
A: Ja. Niet heel veel mensen hebben nu ook een auto. Dat is hoe ik wist dat hij geld had. Hij kleedt zich luxe. Hij zal wel heel snel komen. Het is verschrikkelijk donker.
J: *Benieuwd wat Carl nu doet?*
A: Slapen in zijn kamer.
J: *Hij zal wel verrast zijn als hij wakker wordt en jij er niet meer bent, of niet?*
A: (Korte lach) Verdomde, ouwe idioot.
J: *Heb je al je kleren klaar?*
A: (Sarcastisch) Ja, beide jurken. Ha!
J: *Is dat alles wat Carl voor je heeft gekocht – twee jurken?*
A: (Boos) Hij heeft ze niet gekocht. Ik heb ze gemaakt.
J: *Oh, kun je goed naaien?*
A: Niet zo heel goed, maar het is beter dan naakt rondlopen. Die man geeft niks niet uit. (Lange pauze) Ik kan bijna niet wachten!
J: *Nou, heel spoedig ben je in Chicago en heb je het naar je zin.*
A: Ja. (Pauze. Een beetje verdrietig) Ik weet dat hij getrouwd is. Maar het kan mij niet schelen. Hij heeft me verteld dat hij getrouwd is, hij kan niet met mij trouwen omdat hij al is getrouwd.
J: *Hoe lang ken je hem nu al?*
A: Ik heb hem pas kortgeleden ontmoet. We wisten het gewoon meteen, dat alles wat we wilden, is vluchten. (Pauze, toen werd ze zo opgewonden dat ze bijna uit de stoel omhoogkwam.) Daar

komt hij! (Ze wuift haar armen wild in de lucht.) Hier ben ik! Hier ben ik!

J: *Heeft hij zijn koplampen aan?*
A: Ja, de lantaarns.
J: *Weet je wat voor soort auto Al heeft?*
A: (Trots) Het is een Stanley Steamer. Hij wil niks anders dan het beste.
J: *Hij heeft waarschijnlijk heel veel voor die auto betaald.*
A: Hij heeft het en dus geeft hij het uit.

Op dat moment had niemand van ons ook maar het minste vermoeden wat een Stanley Steamer was. Na onderzoek laten de foto's zien dat de oude auto inderdaad zowel lantaarns als koplampen had. Omdat de auto op stoom liep, was deze erg stil en het zou makkelijk geweest moeten zijn om naar de boerderij toe te rijden, zonder al te veel lawaai te maken.

J: *En, ben je nu onderweg?*
A: Ja, het is een behoorlijk end weg. Ik weet dat we naar het noorden toe moeten. We zullen een paar nachten stoppen. Hij gaat wat zaken regelen onderweg. Hij moet wat mensen ontmoeten.
J: *Waar?*

A: Weet ik niet. Ik wacht in een gasthuis. Een heel klein dorpje – Upton of Updike, zoiets dergelijks, een heel klein plaatsje. Een gekke plek om zaken te doen. We zullen hier overnachten. Hij vertelde me dat ik gewoon op hem moest wachten en mijn mond moest houden. Niemand iets vertellen.
J: *Dan ga je morgen door naar Chicago?*
A: Zo snel als we daar maar kunnen komen. Al zei me dat hij mij allerlei dingen gaat leren, netjes te praten, mooi te lopen. Ik zal zelfs een korset krijgen!
J: *(Verrast) Een korset? Heb je een korset nodig dan?*
A: Ik dacht het niet, want ik ben heel slank, maar al de nette dames dragen korsetten onder hun kleding. Ik ga alles krijgen.
J: *Denk je dat Al goed voor je zal zorgen?*
A: Ik ben zijn meisje. Ik zal nooit ergens gebrek aan hebben.

Op dit moment, na een pauze, leek ze vooruit te springen in de tijd, zonder dat haar verteld was om dat te doen. Na een beetje verwarring waren we in staat om vast te stellen waar ze was.

A: Ik hoef niet te koken. Ik hoef niks te doen. Ik heb overal negers in dit huis. We wonen in een groot huis. Hij kan niet altijd bij me blijven, maar hij is hier meestal.
J: *Oh? Hoe groot is je huis?*
A: Achttien kamers.
J: *Wat is je adres?*
A: Het is aan een weg. Het is eindje uit de stad. Heel privé, zodat niemand ziet wie er komt en gaat. Dat is het enige dat ik niet leuk vind. Ik vond het leuker toen we in de stad woonden. Toen kon ik gewoon naar het centrum lopen wanneer ik dat wilde. Maar Al zegt dat het beter is om niet zo veel gezien te worden.
J: *Waar woonde je in de stad?*
A: Toen we in het hotel woonden – the Gibson House. Het was midden in het centrum.

Later toen ik onderzoek deed, ontdekte ik dat het stadsarchief van Chicago voor 1917 een vermelding had van het Gibson Hotel op 665 West 63rd Street.

A: Maar we gaan nu naar privéfeesten; kunnen niet naar het centrum gaan de hele tijd.

J: *Privéfeesten in verschillende huizen?*

A: En ik geef ook swingende feesten hier, jongen!

J: *Welk jaar is het nu?*

A: Nou, ik denk dat het 1925 is.

J: *En je hebt dit huis gekocht?*

A: (Onderbrekend) We hebben het huis niet gekocht. Hij heeft het voor mij gebouwd!

J: *Oh, heeft hij dat gedaan? Terwijl je nog in het hotel woonde?*

A: Daarom verbleef ik in het hotel, terwijl hij het huis bouwde.

J: *Heb je het gezien terwijl het werd gebouwd?*

A: Ik ging er naartoe om het te zien. Hij zei dat niets te goed was voor mij. We hebben er zelfs marmeren badkamers in gemaakt – van binnen zelfs, jongen! Het is het mooiste aan Lake Road.

J: *Kun je het meer zien vanuit het huis?*

A: Ja vanaf het terras kun je dat. We eten daar vaak buiten. Het is omringd met glas. We kunnen daar zelfs in de winter eten.

J: *Het terras kijkt uit op het meer?*

A: Het een stukje verder weg, maar je kunt het heel duidelijk zien.

J: *Hoe oud ben je nu Carol?*

A: Ik hou er niet van om mensen te vertellen hoe oud ik ben. Ik doe verschrikkelijk mijn best om jong te blijven. Want ik wil niet dat Al me dumpt voor iemand anders.

J: *Oh, ik denk niet dat Al je zomaar zou dumpen. Loopt hij rond te rennen?*

A: Hij zegt van niet, maar ik denk het wel. Hij komt niet meer zo veel nachten als hij vroeger deed. Hij is nog steeds goed voor me, geeft me veel dingen. Prachtige kleren. Ik kan naar elke winkel gaan en kopen wat ik wil. Ze kennen me.

J: *En hij betaalt ervoor?*

A: Ik gok het. Ik vertel hen gewoon wat ik wil. Soms bel ik ze gewoon op en vertel ik ze wat ze moeten brengen. Ik maak mijn keuze en wat ik niet wil, nemen ze mee terug. Dit is leven. Dit is leven! Het ging er op de boerderij heel anders aan toe, dat vertel ik je.

J: *Ja, dat denk ik ook. Is Carl ooit langsgekomen om je te zoeken?*

A: Ik denk het niet. Al en ik dachten dat hij sowieso te dom was. Hij was oud. Hij wilde gewoon dat ik voor hem werkte en hij wilde

naar mij kijken, mij aanraken en naar mij kijken. Hij was
verschrikkelijk oud… 60, 65, kale, oude man.
J: *Dan zal hij misschien wel dood zijn nu.*
A: Ach, ja waarschijnlijk wel.
J: *Denk je dat je ouders ooit hier naar de stad zijn geweest?*
A: Ha! Het was al een grote dag voor hen om naar Springfield te gaan om te winkelen. Ha! Ze zouden het niet geloven als ze me zouden zien. Mijn arme moeder werkte zich dood. Maar, tjonge, dat heb ik zeker niet gedaan. Ik zorg goed voor mezelf.

De rest van deze sessie zal worden ingevoegd op verschillende momenten in de volgende hoofdstukken. Nadat Anita was ontwaakt, was ze erg verbaasd over het verhaal dat ze had verteld. Bij het drinken van een kop koffie in de keuken, bespraken we de details terwijl ze met een ledige blik naar ons keek. Dit was de eerste keer dat we ontdekten dat het 'somnambulistische' type zo diep in trance gaat, dat ze bij het ontwaken geen enkele herinnering meer hebben aan de sessie. Voor hen is het gelijk aan het doen van een kort dutje. Ze had geen enkele bewuste kennis dat ze letterlijk een andere persoonlijkheid was geworden. We waren bang dat ze zich misschien zou schamen of zelfs beledigd zou zijn, omdat June/Carol zo verschillend was van haar eigen karakter. Maar ze zei dat ze dat niet zo voelde. Ze kon heel goed de motivatie begrijpen achter Carol's acties waardoor ze zich zo gedroeg. Carol was een verward en ongelukkig meisje geweest, dat leefde op die boerderij. Geen wonder dat ze bij de eerste beste gelegenheid was weggelopen met Al. Anita had medelijden met haar en veroordeelde haar niet.

Iets anders zat haar echter dwars: het tijdperk. Ze was absoluut niet geïnteresseerd in de jaren twintig en wist er vrijwel niks van. Wat haar dwars zat was de gewelddadigheid van die periode toen de bendes actief waren in Chicago. Anita had een enorme afkeer tegen elke vorm van geweld. Deze onverklaarbare angst had haar, haar hele leven al achtervolgd, maar het leek geen grond te hebben. Vanwege dit onredelijke ongemak keek ze uitsluitend naar komedies op TV. De populaire tv-show "Untouchables" werd nog steeds uitgezonden op TV in 1968. Het speelde zich af in de periode waar ze naartoe was gebracht, maar dit was precies het soort show dat ze niet wilde bekijken. Ze zei dat als er iemand in haar familie dit soort programma's keek, dat ze zich dan altijd terugtrok in de keuken om iets anders te doen. Was haar aversie tegen geweld veroorzaakt door een gebeurtenis uit een vorig leven? In dit leven was ze niet blootgesteld aan enige vorm van geweld en ze was een erg stil en bescheiden persoon. Deze mogelijkheid zou nog verder kunnen worden onderzocht in toekomstige sessies, nu dat we waren doorgebroken naar het verleden.

Ook was Anita nog nooit naar Chicago geweest. Ze was geboren en getogen in Missouri.

Die nacht, toen Anita thuiskwam, haalde ze alle boeken die ze in huis had, zelfs de boeken die ze had opgeborgen, tevoorschijn. Ze was op zoek naar iets dat ze misschien zou kunnen hebben gelezen, dat aanleiding zou kunnen hebben gegeven tot een leven of een fantasie in dat tijdperk. Ze kon niets vinden. Ze zei dat als wij onderzoek zouden doen naar dat betreffende tijdperk, dat zij daar dan geen deel van wilde uitmaken. Ze wilde niks in haar gedachten stoppen dat haar zou kunnen beïnvloeden tijden de volgende sessies. Ook al was het verwarrend voor haar, ze was toch ook nieuwsgierig en wenste dit voort te zetten.

Hoofdstuk 3

De Vergelijkingstape

In de volgende sessie wilde Johnny nagaan of Anita inderdaad terug zou keren naar dezelfde persoonlijkheid die we in de week ervoor hadden ontmoet. Als ze zou terugkeren, zou hij haar vragen stellen over het tijdvak en haar proberen in de war te maken, om te zien of ze consequent zou zijn in haar antwoorden. Ook klopten de jaartallen niet op de eerste tape. Carol kon niet 16 zijn in 1907, als ze al bijna 50 was in 1922. In deze sessie zouden we dus proberen dit tijd-vraagstuk te verklaren. Ik zou pas jaren later leren dat dit een veel voorkomend probleem is bij regressies. Het subject is vaak verward over tijd zoals wij dat ervaren, met name de eerste keer dat ze regressie ondergaan. Door andere schrijvers is voorgesteld, dat dit zou komen doordat we met een deel van het brein werken dat geen tijd herkent.

We dachten dat het ook interessant zou zijn als we bepaalde informatie konden vinden, die zou kunnen worden geverifieerd en gedocumenteerd. Per slot van rekening vond June/Carol's leven slechts 40 jaar geleden plaats. Vanzelfsprekend zouden er archieven moeten zijn van zo'n recente tijd. Maar er stonden ons nog meer verrassingen te wachten.

Anita maakte het zichzelf gemakkelijk in de stoel voor de tweede opname en wij waren vol verlangen om te zien of June/Carol weer haar opkomst zou maken.

Anita werd weer door haar huidige leven heen teruggebracht en kreeg de opdracht naar 1926 te gaan.

J: Wat zie je nu?
A: Ik ben in mijn tuin.
J: En waar woon je?
A: Ik woon in dit rode bakstenen huis. Het heeft ook wit, luiken en terras. Alles is in rood en wit.

J: *En welke stad is dit?*
A: Het is in Chicago.
J: *En wat is je naam?*
A: Slechts één of twee mensen kennen mijn echte naam. Iedereen noemt me June.
J: *June? Dat is mooi.*
A: Mooi als een zomerdag. Juni is in de zomer. Dat is wanneer we die naam uitkozen, in Juni. Het was een mooie dag, ik ben een mooi meisje, dus kozen we de naam June [juni]
J: *Wat is je achternaam?*
A: Ik heb geen achternaam meer. Gewoon June.

Het leek erop dat dezelfde persoonlijkheid terug was gekeerd.

J: *Vertel me je echte naam.*
A: Carol Steiner.
J: *En je woont hier in dit rode bakstenen huis met witte luiken. Wat is het adres?*
A: Het heeft geen nummer; het is aan Lake Road. Het is prachtig. Er zijn hier bomen. Je kunt het meer zien vanaf het terras.
J: *Hoelang heb je al in Chicago gewoond?*
A: Ik kwam hier in – ah – laat me even denken, het is al een lange tijd geleden nu. Ik ben hier ongeveer 15 jaar, denk ik, of 16 jaar – misschien 16 jaar deze herfst.
J: *Dat is een lange tijd. Ben je naar Chicago verhuisd van elders?*
A: Ik kwam van de boerderij.
J: *Waar was de boerderij – in Chicago? (Hij probeerde haar in de war te brengen.)*
A: Oh nee. Chicago is een grote stad.
J: *Oh is dat zo? Waar was de boerderij?*
A: In de buurt van Springfield.
J: *Is dat in Illinois?*
A: Ja.
J: *Nou ja, ik zat te denken – er is ook een Springfield in Missouri. Volgens mij heb ik dat ergens gehoord.*
A: (Lach) Daar heb ik nog nooit van gehoord. Daar heb ik in mijn leven nog nooit van gehoord.
J: *Heb je wel eens gehoord van Missouri?*

A: Tja, iemand vertelde mij dat het rechts naast Illinois lag, maar ik heb het nooit gezien.

In werkelijkheid, in dit huidige leven is Anita opgegroeid in de staat Missouri.

J: *Wat doe je de hele tijd? Werk je?*
A: Oh nee! Ik heb dit huis en ik ontvang vaak [mensen]. Ik heb bloemen waar ik voor zorg.
J: *Heb je vaak feesten in je huis?*
A: Oh ja. Ik geef heel vaak feesten. En ik ga vaak op stap en ik probeer bezig te blijven.
J: *Wie komen er naar je feestjes?*
A: Vrienden van Al. Zijn zakenvrienden.
J: *Wie is Al?*
A: Al woont hier met mij.
J: *Is dat Al Steiner? (Hij probeerde weer een trucje.)*
A: (Lachend) Nee, zijn naam is niet Steiner.
J: *Wat is zijn naam?*
A: Hij heeft een Italiaanse naam. Ik mag het aan niemand vertellen.
J: *Al's achternaam is niet Capone, of wel soms?*

Johnny dacht aan de beruchte Chicago gangster van de jaren 1920. June ging al gauw in de verdediging.

A: Noem hem nooit bij zijn achternaam. Hij heeft me verteld dat ik mij nergens druk over hoef te maken, dat ik gewoon mijn mond moet houden. Ik stel geen vragen en doe wat hij me zegt en dan ben ik OK.
J: *Oh, dat is prima. Je kunt het mij vertellen.*
A: Nou, (aarzelend) – je zult het niet doorvertellen?
J: *Nee, ik zal het niet vertellen.*
A: Het is Gagiliano (fonetisch).
J: *Gugiliano. Zeg ik dat goed?*
A: GA – Gagiliano. Dat is een gekke naam, of niet? Ik kon het in het begin bijna niet uitspreken. Je moet een Italiaan [origineel: wop] zijn, zei hij, maar (giechel) dat ben ik niet.
J: *Is Al een knappe man?*
A: Hij is heel knap.

J: Hoe oud is Al?
A: Dat vertelt hij mij nooit. Als ik het hem vraag, lacht hij en zegt hij dat ie oud genoeg is.
J: En hoe oud ben jij?
A: Nou, ik denk dat ik ongeveer zo oud ben als Al. (Ze raakte overstuur.) Ik ben niet erg oud, dat denk ik niet – maar ik zie er ouder uit en – het is alsof – (haar stem klonk gepijnigd) ... moet ik het je vertellen?
J: Als het je dwars zit, dan hoeft het niet.
A: Ik wil zeker niet dat Al het weet.
J: Oh nou, ik zal het Al niet vertellen. Dit blijft tussen jou en mij.
A: Nou, ik ben heel dicht bij de 40. Ik wil niet nog ouder worden, maar ik gok dat ik niet anders kan. (Dit klonk als een overduidelijke leugen, maar vanwege een overduidelijke reden.) Ik lieg er over. Ik vertel hem nooit wanneer mijn verjaardag is.
J: Laat hem maar stoppen bij 29?
A: Ja, ik denk dat ik maar altijd 27 blijf.
J: Laat eens zien, heb je liever dat ik je June of Carol noem?
A: Beter noem je me June. Al zou boos worden, als hij zou horen dat je mij Carol noemt.
J: Okay, June.

Hij probeerde om te schakelen naar een ander onderwerp en iets te vinden dat kon worden geverifieerd.

J: Ga je wel eens naar de film?
A: Nee, ik mag niet vaak overdag uitgaan
J: En 's avonds dan? Ga je uit naar het theater of misschien een show?
A: We gaan naar shows – vaudeville [burlesk, komedie, dans]. Dat vind ik het leukst. Ik heb vorige maand Al Jolson gezien.
J: Welk theater was dat?
A: The Palace.

Dit klopte. Het Palace Theater was en is gevestigd op 159 W. Randolph Street in Chicago.

J: Is het duur om zo'n show te bezoeken?

A: Ik weet niet wat het kost. Ik vraag gewoon aan Al of ik mag gaan en dan neemt hij mij mee, als het mogelijk is voor hem. Soms is hij heel erg druk, maar meestal krijg ik wat ik wil.

J: *Hebben ze ook ergens 'bewegende beelden shows' [moving picture shows - de oude benaming voor film] in Chicago?*

A: Ik heb gehoord dat ze er nu twee of drie hebben. Ik ben er wel eens naartoe geweest. Mensen bewegen heel schokkerig; ze zien er niet echt uit op de film. (Lach). Ze bewegen zich niet vloeiend zoals echte mensen dat doen.

J: *Spreken ze in de film?*

A: Oh, dat is nieuw, pas van de laatste paar jaar – ze spreken nu. Er waren eerst [geschreven] woorden daar, maar nu spreken ze.

J: *Ben je wel eens naar zo'n film geweest?*

A: Ja, ik ben geweest. Het was nieuw en ik wilde zien hoe het zou zijn.

J: *Even denken... heb je een fonograaf [platenspeler] in je kamer?*

A: Tuurlijk, ik heb alle platen.

J: *Wat is je favoriet?*

A: Ik vind de sprekende leuk.

J: *De sprekende? Waar gaan die over?*

A: Je weet wel, die ene van die twee negerjongetjes en ze praten op de plaat en zeggen: "Wat is de prijs van boter?" en hij zegt: "Goh, dat kan ik niet betalen. Stuur me maar wagensmeer." (Ze zei dit met een aanstellerig 'Neger' accent.)

J: *(Lachend) Hey dat klinkt alsof het zo uit de vaudeville komt.*

A: Ja dat komen ze ook. En Jolson heeft ook wat platen gemaakt. Ik heb die van hem.

J: *Vind je Al Jolson leuk?*

A: Ja totdat hij... Ik vind dat zwarte spul op zijn gezicht niet leuk. Ik weet niet waarom een blanke man er zo uit wil zien. Als hij dat eraf laat is hij best knap.

J: *Heb je een radio?*

A: Ja ik heb er één. Ik luister ermee naar muziek.

J: *Welk station vind je het best?*

A: Ik weet de naam niet van het station. Ik zet hem op 65 en het komt allemaal binnen. (Hier hief Anita haar handen op en maakte handgebaren alsof ze aan een grote knop draaide.) Er zijn verschillende, maar je draait aan een klein ding. Zes vijf is het beste.

Dit bleek ook te kloppen. Radiostation WMAQ uit Chicago, welke was opgericht in 1922, was te vinden op 67 megahertz op de draaiknop.

J: *Hebben ze altijd muziek?*
A: Meestal.
J: *Wat voor soort muziek vind je het best?*
A: Ik hou van de Charleston. Het is nieuw en heel erg leuk.
J: *Wat is dat?*
A: Een schattige, kleine dans. Pittig. Vrolijke muziek. Ik dans veel. Wanneer ik begin te dansen, gaat iedereen achteruit en staan kijken. Ik ben best wel goed, prima.
J: *Welke dansen ken je allemaal?*
A: Oh, ik kan de Charleston en … ik kan de Hoochy-Cooch, waarbij je helemaal naar beneden gaat. Het is veel leuker dan dingen zoals de Foxtrot. De Wals – dat is zo langzaam. Ik hou van snelle muziek.
J: *Heb je wel eens gehoord van een dans die heet: 'Black Bottom'?*
A: Ja dat is de dans waar ik het over had. Ik noem het gewoon de Hoochy-Cooch dans. Je gaat helemaal naar de vloer en je wiebelt helemaal naar beneden en dan weer helemaal omhoog.

Ik wist niet of ze gelijk had of niet, maar die omschrijving paste uitstekend bij de naam 'Black Bottom'.

J: *Hoe gaat de Charleston? Kun je iets voor mij neuriën?*
A: (Ze neuriede de traditionele melodie waar de Charleston normaal op wordt gedanst.) … en je kunt dansen op Charley Boy, Charley My Boy. Dat is een goede om op te dansen. Je staat op één plek en je zet je ene voet naar voren en de andere naar achter … één voet naar voren en de andere naar achter. Je kan er allerlei dingen op doen. Ik leer het net pas, maar ik ben er best goed in. En ik ga het nog beter leren.
J: *Volgens mij heb ik dat nog nooit gezien.*
A: Nog nooit? Ga je nooit uit?
J: *Tuurlijk wel, af en toe.*
A: En dit deden ze nooit op één van de feestjes waar je was?
J: *Nee. Nou ja, je zei dat het nieuw was.*

A: Nou, iedereen heeft erover gehoord. Het is de laatste rage. (Geïrriteerd) Weet je zeker dat je het nog nooit hebt gehoord?
J: *Misschien heb ik het wel eens gehoord, maar wist ik niet wat het was.*
A: Man! Jij geniet niet van het leven!
J: *(Grote lach. Je kon horen dat hij haar aan het plagen was.) Dus je houdt ervan om te dansen. Zing je ook?*
A: Nee! Al pest me ermee. Hij zegt dat ik niet eens mooi kan praten. (Lach). Soms zeg ik dingen die niet correct zijn, zegt ie. Ik zou beter moeten praten. Maar ik lach erom. Het is in ieder geval geen Italiaans accent. (Lach) Ik pest hem terug, niemand krijgt mij eronder.
J: *Wat voor soort jurken draag je wanneer je de Charleston danst?*
A: Ik kan je wat over mijn favoriete vertellen. Het is goudgekleurd en het heeft rijen en rijen franje eraan en als ik dans schudt en wiebelt dat. Het is zo mooi. En ik draag gouden slippers.
J: *Hoe lang is de jurk?*
A: Nou, het is niet erg lang, dat kan ik je wel vertellen! Ik hou niet meer van lange [jurken]. Als je mooie benen hebt, mag je ze wel laten zien. Ik draag het zodat je de rouge op mijn knieën kunt zien.
J: *Wat is dat? Rouge op je knieën?*
A: Tuurlijk! Iedereen doet dat. Dat is helemaal het ding!
J: *En draag je make-up op je gezicht?*
A: Tuurlijk, een beetje. Ik doe een beetje rouge op, want ik wil er niet te bleek uitzien.
J: *Wat is de kleur van je haar?*
A: Tja, ik ben een brunette.
J: *Is dat natuurlijk, of...*
A: (Verontwaardigd) Ik was altijd een brunette!
J: *Nou ja, weet je, sommige van die meiden doen een soort spul in hun haar en ze veranderen de kleur ervan.*
A: Ik verander mijn haarkleur niet. Het enige... ik verberg het hier en daar een beetje. Een beetje grijs ziet er niet erg mooi uit. Dat verberg ik. Dat is alles! Haar is altijd donker geweest.
J: *Ik heb ergens gelezen dat als je af en toe een rauw ei eet, dat dit je haar echt heel mooi zou maken. Heb je daar wel eens van gehoord?*
A: Getver! Doe eieren in je shampoo.
J: *Oh is dat wat je ermee moet doen?*

A: Klop het ei en doe het in je shampoo.
J: *En dat maakt je haren mooi?*
A: Glanzend. Zacht en glanzend.
J: *Wat voor kapsel heb je?*
A: Nou, het is heel kort geknipt en ik kam het naar voren naar mijn pony. – Je kunt het zien. – En het krult een beetje net voor mijn oren. Ik hou het heel kort. Toen ik het net had geknipt, vond Al het niet erg leuk. Iedereen had vroeger namelijk lang haar en toen ze het kort begonnen te knippen, tjonge, ik was één van de eersten. Jonge, het is tof!
J: *Heb je ook sieraden?*
A: Ik heb heel veel sieraden. Maar mijn favoriete is een ring met een smaragd. Het is een grote. Ik draag hem nu. Zie je? (Anita tilt haar linkerhand op.)
J: *Nee, die viel mij helemaal niet op. Ik zal wel blind zijn.*
A: Nou, hij komt helemaal tot mijn knokkel. Die had je niet kunnen missen!
J: *(Met verborgen humor) Je hebt gelijk. Ik zat er gewoon niet op te letten. Ben je niet bang dat je die kwijtraakt?*
A: Nee, hij zit strak. Zie je? (Ze maakte handgebaren alsof ze haar ring liet zien [onzichtbaar voor ons] en draaide hem rond met de andere vingers van die hand. Ik draag hem altijd. Als ik een rode jurk draag en Al zegt dat het niet staat, dan lach ik gewoon. Ik zeg hem dat hij van mij is en dat ik hem draag. Maar op dit moment, ben ik hier gewoon mijn bloemen aan het snoeien. Mijn rozen. Ik ga ze op de piano zetten.
J: *Wat voor soort piano heb je?*
A: Een witte. Ik hou van alles in het wit.
J: *Kun je piano spelen?*
A: Ik kan spelen. We waren een keer in een club en ik vroeg of ze me wat wilden laten spelen. Iedereen lachte. Ze wisten dat ik het niet kon doen, maar ik kon wel een goed nummer uitkiezen. Ik speelde een lied over … oh, het is een oud liedje over manen en rozen. Dat was toen we hier voor het eerst kwamen. En Al vond het zo leuk dat hij een piano voor me kocht en zei dat ik het moest oefenen. Ik wilde er niet zo één die je op moet pompen en die vanzelf speelt. Die wil ik niet. Ze zijn minder leuk. Ik wil zelf leren spelen.
J: *Dat is goed. Vertel me meer over je huis.*

A: Het is een erg groot huis met 18 kamers erin. Ik hou van dit huis. Ze krijgen me hier nooit weg. Ik hou er niet van om weg te zijn, zelfs niet voor één nacht. Al heeft dit huis voor mij gebouwd. Soms hebben we gasten en die blijven dan een tijdje. Mijn slaapkamer is boven, de eerste kamer die uitkomt op het zonneterras.

J: *Wil je jouw kamer voor mij beschrijven? Ik heb het nog nooit gezien.*

A: Ik heb satijn op de muren – je noemt het geen satijn. Het heet damast. Het glanst net als satijn, met patronen. Het is net behangpapier, maar het is stof. En de gordijnen passen erbij. En mijn kleed is wit. Het is een prachtige kamer; het is allemaal in roze en blauw en wit. Ik heb een groot bed met grote, grote pilaren eraan en een satijnen sprei.

De definitie van damast in het woordenboek is omschreven als een dure stof met patronen, gemaakt van katoen, zijden of wol.

J: *Ik neem aan dat je het hebt laten inrichten, precies zoals jij het wilde en dat je nooit iets hebt willen veranderen.*

A: Oh, soms verander ik de kleur van de muur, of, weet je, laat ik er nieuwe spullen in zetten. Al vindt het soms leuk om nieuw meubilair te kopen. Ik vind het meestal goed zoals het is. Ik hou er zelfs niet van om mijn meubels te verplaatsen, ik wil mijn bed precies waar het staat. Ik heb het precies zoals ik het wil, als een droom.

J: *Heb je een badkamer in je kamer?*

A: Net naast mijn slaapkamer. Die is gemaakt met wit marmer. Ik heb zelfs zilveren handvatten op het toilet. En de badkuip is ook van marmer gemaakt. Ik neem melkbaden. Het laat het water er een soort van raar uitzien. Dat zou goed voor je huid zijn.

J: *(Een ander trucje proberend.) Van wie heb je het huis gekocht?*

A: Het huis is voor mij gebouwd. Al heeft het een man laten bouwen. Het moest perfect worden gedaan. Het duurde hem langer dan een jaar, bijna, om het te laten bouwen. Kon er niet meteen intrekken.

J: *In welk jaar waren ze klaar met de bouw?*

A: Oh weet je, dat is enkele jaren geleden. Ik ben naar dit huis verhuisd toen we pas één kamer hier hadden ingericht met meubilair. Ik wilde er al meteen intrekken. Konden de rest er nog niet naar toe brengen de eerste paar dagen. En ik zei tegen Al, breng me er maar gewoon naar toe. Ik zal er verblijven zoals het is. Hij lachte naar me, zei dat we niet op die bank gingen slapen. (Lach) We sliepen op de vloer.

J: *Welke kamer was de eerste kamer met meubilair?*

A: Nou, we gebruiken het nu niet veel meer. Het is die voorkamer daar bij de voordeur. Net naast de hal.

J: *Salon?*

A: Ja. Ik heb een grotere aan de andere kant.

J: *Wat waren de eerste dingen die je kreeg?*

A: Oh een paar stoelen en een ding dat 'chaise lounge' [chaise longue] werd genoemd. Ik zag dat en ik moest lachen. Ik zei dat de man die dat ding had gemaakt, gek was. Hij wist niet of hij een bed of een stoel aan het maken was. Al heeft het nu in één van de slaapkamers laten zetten. We kochten gewoon wat nieuw meubilair.

J: *Dat heeft vast een hoop geld gekost.*

A: We hebben het. We kochten een paar stoelen die hele kleine pootjes hebben en gestreepte zittingen. Ik denk dat ze zogenaamd antiek moeten zijn. En ik moest er gewoon om lachen, want ik denk niet dat ze echt antiek zijn. Maar iedereen zou zogenaamd luxe meubilair moeten hebben, dus wilde Al dat ik het zou krijgen. Ik vind niet alles mooi, maar Al wilde het. Het is helemaal in stijl om dit soort spul te hebben. Ik vertelde hem dat hij mijn slaapkamer met rust moest laten. Het is precies zoals ik het wil. En hij lachte en zei: "Okay".

J: *Wil hij het andere deel van het huis veranderen, waar mensen binnen komen?*

A: Ja, al deze kleine stoelen en zitjes. Ze zien er niet erg comfortabel uit. We hebben dus heel veel kamers. Als je meetelt waar de dienstmeiden wonen en zo, dan zijn het er meer dan 20.

J: *Nou, dan heb je vast een flink huis om voor te zorgen met 18 kamers. Hoe hou je dat schoon?*

A: Ik heb al deze neger dienstmeiden. Sommigen om boven te doen, en beneden en om te koken en van alles. Heel veel hulp. Sommige dingen doe ik zelf, maar niet veel.

J: *Wat doe je zelf?*

A: Nou, sommige avonden maak ik het avondeten voor alleen Al en mijzelf. Hij vindt het lekker dat ik eieren voor hem maak met heel hete, Spaanse saus erop. Ik heb spaghetti geprobeerd, maar dat kan ik totaal niet. Hij maakt het voor mij. Zijn moeder heeft hem geleerd het te maken. Je moet de gehaktbal precies goed vasthouden als je hem rolt, en aanbraden anders smaakt het niet goed. (Ze maakte bewegingen met haar handen, alsof ze een gehaktbal draaide.)

J: *Dat is het hele geheim?*

A: Dat is er één van. Er zijn er vast meer, want ik heb het geprobeerd en ik kan het niet leren.

J: *Wat vind jij lekker om te eten?*

A: Nou, ik hou van levergehakt. Het is erg goed. Ik denk dat ze er uien in doen, een paar. De kok kookt erg goed voor me. Ze is hier al sinds we het huis hebben. Ze is oud. Ze heeft jaren en jaren gekookt.

J: *Je hebt een plek aan de achterkant waar je buiten kunt zitten en eten op het terras, toch?*

A: Oh ja! Het is er fijn. Ik eet daar heel vaak buiten. Al vindt dat prettig.

J: *Welke richting is dat? Als je buiten op het terras zit en je kijkt weg van het huis, in welke richting kijk je dan? Is dat naar het westen, of het oosten, of...*

A: Nou, het is in de richting van het water. Ik gok dat het naar het oosten is. Ik weet het niet. Ik denk in de richting van het oosten want ... ja, het is richting het oosten. Het is zonnig in de ochtend, te vroeg. Ik hou de gordijnen dicht. Ik eet geen ontbijt daar. Als de zon te fel is, daar hou ik niet van. Het maakt me, je weet wel ... het toont de rimpels in je gezicht in heel fel licht. Ik heb drie lagen gordijnen over dat raam. Ik heb een hele dunne, een soort van golvende; en daarover heb ik de zwaardere. Ik kan het zo licht of donker maken als ik wil.

J: *Je bedoelt dat je drie lagen hebt, de ene over de andere? Dat houdt zeker wel het licht uit de kamer dan.*

A: Alles behalve dat daklicht. Het laat verschrikkelijk veel zonlicht binnen in de middag. Daar kun je weinig mee doen, niet veel. Ik had zelfs ... dat is één ding dat ik heb veranderd. Heb er daarboven glas-in-lood in laten plaatsen. Maakte een klein patroon.

J: *Net als een kerk, hè?*

A: Oh, nee, nee! Totaal niet zoals dat. Ik heb hen kleine bloemen en bladeren laten maken daarboven. En als de zon erdoor schijnt dan zijn er kleine bloemen op de vloer. Ziet er mooi uit – mooie kamer.

J: *Eens kijken. Ik kan mij voorstellen dat het daar in de buurt wel kil kan worden. Heb je ook warme jassen?*

A: Oh ja. Ik heb allerlei soorten. Welke soort wil je? Wil je er één gebruiken?

J: *Nee, ik vroeg het mij gewoon af. Heb je een nertsmantel?*

A: Ik heb wat bontjes – een bever jas en ik heb een hermelijnen jas. Ik hou van hermelijn, want het is wit. Het laat mijn haar er zwarter dan ooit uitzien. En het maakt mijn blauwe ogen ook mooi.

J: *Heb je een auto?*

A: Ik heb een man die mij overal heenrijdt waar ik maar naartoe wil, in de auto die Al voor mij heeft gekocht. Het is een zwarte, zo glimmend. Het is een Packard, heel groot. Dat zijn de beste.

J: *Erg comfortabel?*

A: Ik weet niet of ze het meest comfortabel zijn. Ik heb nooit in een ander soort gezeten, behalve de Steamer, maar Al zegt dat ze het duurst zijn, dus dan moeten ze wel het beste zijn. Dus dat is wat hij koopt. Ik vind het leuk.

J: *Zorgt je chauffeur er altijd voor dat hij mooi gepoetst is?*

A: Heeft geen zin om een auto te hebben als je er niet voor zorgt.

J: *Maar jij kunt zelf niet rijden?*

A: Oh, ik kan rijden als ik moet, maar ik zit liever achterin en laat het hem doen. Hij wordt ervoor betaald. Op die manier weet Al altijd waar ik heenga. Er zijn plekken waar ik niet heen zou moeten gaan.
J: Waar?
A: Plekken in het centrum. Ik ga nergens naartoe waar hij werkt.
J: Waar werkt Al?
A: Hij vertelt het me nooit echt. (Ze wordt ernstiger.) Hij spookt iets uit, denk ik. Want als ik hem ernaar vraag, wordt ie kwaad. Hij zegt dat ik mij er niet mee moet bemoeien en mijn mond moet houden. En ik vind het niet leuk als hij zo praat. Dus vraag ik er maar niet naar.
J: *Zijn er andere plaatsen waar je eigenlijk niet naartoe mag gaan?*
A: Nou, ik moet eigenlijk wegblijven waar al die rijke wijven naartoe gaan. Plekken om te lunchen en zo. Er is daar een bepaald restaurant en er zijn plekken in het hotel – the Bartlett House. En ze gaan naar plaatsen voor modeshows.
J: *En Al wil niet dat je naar zulke dingen gaat?*
A: Nee, want hij zegt dat we te veel weten. Ik kan een foutje maken en mijn mond voorbijpraten.
J: *Wel, Chicago is een grote stad.*
A: Het groeit snel. Al zegt dat het niet gestopt is sinds de brand.
J: *Welke brand was dat?*
A: Nou, een lange tijd geleden was hier een grote brand en bijna alles was afgebrand, straten en straten. En nu, elke dag wordt er wel iets uit de grond gestampt.

Ze refereerde aan de grote brand van Chicago die plaatsvond in 1871 en die een groot deel van de stad verwoeste.

J: *Zie je nu veel nieuwe gebouwen om je heen?*
A: Zodra ik in het centrum kom. Het is een heel blok, bijna, met winkels. Daar komen allerlei winkels in.
J: *Welke straat is dat?*
A: Dat kan ik mij niet herinneren. Het is dichtbij State, net om de hoek. Het was voorheen niet echt een straat, maar nu gaat het heel mooi worden.
J: *Ga je wel eens naar een park?*

A: Oh, we hebben mooie picknicks bij het meer en er zijn heel veel parken. Al gaat niet graag op die manier uit. Ik mag ritjes maken en ik rijd dan en soms maak ik lange ritten.
J: *Je zegt dat je kunt autorijden, maar je hebt een chauffeur.*
A: Ik kan rijden als het moet. Toen ik de Packard kreeg, zei hij dat ik het moest leren. De man die rijdt, heeft het mij geleerd.
J: *Heeft jouw soort auto een versnellingsbak op de vloer?*
A: Ja en ik haat dat ding. Ik vergeet het telkens en raak in de war. Ik maak hem stuk wanneer ik dat vergeet. Kost geld om het te repareren.
J: *Hoe start je de auto?*

Johnny dacht eraan dat sommige auto's in die tijd moesten worden aangezwengeld.

A: Ik bel gewoon en zeg dat ik de auto nodig heb en dat ik wil rijden en dan brengen ze hem tot aan de deur. Ik kan mij niet herinneren dat ik hem ooit gestart heb. Hij woont daar bij de garage en hij... ik hoef hem nooit te starten.
J: *(Hij probeerde nog meer vragen te bedenken.) Weet je wat een vliegtuig is?*
A: Ik heb mensen erover horen praten, maar ik denk niet dat ik er ooit één heb gezien. Ze zeggen dat er vliegtuigen komen die fantastische dingen gaan doen. Je kunt gewoon in een vliegtuig stappen en overal ter wereld naartoe gaan, zeggen ze. Mij krijgen ze nooit in één van die dingen! Ik ben bang voor al dat soort dingen. Ik denk niet dat het gepast is om daarboven te zijn.

Dat was een vreemde opmerking voor iemand wiens echtgenoot in de tegenwoordige tijd gestationeerd was op een jet-training basis.

J: *Nou June, ik ga tot vijf tellen en dan zal dit het jaar 1910 zijn. (Hij telde haar terug.) Het is 1910, wat ben je aan het doen?*
A: Het is verhuisdag. Ik ga dit verdomde hotel verlaten.
J: *Welk hotel?*
A: Heb in het Gibson [hotel] gewoond.
J: *Aan welke straat is dat?*
A: Het is aan deze hoofdstraat hier in de stad.
J: *Waar ga je heen verhuizen?*

A: Het huis dat we aan het bouwen waren. We hebben aan dat ding gebouwd, lijkt wel een eeuwigheid! Maar we kunnen er vandaag intrekken.
J: *Heb je veel spullen daar in het hotel die ze voor je moeten verhuizen?*
A: Nee, maar we hebben meubilair uitgekozen en dat gaan we verhuizen.
J: *Hey ... wat [voor kleding] draag je vandaag?*
A: Mijn lange, groene jurk. Die is voor mij gemaakt, met al deze knopen en de grote, wijde mouwen – mutton chop [letterlijk: schaapskotelet/ ook wel pof-] mouwen.

Ik geloof dat ze dit Leg-of-Mutton mouwen noemden [wijde pofschouders].

J: *Zijn je knieën zichtbaar?*

Dat was een truc, maar wat een ondeugend gevoel voor humor.

A: (Gechoqueerd) Oh nee! Nee meneer!
J: *Wat voor soort schoenen draag je?*
A: Nou, die met knopen erop natuurlijk.
J: *Denk je dat er ooit een dag zal komen dat schoenen niet dichtgeknoopt hoeven te worden?*
A: Nou, dat kan ik mij niet voorstellen. Dan zouden mensen je enkels zien! Je moet zelfs voorzichtig zijn als je in de trolley stapt, zodat niemand je enkels kan zien. Mannen proberen altijd je enkels te zien!

Er is wel heel wat veranderd in 16 jaar tijd. De vergelijkingen tussen de tijdsperioden waren ongelofelijk en grappig. Johnny genoot ervan.

J: *Hoe draag je je haar?*
A: Het is heel lang, maar het is bovenop geknot – heel hoog. Het is al heel lang niet geknipt, zo lang als ik mij kan herinneren. Het is verschrikkelijk om te moeten wassen en borstelen. Het duurt de hele dag, zo'n beetje, om je haren te wassen.
J: *Heb je er wel eens aan gedacht om het heel kort te knippen?*

A: Nou als iedereen dat zou doen, zou ik de eerste zijn om dat te proberen. Ik zei tegen Al dat ik het mijne wil knippen zoals de achterkant van een man. Ik zou het doen, ik zou het gewoon van achter recht afknippen. Al zei dat zijn achterkant niet erg mooi was, dus dat ik het niet zo moet laten knippen!

J: *(Hij lachte om haar grap.) Draag je make-up op je gezicht?*

A: Een beetje rijstpoeder. Het laat het er gladder en mooi uitzien.

J: *En wat denk ja van rouge?*

A: (Opnieuw gechoqueerd) Oh nee! Je knijpt gewoon af en toe in je wangen en je kunt heel hard op je lippen bijten, dan blijven ze een tijd lang rood.

J: *Doet dat geen pijn?*

A: Tja, dat wel, maar je wilt er toch mooi uitzien. Ik gebruik havermout op mijn huid – dat helpt. Ik stop het in een klein zakje en wrijf dat op mijn gezicht als ik het was. (ze maakte wrijvende bewegingen op haar gezicht.) Het laat het havermoutwater achter daar. Het blijft en neemt je rimpels weg.

J: *Is de havermout rauw of gekookt?*

A: (Lachend) Nou, gekkie, je kunt geen gekookte havermout in een zakje stoppen. Jij bent zo grappig! Je weet niet veel af van vrouwen, of wel soms?

J: *Nee, niet echt.*

A: Je praat alsof je uit Springfield komt. Ze weten niets daar.

J: *Daar kom jij vandaan, toch?*

A: Daar uit de buurt. Ik ben niet in het dorp geboren. Het was op een boerderij.

J: *Hoever van Springfield was de boerderij?*

A: Ongeveer een dag rijden in de wagen. Je rijdt naar het zuiden, denk ik.

J: *Ze hadden toen nog geen auto's zoals ze nu hebben, of wel?*

A: Ze hebben nu wel een paar auto's, weet je. Dit is 1910! Maar mijn vader zal nooit een auto bezitten, want hij heeft niet zoveel geld.

J: *Heb jij nu een auto?*

A: Al heeft een auto.

J: *Heb je er zelf geen?*

A: Niet van mijzelf. Ik heb geen auto nodig. Ik ga met Al mee, als hij dat wil.

J: *Ga je nooit ergens heen, als Al niet in de buurt is om je mee te nemen?*

A: Nou, in het eerste begin was ik bang en hij plaagde mij ermee dat ik een klein plattelandsmeisje was. Hij zei dat ik nu schoenen draag, dus dat ik best op beton kan lopen.
J: (Lacht voluit) Wat voor soort auto heeft Al?
A: Een Stanley Steamer.

Hij herinnerde zich de foto's die we hadden gevonden in de encyclopedie.

J: Heeft het een dak?
A: We rijden met het dak naar beneden.
J: Haal je het eraf?
A: Ik geloof niet dat hij het eraf haalt. Ik denk dat het ergens weg vouwt. Je krijgt een flinke bries. (Ze streek haar haren glad.) En het waait je haar plat.
J: Wat gebeurt er als het regent?
A: Je bent slim genoeg om dan binnen te blijven uit de regen, gok ik zo!
J: (Lach) Maakt de auto veel lawaai? (We hadden gelezen dat het stille auto's waren)
A: Nee, nee.
J: Hoe snel gaat Al's auto?
A: Nou, hij is behoorlijk roekeloos. Soms gaat hij wel tot ... tot 15 mile [24 km] per uur, misschien sneller. De eerste keer zei ik, dat mijn oogballen zo uit mijn hoofd zouden vliegen en hij zei van niet, dat dit niet zou gebeuren. Hij zou het mij wel laten zien. Ik was behoorlijk bang de eerste keer.

Op dit moment nam Johnny haar naar andere scenes die later zullen worden opgenomen in het volgende hoofdstuk. We hebben dit deel intact gelaten om de vergelijking te laten zien tussen de twee tijdsperioden. Er vonden zoveel veranderingen plaats in levensstijl in slechts tien jaren. Zelfs als Anita's intellect iets aan het fantaseren was, leek het heel moeilijk om de verschillen niet door elkaar te laten lopen. Het is opmerkelijk dat zij dit uit elkaar wist te houden en de persoonlijkheid kon behouden van elke aparte tijdsperiode. June/Carol kwam naar voren als een heel echt persoon met een uniek gevoel voor humor. Ze was met zekerheid geen uitgeknipt, kartonnen figuurtje dat slechts een rol speelde, of een zombie die blindelings bevelen opvolgde.

Hoofdstuk 4

Het leven van June/Carol

We hadden meer materiaal over June/Carol dan de andere persoonlijkheden die we tegenkwamen. Ze was Anita's meest recente leven en was daarom dichter bij de oppervlakte. Deze sessies gingen enkele maanden door en elke keer dat Anita werd teruggebracht, was de eerste persoonlijkheid die we tegenkwamen steevast June of Carol, tenzij ze uitdrukkelijk andere instructies ontving.

Zodoende besloot ik de andere stukjes en beetjes van haar leven in een chronologische volgorde te rangschikken, zodat de lezer haar verhaal aan één stuk door zou kunnen volgen, zonder in de war te raken van het voor- en achteruit wisselen in de tijd. Hoewel de gebeurtenissen zich over een lange periode openbaren, is het verbazingwekkend hoe goed ze in elkaar passen. Het is ook interessant dat het aantal vragen haar niet in de war kon brengen, ondanks dat wij er zelf vaak verward door raakten. Ze wist altijd precies wie en waar ze was. Er was geen enkele manier voor ons om deze gebeurtenissen weg te laten en toch een compleet beeld te schetsen van een persoon die zo echt voor ons werd, dat ze met grote zekerheid echt moet hebben geleefd en geademd en liefgehad. Dit kan geen verzinsel zijn geweest van iemands verbeelding. We raakten allemaal gehecht aan haar en keken uit naar haar wonderbaarlijke gevoel voor humor en we verwelkomden de gesprekken met haar. Misschien wordt er nooit bewijs gevonden dat ze werkelijk heeft geleefd, maar ze leefde zonder twijfel voor ons gedurende die maanden in 1968.

Inschattend dat Carol ongeveer in 1880 was geboren, bracht Johnny haar terug naar het jaar 1881 en vroeg haar waar ze was.

A: Zit op de vloer.
J: Ben je ergens mee aan het spelen?
A: Met klossen. Om me zoet te houden.

J: *Maakte je lawaai?*
A: Een heleboel lawaai!
J: *Hoe oud ben je?*
A: Ik weet het niet precies.
J: *Hoe groot ben je?*
A: Ben niet groot genoeg voor schoenen. Ik kan lopen. Ik kan een paar woorden zeggen.
J: *Welke woorden kun je zeggen?*
A: Ik roep "Mama" en "Papa", en maak alle geluiden zoals de dieren die maken.
J: *Zijn er veel dieren in de buurt?*
A: Tja, het is een boerderij.
J: *Dat is leuk. Nu ga ik tot drie tellen en dan gaan we vooruit naar 1885. Eén, twee, drie, het is 1885. Wat ben je aan het doen?*
A: Ik ben in de tuin aan het spelen met de baby. Probeer hem op te laten houden met huilen – jongetje. Het kleintje ligt in de wieg.
J: *Ga je naar school?*
A: Ik ga er volgend jaar naartoe.
J: *Hoe oud ben je?*
A: Ik ben vijf. Ik word zes in juni… eerste dag.

Dit komt overeen met wat ze eerder had gezegd. Ze werd June genoemd door Al, omdat haar verjaardag in juni was en ze was "mooi als een dag in juni".

J: *Hoelang duurt het nog tot je verjaardag?*
A: Kan ik niet zeggen. Mijn moeder zal het me vertellen.
J: *Denk je dat je een verjaardagstaart zult krijgen?*
A: Nou, soms bakt Mama een taart. Soms.
J: *Dan zal ze er waarschijnlijk wel één voor je verjaardag maken, toch?*
A: Wordt dat van haar verwacht?
J: *Nou ja, sommige mensen hebben taart op hun verjaardag, maar er zijn ook mensen die taart eten op andere dagen.*
A: Nou, we eten het op zondagen. Soms, wanneer we het kunnen hebben, dan hebben we het.
J: *Goed. Vertel mij nu iets over je huis. Hoe groot is het?*
A: Het heeft drie grote kamers en de vliering.
J: *Waar slaap jij?*

A: Op de vliering. Mama heeft een matras voor me gemaakt van stro. Het is een fijn, zacht bed. Je kunt je er lekker in nestelen. Wanneer ik rijk ben, krijg ik een veren bed. Mama heeft een donsbed op haar bed. Ze zegt dat als ik groot ben, ik er ook één kan hebben.
J: *Dat zal fijn zijn. Laten we nu eens voorwaarts gaan kijken en zien hoe het eraan toegaat in 1890. (Anita werd vooruitgebracht.) Wat ben je aan het doen?*
A: Moeder aan het helpen. We zijn water aan het opwarmen, buiten in de tuin, om te wassen. Nog meer luiers wassen. Lijkt wel elk jaar een baby.
J: *Wat voor zeep gebruik je?*
A: Zeep die mijn moeder maakt.
J: *Krijgt dat het schoon?*
A: Oh, jongen! Je blijft schrobben tot ze schoon zijn!
J: *Gebruik je een wasbord?*
A: Soms. Maar soms schrob je en wrijf je ze tegen elkaar. (Anita maakte schrobbende bewegingen met haar handen.) Op die manier wordt het schoon. Wrijf er zeep op!
J: *Dat lijkt mij erg veel werk.*
A: De hele dag werken op wasdag. Als je geluk hebt, was je op een winderige dag. Je kleren worden dan droog.
J: *Waar is de drooglijn?*
A: Die loopt van het huis naar die grote boom daar.
J: *Zeg eens, Carol, hoe oud ben je?*
A: Negen. Bijna tien nu, zei Mama.
J: *Ga je naar school?*
A: Nee. Ik ging een tijdje naar school, maar Mama had me nodig. Ik help haar heel veel in huis.
J: *Dus je bent maar een korte tijd naar school gegaan.*
A: Ik ben een paar jaren geweest.
J: *Waar is het schoolgebouw?*
A: Oh, het is een heel eind verderop langs de weg.
J: *Liep je erheen toen je naar school ging?*
A: Elke dag. Als het heel hoog heeft gesneeuwd, kan ik niet gaan.
J: *Weet je, hoe je jouw naam moet schrijven?*
A: Ik kan het nu best goed schrijven. Ik oefen met een stok in het zand.

Onverwacht kreeg Johnny het idee om te proberen of Carol haar naam voor ons zou kunnen schrijven. We wisten niet of dat mogelijk was, maar het was de moeite van het proberen waard. Op dat moment stonden we open voor elk idee.

J: *Hier is een potlood en een stuk papier. Wil je je naam schrijven voor mij?*
A: Heb je geen lei? [Ouderwets schoolbordje]

Johnny vroeg Anita om haar ogen open te doen. Het was erg moeilijk en ze staarde glasachtig naar het papier. Toen gaf hij haar het potlood, terwijl ik het papier stevig vasthield. We keken toe terwijl ze losse letters schreef, heel onhandig en langzaam, in grote letters, "Carolyn Lambert." Het zag er heel kinderachtig en ongelijk uit.

A: Ik heb het vorig jaar geleerd. Maar ik moet blijven oefenen omdat ik er niet erg goed in ben. Mama zegt dat wat je leert, niemand van je kan afpakken. Ik liet het aan haar zien en zij ... ze wist er niet veel van. Ze wilde dat ik liet zien hoe haar naam geschreven wordt.
J: *Ging je moeder niet naar school?*
A: Ik denk niet dat ze ooit geweest is.

Op twee andere momenten toen Anita plotseling werd verplaatst naar 1890 met de bedoeling om haar oriëntatie te testen, pakte zij meteen dezelfde situatie en omstandigheden weer op. Op één van deze keren zei ze, dat ze tomaten aan het plukken was. "Plukken tot ik de mand vol heb."

J: *Wat ga je doen met al deze tomaten?*
A: Ze koken. Inblikken. Hapjes van maken. (Ze zuchtte diep.)
J: *Wat is er aan de hand?*
A: Erg heet. Ik zou willen dat het regent. Stoffig hierbuiten. Heeft al een tijd niet geregend. Heet!
J: *Hou oud ben je, Carol?*
A: Ik weet het niet zeker. Mama zegt dat het toch niks uitmaakt, maar ik verlang ernaar het te weten. Ga niet meer naar school.
J: *Hoe lang ben je naar school geweest?*
A: Bijna twee jaar.
J: *Wat heb je geleerd op school?*

A: Nou, ik schrijf ... en leerde mijn getallen ... en mijn letters. Ik kan tot tien tellen en tot twintig ... je kunt de één eraf halen en ... Ik raak in de war als ik bij twintig kom. Zou makkelijk moeten zijn, zegt de meester. Pap zegt da'k geen hoofd heb voor nummers. Ik oefen.

Terwijl we deze periode van Carol's leven onderzochten, werd haar gevraagd naar haar andere familieleden. Het leek erop dat ze ongeveer zeven broers en zussen had. Het is interessant dat ze één broer vermeldde, Carl, die was vernoemd naar een vriend van haar vader. Dit is ongetwijfeld dezelfde Carl, waar ze later mee trouwde.

In een andere sessie, werd ze teruggebracht naar 1900 en werd haar gevraagd wat ze aan het doen was.

A: Koken, maïskolven roosteren en een grote maaltijd koken voor de helpers. We hebben een hoop hulp met dorsen hier. Ze eten veel. Worden hongerig.
J: *Waar ben je?*
A: Ik ben op de boerderij.
J: *Welke boerderij?*
A: Van mijn echtgenoot.
J: *Wat is de naam van je man?*
A: Steiner. Carl Steiner.
J: *Waar is je boerderij?*
A: Een eindje buiten Springfield.
J: *Welke richting?*
A: Nou, als we 's ochtends naar de stad rijden, dan is de zon in mijn gezicht.
J: *Is het ver naar de stad?*
A: Nee, ik ben daar voor de lunch. Maar een aantal uur. Een paar.
J: *Hoe reis je?*
A: Met paard en wagen.
J: *Vind je dat leuk?*
A: Het is te hobbelig.
J: *Hoe oud ben je vandaag?*
A: Vandaag? (Pauze) Ik kom vreselijk dichtbij de 20.
J: *Hoe lang ben je al getrouwd?*

A: Ben getrouwd, nu ongeveer … lijkt zo'n beetje vier jaar, vijf? Tijd gaat gewoon voorbij.
J: *Ben je gelukkig?*
A: Nee! Wie zou hier gelukkig kunnen zijn? Werk elke dag, zeven dagen per week.
J: *Maar kun je af en toe wel eens naar de stad gaan?*
A: Oh! Als ik geluk heb, kan ik misschien twee, drie keer per jaar gaan.
J: *Hoeveel mensen heb je voor je werken op deze boerderij?*
A: Ongeveer vijf man werkt buiten in het veld en zo.
J: *Wat verbouw je daar op de boerderij?*
A: Gewoon dingen voor het vee – een hoop mais. We moeten ons eigen eten verbouwen, weet je. Verbouw hooi en zulke dingen voor de koeien.
J: *Hoeveel koeien heb je?*
A: Oh, ongeveer 40, 50, gok ik zo.
J: *Enige varkens?*
A: Nee, dat denk ik niet.
J: *Hoeveel kippen heb je?*
A: Oh! Ik heb al die verdomde kippen om voor te zorgen. Moet dat kippenhok zelf schoon schrobben. Moet er kalk en 'creosote' [op teer gebaseerd middel om houtrot te voorkomen] in doen.

Uitvoerig onderzoek wees uit dat dit een gebruikelijke methode was gedurende die tijd. Anita was een vrouw uit de stad en het was zeer onwaarschijnlijk dat ze veel zou weten van kippen en werk op de boerderij.

J: *Waarom zorgt de betaalde hulp daar niet voor?*
A: Dat is zogenaamd vrouwenwerk.
J: *Hoe groot is de boerderij?*
A: Ik hoorde dat hij het een sectie noemde. Hij zei dat als ik ooit een zoon krijg, dat het op een dag voor mij zou zijn.
J: *Maar je bent zijn vrouw! Is dan niet sowieso de helft van jou?*
A: Hij zegt dat het van hem is.
J: *Ga je een zoon krijgen?*
A: Nee! Hij probeert me om te kopen.
J: *Hoe oud is je echtgenoot?*
A: Hij is bijna 60. Hij is een oude man.

J: *En jij bent 20. Hij is behoorlijk veel ouder dan jij.*
A: Vele malen ouder. Het is niet eerlijk.
J: *Wil je geen kinderen?*
A: Ik wil niet dat hij bij mij in de buurt komt.
J: *Oh. Heeft hij zijn eigen kamer?*
A: Ik heb mijn eigen kamer!
J: *En waar slaapt Carl?*
A: Hij slaapt ook boven. Hij schaamt zich ervoor dat de mannen erachter komen. Ze lachen allemaal, omdat we geen kinderen hebben.
J: *Wat voor soort kleren heb je?*
A: Ik heb er bijna geen.
J: *Niet? Vermoed je dat Carl wat jurken meeneemt voor je, uit de stad?*
A: Hij blijft zeggen dat hij dat zal doen, als ik hem in mijn kamer laat. Ik vertelde hem dat ik zijn kleren niet zo hard nodig heb. Ik heb ooit een laken verknipt en er een jurk van gemaakt.
J: *Wat voor soort schoenen heb je?*
A: Ik heb nu blote voeten. Had een paar toen ik ging trouwen, maar die zijn versleten. Ik ga nu gewoon meestal op blote voeten.
J: *Wat doe je als het buiten koud wordt?*
A: Nou, ik vroeg hem om een paar schoenen en hij gaf me een oud paar van hemzelf.

Gedurende een andere sessie, werd Anita weer naar deze zelfde periode teruggebracht en zoals gebruikelijk, was ze onmiddellijk weer in karakter. Haar mysterieuze vermogen om consistent de draad weer op te pakken, op elke gegeven tijd en plaats bleef ons verbazen. Deze keer vonden we Carol weer terug op de gehate boerderij. Johnny vroeg haar wat ze aan het doen was.

A: 'k doe niks.
J: *Waar ben je?*
A: Ik ben in mijn kamer. Ik zou de vloeren moeten schrobben, maar ik heb het nog niet gedaan. Ik moet me al snel gaan haasten.
J: *Hoe oud ben je?*
A: Ik schat dat ik ongeveer 20 ben.
J: *Waar is Carl?*
A: Buiten in het veld. Wordt tijd om weer dingen te planten.

J: *Wat ga je planten?*
A: Meer van dezelfde ouwe dingen. Maïs, tarwe, zelfde dingen. Moet snel mijn (moes)tuintje maken.
J: *Wat plant je in je tuintje?*
A: Dingen om de hele winter door te eten. Als je geen honger wilt lijden, moet je planten. Ik heb mijn piepers erin. Ik had een grote oogst vorig jaar. Heb weer veel geplant dit jaar op 'plant-dag'.
J: *Doe je veel aan inblikken?*
A: Tuurlijk! Ik wil toch eten, niet dan?
J: *Nou, ik zat te denken, veel mensen bewaren hun wintervoedsel in de voorraadkelder.*
A: Nou, dat kun je niet met alles doen. Wat denk je dat er zou gebeuren met geroosterde maïskolf als je dat in een voorraadkelder zou bewaren?
J: *Dat schimmelt?*
A: Tja, het zou voor niets anders meer goed zijn dan voor popcorn.
J: *Koop je helemaal niets in de winkel?*
A: (Lach) Niets dat je zelf kunt doen!
J: *Wat doe je met dingen als suiker en bloem?*
A: Krijgt bloem als je de tarwe maalt. Haal wat suiker.
J: *En koffie dan? Drink je koffie?*
A: Ik drink geen ene koffie. Koop af en toe een beetje thee. Ik vind thee lekker.

De volgende keer dat we Carol tegenkwamen, was ze nog steeds op de boerderij in 1905.

J: *Wat ben je aan het doen?*
A: Ohh! Ik ben zo moe! Het is een zware dag. Heb geen rust.
J: *Wat heb je vandaag gedaan?*
A: In mijn tuin gewerkt.
J: *Heb je er net wat geplant?*
A: Nee, het staat er al een tijd. Je moet alleen het onkruid bijhouden. Aan de slag met de schoffel. Dat is het enige dat je kunt doen, ze daar weghalen.
J: *Waar is je echtgenoot?*
A: Weet niet. Hij is nog niet thuis. Ik kom net binnen om een beetje te rusten voordat ik aan het avondeten begin.
J: *Hoe lang ben je nu al getrouwd?*

A: Oh God! Het lijkt wel mijn hele leven!

J: *Ok, vertel me over je tuin. Wat ben je nu aan het verbouwen?*

A: Nou, onze mais is al behoorlijk hoog. Ben aan het proberen met de schoffel de grond erom heen hoger te maken. Het groeit hoger zo. Ik heb mijn eerste tomaten gehad. Groene tomaten gegeten, gebakken.

J: *Vind je die lekker?*

A: Ja, ze zijn best goed. Ik vind ze rijp beter. Maar haat het om ze in te blikken. Ik haat dat, stomend heet. Ik zou willen dat ze een manier hadden om rijpe tomaten te kunnen eten in de winter.

J: *Wat verbouw je nog meer?*

A: Oh, okra [groente], pompoen, komkommers geplant dit jaar. Aardappelen zien er goed uit. Heb zelf wat watermeloen daar, als het rijp wordt. Ik denk dat ik bijna alles wel heb wat je kunt eten ... bonen, erwten.

J: *Klinkt alsof je geen honger zult krijgen.*

A: Ik ben niet van plan om honger te lijden! Als ik ervoor moet werken om het te planten en te kweken en in te blikken, dan zal ik ook krijgen wat ik wil eten.

J: *Dat klinkt logisch.*

A: We hebben ook een melkkoe of twee. Hebben een paar, die hij van plan is om naar de slager te brengen. Hij neem ze mee naar Springfield, daar in de buurt, net aan deze kant van Springfield. Een man slacht daar veel bij zijn huis en tuin. Doet het voor de mensen en doet het goedkoper, dan wanneer je één van die andere kerels hebt. En soms verkopen we er wat van, maar meestal slachten we wat we zelf houden.

J: *Hoe zorg je ervoor dat het niet bederft?*

A: Oh, we hangen het in het rookhuis hier.

J: *Is er ooit wel eens wat van je bedorven?*

A: Nee, niet sinds ik het hier heb gedaan in het rookhuis. En ik maak een deel ervan in. Kook het en stop het in de blikken, net zoals ik met de groenten doe, het blijft aardig goed op die manier.

J: *Smaakt het hetzelfde?*

A: Nee. Weet je, het wordt een beetje draderig, maar dat is prima. Je kunt het inblikken met noedels en van alles ... [of] het inpekelen. Het smaakt niet zo heel lekker op die manier, maar je kunt het zo wel bewaren. Soms, weet je, als je vlees bijna opraakt, kun je slachten in de winter. Ik dacht zelf altijd dat dit een goede tijd zou zijn om het te doen, maar zo doen ze het niet. Het heeft iets te maken met de kalveren en al dat. Ik begrijp het niet precies. Ik kook wat ik krijg. Ik hou van gebakken kip. Als je dat inblikt, het is goed in blik. Het smaakt net alsof het vers is.

J: Maar je vindt het niet leuk om het kippenhok schoon te maken.
A: Nee, dat vind ik niet.
J: Slacht je zelf wel eens een kip?
A: Ik draai de nek om.

Het telkens opsommen van al deze boerderij-sleur klinkt misschien herhalend, maar het laat met zekerheid zien dat het niet iets is, dat iemand zou verzinnen als fantasieleven.

Op een latere opname was Carol net gearriveerd in Chicago en was erg opgewonden over de grote stad. Ze had gezegd: "Ik heb nooit zoiets gedroomd als Chicago! Ik ga deze stad nooit meer verlaten!" Op dit moment besloot Johnny om te proberen nog meer informatie te verkrijgen over het leven op de boerderij.

J: Ok. Ik ga tot drie tellen en dan zweef je terug naar het jaar 1905. Daar ga je terug, één, twee ...
A: (Onderbrekend, bijna huilend) Ik wil niet terug daarheen!

Johnny begreep niet goed hoe belangrijk het was, wat er nu gebeurde en ging verder met tellen.

J: We zweven gewoon terug ... drie! Het is het jaar 1905. Wat ben je aan het doen?
A: (Nors) Ik vind het niet leuk, terug hier.
J: Wat vind je niet leuk?
A: (Boos) Ik vind niks leuk, terug hier! Ik vind helemaal niks leuk op deze boerderij! Ik haat deze plek!
J: Wat is je naam?
A: (Snauwend) Carol!
J: Hoe lang heb je hier al gewoond?
A: Ik kan me geen andere plek herinneren dan een boerderij!
J: Wat doe je op deze boerderij, Carol?
A: Stomme idioot! Waar lijkt het op?
J: Ben je getrouwd?
A: Zou je zo kunnen noemen.

J: Wat doet je echtgenoot?
A: Weet niet en kan me niet schelen!
J: Heb je kinderen?
A: (Schreeuwend) NEE!!
J: Okay! Okay! Ik ga tot drie tellen en dan gaan we ...

Johnny besefte niet het belang van haar reactie in deze regressie totdat we de tape terug speelden. We waren beiden hevig onder de indruk van de wanhoop waarmee ze vocht tegen de terugkeer naar de boerderij, nadat ze Chicago had ontdekt en er verliefd op werd. Overduidelijk was ze onderbewust bang, dat ze misschien nooit meer van de boerderij zou ontsnappen, probeerde weerstand te bieden aan de terugkeer, maar slaagde daar niet in en kon alleen maar schreeuwen en protesteren uit frustratie.

Tot nu toe had Carol's leven ongelukkig en saai geleken. Allereerst de sleur van het opgroeien op de boerderij van haar ouders, daarna de ellende van het samenleven met een man die ze verachtte. Dit maakte haar ongetwijfeld wanhopig voor enige vorm van ontsnapping. Al was haar waarschijnlijk voorgekomen als een ridder op het witte paard, om haar te redden op het moment dat hij verschenen was en haar een uitvlucht bood. Het moet haar hebben geleken als iets dat ver buiten het bereik lag van haar wildste dromen, om te horen over de ver weg gelegen stad Chicago, waar alles waar ze naar verlangde, voor haar zou uitkomen.

J: Wat ben je aan het doen?
A: Ik ben in het hotel.
J: Hoe lang ben je daar al?
A: Ik denk dat het drie dagen is geweest. Ben zo druk.
J: Wat vind je van deze plaats?
A: Nooit zoiets grootst gezien.
J: Stad gaat zo ver als het oog reikt, is het niet?
A: Ja. Mooie winkels, met allerlei soorten dingen. Ze hebben zelfs dingen waarvan ik niet eens wist dat mensen die hadden.
J: In welk hotel verblijf je, June?
A: Weet ik niet. (Pauze) Wil je dat ik het uitvind?
J: Kun je dat?
A: Zodra Al terugkomt. Hij zal het me vertellen.
J: Ja, vind de naam uit van deze plek. Vind je je kamer fijn?

A: Ja. Zacht bed. Eerste keer dat ik ernaar keek, sprong ik gewoon in het midden en sprong op en neer. Nooit ééntje zo luxe gezien.
J: *Erg comfortabel.*
A: (Langgerekt) Ja. Echt wel beter dan stro.
J: *Heb je je eigen badkamer daar in de kamer?*
A: Ja! Ik liep er net naar binnen en ik trok gewoon aan die ketting. Zodra het water erin loopt, trek ik er weer aan. Ik hou ervan om daarnaar te kijken.
J: *Water loopt en loopt gewoon, hè? Niet pompen.*
A: Ja! Ik weet niet hoe het hier naar boven komt. Al zegt dat er pijpen zijn, me er niet druk om moet maken. Ik hoef me nu helemaal nergens druk om te maken. Hij zei dat ik dat niet meer hoefde te doen. Neem gewoon wat er is en geniet ervan. Stel geen vragen; maak je niet druk.
J: *Hoe ben je daar gekomen?*
A: Gereden in Al's auto.
J: *Was het een lange reis?*
A: We deden er wel even over. We zijn gestopt voor zaken, om rond te kijken.
J: *Heb je veel platteland gezien?*
A: Ik vermoed dat ik genoeg platteland heb gezien voor de rest van mijn leven. Ik had nooit kunnen dromen van iets als Chicago.
J: *Je vindt deze stad echt leuk, hè?*
A: Je krijgt me nooit meer weg uit deze stad.
J: *Denk je dat je hier de rest van je leven zult blijven wonen?*
A: Ja, dat zal ik!

Een behoorlijke 'Alice in Wonderland'. We weten dat ze woonde in het Gibson Hotel terwijl Al het grote huis liet bouwen aan Lake Road. Onderzoek op huidige landkaarten slaagde er niet in om enige straat die zo werd genoemd, aan het licht te brengen. Misschien wordt het nu anders genoemd. Maar ik heb wel ontdekt dat rond 1900, men grote landgoederen voor de rijken begon aan te leggen buiten de stad aan de noordelijke kust van Lake Michigan wat later bekend zou worden als het Gold Cost [Goudkust] gebied. Deze constructie stopte gedurende de Eerste Wereldoorlog. Dit komt overeen met de periode waarin zij zegt dat haar huis werd gebouwd. Nog een reden om aan te nemen dat dit de juiste periode zou kunnen zijn, is dat ik een nieuwsbericht vond op een oude microfilm van een krantenarchief uit dat tijdperk. De politie vond een crematorium dat was gebruikt om de lichamen van rivaliserende gangsters te verbranden. Het was verborgen in één van de landgoederen aan het Goudkustgebied aan de noordzijde.

Maar zelfs nadat Al en June verhuisd waren naar het huis, verliep niet altijd alles gesmeerd, zoals het volgende incident laat zien.

Ze was teruggebracht naar het jaar 1918.

J: Wat ben je aan het doen?
A: Oh niet veel. Probeer dit boek te lezen, maar het is moeilijk.
J: Waarom?
A: Nou, ik kan niet erg goed lezen.
J: Oh, probeer je je lezen te verbeteren?
A: Ik wil niet dat iemand kan zeggen, dat ik niet kan lezen.
J: Wat is de naam van het boek?
A: Bijbel.
J: Oh, ga je naar de kerk, June?
A: (Walgend) Nee!
J: Maar, dat is de ... Bijbel. Ben je dat aan het lezen?
A: Nou, ik herinner mij dat mensen uit de Bijbel lazen, toen ik een klein meisje was. Ik wil niemand om een boek vragen en dit lag hier.
J: Waar ben je?
A: In mijn kamer.
J: Ben je in het hotel?
A: Nee, ik ben in dit huis. Er lag hier een Bijbel.
J: Wiens huis is het?
A: Nou, het is één van Al's huizen.
J: (Pauze) Wat lees je in de Bijbel? Kies je gewoon een punt uit en begin je enkele woorden te lezen, of ben je in het begin begonnen en lees je het hele ding?
A: Nou, terwijl ik hier zo zat, bedacht ik mij dat de eerste pagina makkelijker zou zijn dan de laatste. Maar ik word geen wijs uit geen één [pagina] dus ik blader maar wat rond. Deze mensen zijn wel grappig ... alle mensen in dit boek. Elke plaats waar ik het open, heeft het verschillende personen erin. Het is een raar boek.
J: Is het moeilijk te begrijpen?

A: Nee, ik heb het door. Ik heb het allemaal meteen door. Verdomde idioten waren gek.
J: (Lach) Oh, is dat het?

Dit was zeker vreemd, gezien het feit dat Anita katholiek was opgegroeid en haar kinderen naar een katholieke school gingen. Ze zou in dit leven zeker bekend moeten zijn met de Bijbel. Johnny had bedacht dat het jaar 1918 gedurende de Eerste Wereldoorlog plaatsvond en stelde haar een paar vragen om te zien, of ze er iets over wist. Maar de antwoorden lieten blijken, dat het geen tot nauwelijks effect had op haar leven. Ze vermeldde parades in de binnenstad, maar ze legde er geen verband tussen dat het land in een oorlog verkeerde.

J: Ga je vaak de stad uit?
A: Ik ga niet te veel uit. Al gaat best vaak. We gaan uit met die boot op het meer.
J: Is dat zijn boot?
A: Oh, hij heeft een grote boot.
J: Hou je ervan om te zeilen met de boot?
A: Als je niet te ver gaat. Ik blijf graag waar ik de kust nog kan zien. Ik ben geen vis. Ik wil niet zover gaan dat ik het land niet meer kan zien.
J: Kun je zwemmen?
A: Nee, maar ik kan drijven.
J: Nou, die grote schepen hebben kleine bootjes. Voor het geval er iets gebeurt, je kunt altijd in de kleine boot klimmen en terug gaan naar land.
A: Ja, ik weet het. Dat vertelde hij mij ook, maar ik blijf liever het land zien als we gaan. Ik wil niet zo ver gaan. (Pauze) Oh! (Ze schudde haar hoofd)
J: Wat is er aan de hand?
A: Tja, het maakt geen verschil hoe je het uitspreekt, ik weet niet wat het betekent.
J: Heb je een woordenboek in de buurt?
A: Een wat?
J: Een woordenboek.
A: Weet ik niet. Wat is het?
J: Oh, het is een boek met alle woorden erin en het legt uit wat ze betekenen.

A: (Verrast) Ja? Zo één heb ik nog nooit gezien.
J: *Eens kijken. Heb je een bibliotheek gezien in het centrum? (Geen antwoord.) Boekenwinkel?*
A: Ik zag een etalage met niks dan boeken erin. Moet een boekenwinkel zijn geweest.
J: *Wel, die plek heeft waarschijnlijk wel één van die dingen die je een woordenboek noemt. En aan de binnenkant, alles wat het heeft zijn pagina's en pagina's met woorden en die vertellen je wat deze woorden betekenen.*
A: Huh! Krijg wat!
J: *En als je dit boek leest en je vindt een woord waarvan je niet weet wat het betekent, dan zoek je gewoon dat andere boek erbij en zoek je dat woord op en zo kom je erachter wat het betekent. Of wat iemand zegt dat het betekent.*
A: Aha! Ik denk dat ik zo'n woordenboek nodig heb. (Uitgesproken: Woord- en boek) [dictio-naries]. Delen ervan begrijp ik sowieso niet.
J: *Lees me de volgende paragraaf voor, waar je nu bent.*
A: (Alsof ze langzaam en moeizaam leest.) Hij ... laat mij ... in groene ... weiden ... liggen. Nou zie je wel, dat slaat nergens op. Ik wil niet naar de weiden. Ik wil daar niet in liggen. Weet je wat je daarvan krijgt?
J: *Grasmijt?*
A: Kleefkruid, koeienvlaaien. Ik wil daar niet heen. – Ik probeer het, maar ik vind dit boek maar niks. Ik weet niet waarom ze dit een goed boek noemen.
J: *Is dat wat men het noemt – Het Goede Boek?*
A: Ik heb het nooit een andere naam horen hebben, gedurende de hele tijd dat ik opgroeide.
J: *Iedereen had er zo één?*
A: Ja, wij hadden er zelfs één.
J: *Oh, in de tijd dat je nog een klein meisje was? Heb je ooit geprobeerd het te lezen?*
A: Nee. Mijn vader kon het lezen. Vond er altijd wel iets in om te bewijzen, wat hij wilde bewijzen. Ik vond de "hou je mond" zin leuk.
J: *De "hou je mond" zin? Wat is dat?*
A: Nou, als je hem iets vroeg en je hield er niet over op, dan opende hij dat boek en hij las: "Eer uw vader en uw moeder." Dan sloeg

hij het boek dicht en zei hij: "Weet je wat dat betekent? Het betekent, hou je mond!"

J: *(Luid lachend) Oh, dat zei hij zeker vaak, hè?*

A: Ja, dat zei hij bijna elke dag. Beweerde dat hij de Bijbel vaak las. Ha!

J: *Waar is dit huis waar je nu blijft – in de buurt van de stad? Of ben je nu in de binnenstad?*

A: Nou, dit huis is niet zo ver weg, maar de politie bleef naar die andere plaats komen, en we zijn hierheen verhuisd voor een tijdje, totdat alles weer afkoelt.

J: *Valt de politie je vaak lastig?*

A: Ze komen vaak langs om vragen te stellen, beetje bijdehand doen, me bedreigen. Ik ben niet bang voor ze.

J: *Waar stelden ze vragen over?*

A: Ze willen telkens van alles over Al weten. Waar we heengaan, wie we ontmoeten, allerlei dingen. Ik kan niemand iets vertellen. Al zei dat ik overal mijn mond over moet houden en dat doe ik. Ik heb ze niks verteld, toen ze het mij vroegen. Ze kwamen naar mijn huis. Ze wilden van alles weten over het pakketje.

J: *Wat voor pakketje heb je?*

A: (Scherp) Je vertelt niks tegen de politie, of wel?

J: *Nee.*

A: Ik heb het in het meer gegooid.

J: *Goed. Daar zullen ze het niet vinden. Wat zat er in het pakketje?*

A: Er zat een pistool in. We pakten het in en omwikkelden het met tape en een handdoek en zelfs bakstenen erin, maakten een groot pakket. En ik ben met de boot erop uit geweest en gooide het erin.

J: *Met wat voor soort boot ben je erop uit geweest?*

A: Het was een rondvaart ding.

J: *Weet je waarom de politie dat pistool wilde hebben?*

A: Ze wilden me niet eens vertellen, dat ze een pistool zochten. Ze vroegen of ik een pakketje had. Ze dachten gezien te hebben, dat hij mij een pakketje gaf. En ik zei dat ik niet wist waar ze het over hadden. Ik praat niet. Al behandelt me goed en ik praat niet.

J: *Dat is juist.*

A: Ik hoef niet te koken. Ik hoef niks te doen.

Na ontwaken van de sessie en terwijl we deze aan het bespreken waren, zei Anita dat de gebeurtenissen met het pistool een vreemd effect op haar hadden. Ze had al jaren een terugkerende droom gehad, waarin ze met een boot het water opging en iets overboord gooide. Ze had altijd aangenomen, dat dit misschien over een toekomstige gebeurtenis ging, want het was niet logisch. Ze herinnerde zich ook een vreemd incident, dat had plaatsgevonden toen ze in de buurt van New York City woonde. Ze nam een ferry (boot) met een groep andere vrouwen. Anita voelde zich de gehele tijd ongemakkelijk en bleef maar bij de leuning staan, starend in het water. Een overweldigend gevoel om iets in het water te gooien, bekroop haar. Geërgerd zei ze iets onverklaarbaars tegen één van de andere vrouwen: "Ik heb geen pakketje. Geef mij jouw handtas. Die zal ik erin gooien!". Onnodig om te zeggen, dat ze haar dit niet lieten doen. Maar ze kon nooit begrijpen, wat de reden was van haar vreemde gedrag.

Waarom zou zoiets Anita dwarszitten vanuit een ander leven? Zou het kunnen zijn omdat, ondanks dat June was omgeven door anderen, die zich bezighielden met misdaad, dit de eerste keer was dat ze daadwerkelijk deelnam aan iets illegaals? Ze kon de andere kant opkijken en net doen alsof het niet bestond, maar het verontrustte haar wanneer zij er zelf bij betrokken was. Ook op dat moment was Anita's afkeer van geweld op de achtergrond aanwezig.

Het volgende deel stapte de "roerige twintiger jaren" binnen.

J: Wat ben je aan het doen?
A: Probeer me beter te voelen.
J: Ben je ziek geweest?
A: Oh, nee niet echt ziek. Ik denk ik iets verkeerds gegeten of gedronken heb.
J: Klinkt alsof je naar een feestje bent geweest. Wat heb je gedronken?
A: (Ze houdt haar hoofd vast.) Ik weet niet wat het was, maar het smaakte verschrikkelijk.
J: Waar was het feest?
A: Ik gaf het in het hotel. (Kreun) Ik voel me nog steeds duizelig!
J: Welk hotel was dat?
A: Gibson. Ze hebben een grote dineerhal, goede plek om te feesten.
J: Woon je nu in het Gibson Hotel?
A: Nee, ik heb mijn eigen huis.
J: Waar?
A: Nou gewoon hier. Ik ben er!

J: *Wat ik bedoel is – wat is het adres hier?*
A: Lake Road.
J: *Heb je een huisnummer?*
A: Nee, het is gewoon Lake Road.
J: *Je bedoelt, als ik een beterschapskaartje adresseer naar jou op Lake Road, dan zou je het ontvangen?*
A: Hé! Dat zou aardig zijn! Ik heb nog nooit eerder zoiets gehad. Ik krijg helemaal geen post!
J: *Verstuur je wel eens post?*
A: Nee. Naar wie zou ik moeten schrijven?
J: *Oh, je kent heel veel mensen.*
A: Nou, ik zie ze elke dag. Ik krijg gewoon nooit brieven.
J: *Denk je er wel eens aan om je ouders te schrijven?*
A: Nee! Willen misschien dat ik dan terugkom of zo. Dat wil ik niet doen. Ik blijf liever gewoon hier. Ik heb best een goed leven. Geen zin om dat te verstoren.
J: *Hoe oud ben je, June?*
A: Ik zou willen, dat je me dat niet zou vragen! Ik hou er gewoon niet van, om daar over te praten!
J: *Ok. Komt Al nog wel eens langs de laatste tijd?*
A: Hij nam me mee naar het feest gisteravond.
J: *Ik bedoel vanmorgen. Kwam hij langs om te zien hoe je je voelt?*
A: Ik ben nog niet uit dit bed geweest. Ik denk, dat hij in zijn kamer is. Misschien kom ik helemaal niet uit bed vandaag.
J: *Ja. Misschien kun je het vandaag maar beter rustig aan doen. Heb je gister nog iemand nieuw ontmoet op het feest?*
A: Nou, een paar mannen die daar waren. Er waren een paar agenten.
J: *Agenten? Op jouw feest?*
A: Ja. Dat was één van de redenen dat we het feest hielden. Ze konden iedereen even goed bekijken en ze weten nu wie ze niet lastig moeten vallen. Ze weten nog niet veel. Maar beter houden ze me nooit ergens voor aan! Ze vallen mij niet lastig!
J: *Heeft iemand ze aan je geïntroduceerd?*
A: Nee. Oh, Al wees ze aan mij aan. Schaam ik mij altijd een beetje voor. Ik sprak heel even met ze. Nooit aan ze voorgesteld. Al zei, dat ik niet tegen ze had hoeven praten, dat was beneden mijn stand. Zodat ze zouden weten wie ik was en dat ze mij nooit lastig moesten vallen.

Tijden waren absoluut veranderd, sinds de vorige keer toen zij zo werden lastiggevallen door de politie, dat ze tijdelijk het huis moesten verlaten totdat de dingen wat afkoelden. De Drooglegging werd in 1920 wettelijk bepaald en het lijkt erop, dat de politie dat in de beginperiode probeerde af te dwingen. Later, toen de bendes meer controle kregen over de stad, veranderde dat. Het was een bekend gerucht, dat Big Bill Thompson, de burgemeester van Chicago gedurende die turbulente jaren op de loonlijst stond van de criminelen. Dit lijkt overeen te stemmen met wat June eerder vertelde over het feest, dat zij bijwoonde in het huis van de burgemeester. Toen in 1930 hardhandiger werd opgetreden tegen de bendes, bleken dergelijke verbonden echt te bestaan. Het werd destijds het "Driehoek verbond" [Triple Alliance] genoemd tussen de bendes, politie, rechters en belangrijke politici.

Op een ander moment toen we met June wilde spreken, was ze teruggekeerd van een feest en sliep ze. Dit keer werkte ze niet mee en wilde ze niet met ons praten. Ze wilde dat wij haar met rust lieten, zodat ze haar roes kon uitslapen. Dat zulke vreemde omstandigheden voorkwamen, toonde ons dat je nooit weet waar een persoon heen gaat tijdens een regressie. Het gaf ons meer bewijs, dat we werkelijk spraken met een levend persoon en het liet zien hoe compleet Anita zich identificeerde met de andere persoonlijkheid. Dus ging Johnny verder naar een ander moment in de jaren twintig.

Deze gebeurtenis geeft een beschrijving, van hoe de bende opereerde. Het was ook de eerste indicatie dat ze ziek werd.

A: Niets aan het doen vandaag. (Luchthartig) Nee, ik denk niet dat ik iets ga doen. Ik heb zin om het rustig aan te doen.
J: Wat heb je gisteren gedaan?
A: Ik ben gaan winkelen.
J: Wat heb je gekocht?
A: Oh ik heb een paar hoeden gekocht en ik heb een paar schoenen gekocht. Het zijn zilveren schoenen.
J: Zilver? Heb je een jurk die daar goed bij past?
A: Ik laat er één maken.
J: Ik wed dat die schoenen een hoop geld hebben gekost.
A: Dat kun je maar beter geloven. Ik heb er negen dollar voor betaald.
J: Tjonge! Die kunnen maar beter heel lang meegaan.

A: Nee, die gaan niet lang mee. Ik draag ze als ik ga dansen. Ik word kortademig tegenwoordig, als ik te lang dans. Maar ik hou wel heel erg van dansen.

J: *Wat ben je morgenavond van plan te doen, June?*

A: Tja, ik weet het niet. Het is nog niet morgen. Misschien ga ik vanavond ergens heen. Als ik vanavond uitga, dan rust ik morgen. Ik weet nooit of ik ergens heen zal gaan, of niet. Meestal blijf ik 's avonds gewoon thuis en wacht op Al. Als hij komt, dan gaan we ergens heen, als hij dat wil. Soms brengen we de avond hier gewoon door.

J: *Is hij onlangs nog langs geweest?*

A: Hij is hier geweest vannacht.

J: *Vond hij de schoenen en de hoeden mooi, die je had gekocht? Of heb je ze laten zien?*

A: Ik laat hem niet vaak iets zien. Ik draag het gewoon. Ik liet hem vroeger alles zien wat ik kocht, als een klein kind. Nu vertel ik hem gewoon als ik iets wil hebben, of anders ga ik het gewoon halen. Als hij het niet leuk vindt, dan laat hij me dat wel weten.

J: *Oh, maar hij weet nog niet van die schoenen van 9 dollar?*

A: Ach, dat maakt hem niks uit. Hij kocht een keer een paar voor me en betaalde er 30 dollar voor. Hij zei dat ze op sommige plaatsen nog duurdere maken. Ik mag hebben wat ik wil.

J: *Voor een paar schoenen? Lijkt mij dat je voor $30 flink veel schoenen kunt kopen.*

A: Nou, hij lachte; hij zei dat sommige arme sloebers dat nog niet eens per maand hebben, om te kunnen eten.

J: *Ja, ik wed dat sommige van die mensen heel lang moeten werken voor $30.*

A: Ik niet! Ik niet!

J: *Nog naar feestjes geweest de laatste tijd?*

A: Nou, we hebben er één gepland voor volgende maand en dat wordt de grootste van allemaal. Voor dat feest ga ik nog heel veel extra hulp nodig hebben.

J: *Ga je het hier houden in jouw huis?*

A: Ja. Ik doe dat niet vaak meer, maar ik denk dat het er een goede tijd voor is, om dat te doen.

J: *Wat voor soort feest wordt het?*

A: Nou we zouden het een '4 juli feest' [Fourth-of July is onafhankelijkheidsdag] kunnen noemen, maar dat is het eigenlijk niet. We zullen vuurwerk hebben en allerlei dingen doen. Het is een soort afleidingsmanoeuvre eigenlijk.

J: *Afleidingsmanoeuvre? Wat is er echt aan de hand?*

A: Ze gaan twee mannen vermoorden. Daar bij de garage.

J: *Heeft Al je dit verteld?*

A: Nee, hij heeft het me niet verteld. Maar ik hoorde het hem zeggen.

J: *Wat? Twee van zijn vrienden of ...*

A: Nou het lijkt mij gek om twee van je eigen vrienden te vermoorden, maar ik kan je wel vertellen, ik geloof dat Al zijn eigen moeder nog zou vermoorden, als hem dat zou uitkomen. Je kunt niet van twee walletjes eten.

J: *Zijn het mensen waarmee hij werkt en gaat hij ze uitnodigen voor het feest?*

A: Ja. Hij zei, laat het maar een tijdje sudderen; laat ze maar denken dat ze hoog en droog zitten en ermee zijn weggekomen.

J: *Wat hebben ze gedaan?*

A: Nou, ik weet het niet zo zeker. Het had iets te maken met wat geld en een meisje.

J: *Oh, denk je dat ze misschien wat geld van hem hebben gestolen?*

A: Tja, ik denk het wel. Ik denk dat ze van twee walletjes aten. Ze lieten dat meisje ergens heengaan, waar ze niet had mogen komen.

J: *Denk je dat Al ... dat Al hen zelf zal vermoorden?*

A: Tja ... hij deed dat in de begindagen. Hij heeft zijn rol gespeeld, denk ik, maar dat hoeft hij nu niet meer te doen. Neemt geen risico meer.

J: *Hij laat iemand anders het voor hem doen?*

A: Het enige dat hij hoeft te doen is zeggen: "Ken je die-en-die persoon?" De man zou zeggen: "Ja." En hij zou zeggen: "Ik heb gehoord dat ie niet lang meer onder ons zal zijn." Ik hoorde hem praten met een man en hij zei: "Ik heb gehoord dat ze naar een feest zullen gaan op 4 juli en ik hoor dat daar een ongeluk zal gebeuren." En hij lachte en zei: "Jaaah, die klootzakken zullen niet thuiskomen."

J: *Wat voor ongeluk denk je, dat ze zullen krijgen?*

A: Nou, ik zat te denken, misschien hebben ze al dat vuurwerk om een hoop lawaai te verdoezelen. Misschien gaan ze hen wel neerschieten.

J: *Ze zullen iets met de mannen moeten doen, nadat ze hen vermoorden.*

A: Oh, dat is geen enkel probleem. Je kunt heel gemakkelijk van een lichaam afkomen.

J: *Wat doen ze dan?*

A: Oh, je gooit ze gewoon in een put met ongebluste kalk, bedekt ze ermee en laat het een tijdje zijn werk doen. Duurt niet lang.

Dat was een verrassing. Mijn eerste veronderstelling was, dat ze de lichamen in het meer zouden gooien, omdat ze zo dicht bij het water waren. Klaarblijkelijk hadden ze grondiger methoden.

J: *Lost dat het lichaam op?*

A: Oh, het vreet alles weg, hebben ze mij verteld.

J: *Hebben ze dat eerder gedaan?*

A: Ik heb ze er over horen praten. Toen mijn kleine hondje Al had gebeten, zei hij, dat hij het in zo'n put zou gooien en dat hij het niet eerst een genadeschot zou geven. Maar dat deed ie niet, hoor.

J: *Wat voor soort hond heb je?*

A: Nou, ik heb hem een jaar geleden of zo moeten laten inslapen, maar ik had een verschrikkelijk schattig hondje. Het was gewoon zo'n heel klein hondje. Ik vond het op de weg; bracht het mee naar huis. Al heeft hem nooit leuk gevonden. Hij blafte en gromde altijd naar hem. Het ging zelfs zo ver, dat als Al thuis was, dat ik die hond in de garage of ergens anders moest opsluiten. Op een dag kwam hij plotseling thuis en ik had de hond bij mij in mijn kamer en die hond wilde hem aan stukken scheuren. Toen dreigde hij ermee, dat hij hem zou opruimen.

J: *Was het een kleine hond?*

A: Oh, ik denk dat je het gewoon een middelgrote hond zou noemen; was niet te groot, was niet te klein. Ik hou niet van honden die eruitzien als ratten.

J: *Had je een naam voor de hond?*

A: Nou ... hij had een naam. Ik noemde hem Peter. Ik weet niet waarom, het leek gewoon een goede naam voor hem. Al zei dat het simpel en alledaags was, maar zo bedoelde ik het niet. Hij was gewoon een leuke, kleine hond. Ik heb hem gewoon zo genoemd. Ik vond die hond leuk. Weet je, die hond liet niemand mij ooit aanraken. Als hij in de garage was, zat hij daar maar te janken de hele tijd.

J: *Je zei, dat je hem buiten ergens op de weg had gevonden?*

A: Ja. We waren aan het rijden en hij lag langs de kant van de weg, zachtjes te janken. Ik dacht, dat ie misschien was aangereden. Ik wilde stoppen en hem naar een dokter brengen. Toen ik hem opraapte, zag ik dat hij gewoon hongerig was. Leek alsof hij alleen maar botten had; haar was uitgevallen. Al zei dat het hij vreselijkste ding was, dat hij ooit had gezien. De hond begon meteen naar hem te grommen. Ik vertelde hem wat mijn vader had gezegd: dat een hond het verschil kent tussen goede en slechte mensen.

J: Wat vond Al daarvan?

A: Nou, hij vertelde me, dat als hij naar slechte mensen gromde, dat ik dan net zo slecht was als hij. Ik moest er maar om lachen. Ik weet beter dan dat. Soms hebben we daar wel eens ruzie over. Maar ik hield die hond en al heel snel rende hij daar rond, dartel uitziend. Zijn haar kwam terug, zacht en mooi.

J: Was hij veel van zijn haar kwijtgeraakt?

A: Ja. Hij kreeg geen kale plekken, zoals met schurft of zo. Maar het haar was dun en leek droog en breekbaar. Ik waste hem meestal in een tobbe en voerde hem bijna elke dag wat eieren en melk. Maalde zijn vlees fijn voor hem. Al zei, dat ik die hond beter behandelde dan hem.

J: Je zei, dat je hem in moest laten slapen?

A: Tja, op een dag was hij buiten en werd geraakt op de oprijlaan en de poot van dat arme, oude beestje was helemaal verbrijzeld. Hij was oud, denk ik en de dokter keek naar hem en zei dat hij nooit meer hetzelfde zou worden. Ik kan er niet tegen om het arme kereltje te zien lijden. Ik weet hoe graag ik buiten rondloop. En als ik niet naar buiten kan gaan, doet het me pijn; huil ik. Dat kon ik hem niet aandoen – soms wens ik wel eens, dat iemand mij zou laten inslapen.

J: Waarom, June?

A: Oh, sommige dagen voel ik me heel erg goed. Ik heb soms dagen, dat ik moeite heb met ademhalen. Begin te hoesten en hoest bijna mijn hoofd eraf.

J: Hoest je wel eens bloed op?

A: Ja, soms. Gewoon kleine druppeltjes nu en dan.

J: Wat zegt de dokter daarvan?

A: Hij zei dat het komt, omdat ik zo hard hoest dat ik er een zere keel van krijg. Maar het is mijn borst die pijn doet.

J: *Heb je al lang lopen hoesten?*

A: Nou, het begon een paar jaar geleden met een verkoudheid en de hoest lijkt wel te blijven hangen en hangen. En het begint erger en erger te worden en ik haat het wanneer ik dat doe. Het geeft me een gevoel dat ik helemaal zwak ben.

J: *Misschien moet je naar bed gaan en een paar dagen rust nemen.*

A: Tja, ik kan niet hele dagen in bed blijven. Ik heb doorligplekken op mijn rug van zo lang in mijn bed liggen, zoals ze mij vertellen. We kunnen doorgaan en al snel zal ik mij beter voelen. Ik rust meer, dat is alles. Stem wordt soms laag.

J: *Oh, tast het ook je stem aan?*

A: Soms is het moeilijk voor mij om te praten. Ik praat niet meer zoals ik een lange tijd geleden deed, toen ik jonger was. (Luider) Ik bedoel, niet dat ik oud ben!

J: *Oh nee! Nou, je lijkt geen dag ouder dan ... 35.*

A: Zie ik er zo oud uit?

J: *Nee.*

A: Dan ben ik het niet! Een man is zo oud als hij zich voelt en een vrouw is zo oud, als ze eruitziet!

J: *(Pauze) Wat ga je doen, om je voor te bereiden voor dit feest op 4 Juli?*

A: Oh, weet je, komt vuurwerk en ga wat dingen kopen om te drinken, denk ik. Laat wat mensen komen en speel muziek.

J: *Een band?*

A: Wel, ja. Ik denk dat je hen zo wel kunt noemen – vier of vijf mensen. Ik laat twee extra koks komen, om hier te koken.

J: *Wat ben je van plan te serveren?*

A: Nou, ik zat te denken aan wat gebakken hammen, die laten snijden. En allerlei dingen die bij ham gaan.

J: *Dat is goed. Bijna iedereen houdt van ham. Ik ben benieuwd hoeveel die twee mannen, die niet meer naar huis gaan, van ham zullen houden.*

A: Al heeft ze gevraagd, wat ze graag willen eten. Ze denken dat ze eregasten zullen zijn. Al vertelde ze, dat niemand zo behandeld zal worden die avond als zij.

J: *(Lach) Maar hij heeft ze niet verteld, hoe ze gaan worden behandeld of wel?*

A: Nee ze waren helemaal opgezwollen van trots en je kon wel zien dat ze dachten, dat ze een promotie gingen krijgen. Al zei dat als ze goed hadden geleefd, dat ze dan wel een stuk hogerop zouden komen.

Deze dubbelzinnigheid was onderhoudend, maar Anita's stem werd ineens gespannen en zachter. Ze kreunde: "Oooh ... mijn borst doet pijn". Daarna klonk haar stem een stuk heser.

J: Is je hoest erger in de zomer of in de winter?
A: (Haar stem klonk schor) Nou, volgens mij is het veel slechter in de winter. Oooh ... (ze klonk alsof ze pijn had).
J: Misschien helpt het een beetje om buiten in de zon te zitten.
A: (Ze probeerde haar stem te schrapen.) Nou, ik geloof dat ze zeggen ...

Haar stem werd zo hees, dat het moeilijk werd om haar te verstaan. Toen begon ze te hoesten.

J: Je zou denken, dat de dokter wel een medicijn zou hebben, dat dit kan verhelpen.
A: Nah, dat werkt niet zo goed. Soms wel, soms niet. (Ze klonk zwak.)

Johnny nam haar vooruit in de tijd om haar ongemak te verzachten. Zodra hij klaar was met tellen, was haar stem weer in orde.

J: Ik ga tot drie tellen en dan gaan we vooruit naar 1930. (Telde) Het is 1930; wat ben je aan het doen?
A: Ik zie niks.
J: Nee? ... Hoe oud ben je?
A: (Feitelijk) Ik denk niet dat ik iets ben.

Tot aan dit moment was ze zo consequent geweest, dat de enige verklaring die we konden bedenken, was dat ze waarschijnlijk niet langer betrokken was bij het leven van June/Carol. Dat betekende, dat ze gestorven moet zijn voor 1930, maar wanneer en hoe? Het bracht een ander interessant punt naar voren. Als Anita alleen maar een fantasieverhaal had bedacht, om het de hypnotiseur naar de zin te maken (zoals werd gesuggereerd), waarom ging ze dan niet door? Waarom bereikte ze plotseling een 'lege muur', wanneer Johnny haar verder wilde brengen dan 1930? Als ze inderdaad voor die tijd zou zijn gestorven, zou hij nu op zijn schreden moeten kunnen terugkeren en de omstandigheden achterhalen. Maar dat zou voorzichtig moeten gebeuren, om haar geen ideeën in haar hoofd te stoppen. Zonder zijn gedachten over deze situatie bekend te maken, telde hij haar weer terug naar het jaar 1927.

J: *Het is 1927. Wat ben je nu aan het doen?*
A: Rij in mijn auto. (Klaarblijkelijk is ze teruggekeerd naar June's leven.)
J: *Waar ga je heen?*
A: Gewoon rijden, zo snel als ik kan. ... Ik ben kwaad. (Zo klonk ze ook.)
J: *Waarom ben je kwaad?*
A: Ik heb Al niet meer gezien. Hij wil niet aan de telefoon komen. Het is nu al drie dagen. Hij zei dat hij bezig was met een klus.
J: *Misschien moest hij de stad uit?*
A: (Sarcastisch) Dat verhaal krijg ik heel vaak.
J: *Waar rijd je?*
A: Op een weg, gewoon ergens op het platteland.
J: *En hoe hard ga je?*
A: Oh, ik ga behoorlijk snel – bijna 30.
J: *Hoe oud ben je nu? Is het 1927? En ben je ongeveer 50?*
A: In de buurt. Dichterbij dan ik zal toegeven. Zelfs verf, je kunt de rimpels niet verbergen. Verf je haar, maar de rimpels blijven zichtbaar. (Ze klonk erg depressief.)
J: *Waarom? Begin je een paar rimpels te krijgen?*
A: Ja. Ik ben niet meer mooi. Ik was mooi, maar dat ben ik nu niet meer. Gerimpeld en oud. Gewoon niet goed. Niets was ooit goed. (Ze klonk erg droevig.)
J: *Nou, je hebt er een feestje van gemaakt. Echt geleefd.*
A: Ja. Maar ik heb niks gedaan. Ik heb niks voor niemand gedaan. Ik had mijn moeder wat geld kunnen sturen. Ze had het kunnen gebruiken. ... Ik heb het aan mezelf besteed.
J: *Rij je nog steeds op de weg?*
A: (Depressief) Nee, ik ben gestopt bij het meer. Bijna donker, maar dat is het niet echt, Het is anders vanavond.
J: *Hoezo is het anders?*
A: (Erg droevig) Ik wil erin springen, maar ik ben bang. ... Ik ben dicht bij het water. Ik kijk ernaar.

We weten, dat ze ergens achter in de jaren 1920 moet zijn gestorven. Heeft ze zelfmoord gepleegd? Johnny kon het haar niet gewoon recht op de man af vragen, uit angst om het te suggereren. Dus hij besloot om haar aan de praat te houden en haar eigen verhaal te laten vertellen, zonder invloed van ons.

J: *Welke tijd van het jaar is het?*
A: Eind van de lente. Ik zie seringen en de bosjes zijn overal. (Lange pauze) Ik wil naar huis gaan, maar daar is niemand. ... Ik ben helemaal alleen ... Het is niet leuk om alleen te zijn. ... Ik zie alleen Al soms.
J: *Ik durf erop te wedden dat als je naar huis rijdt en Al opbelt, dat hij er zal zijn.*
A: (Haar stem was fluisterend.) Ik denk het niet. Hij is alleen maar aardig, omdat hij niet wil dat ik praat. Hij weet dat ik niet zal praten. Hij weet dat ik van hem hou.

Het zag er naar uit, dat ze niet zou gaan vertellen wat er was gebeurd. Johnny wilde de zaak niet forceren, dus hij moest maar doorgaan, om te zien of hij kon ontdekken wat er was gebeurd. Uit de volgende sessies zou blijken, dat ze zichzelf niet van kant had gemaakt die donkere nacht bij het meer, alhoewel ze ontzettend depressief moest zijn geweest om erover na te hebben gedacht.

In de volgende sequens, refereert ze aan een reisje dat ze had gemaakt. Op twee verschillende momenten, maanden uit elkaar, had ze dezelfde reis vermeld, dus ik heb ze beide gecombineerd, omdat ze in wezen dezelfde feiten verhaalden. June was overduidelijk ziek en het leek duidelijk, dat ze aan het einde van haar leven was gekomen.

Johnny had haar teruggebracht naar het einde van de 1920-er jaren en hij was nauwelijks klaar met tellen, toen ze hard en langdurig begon te hoesten. Toen ze ermee stopte, ging hij verder.

J: *Hoe voel je je, June?*
A: (Aarzelend) Ik voel me zwak. Probeer me beter te voelen.
J: *Wat is het probleem?*
A: Ik ben een beetje verkouden, gok ik. Ik kan niet goed ademen. Ziek ... al langer dan een week. Ongeveer een week geleden. Ik had niet gedacht hier weer een keer naar terug te keren.

J: *Waar ben je?*

A: Oh, ik maakte een reis met Al. We zouden naar New York gaan, maar dat hebben we nooit gehaald. We stopten in Detroit.

June was klaarblijkelijk ziek geworden onderweg en dat was waarom ze het niet helemaal hadden gehaald.

J: *Detroit? Tjonge, dat is een behoorlijk eind weg.*

A: Ik zweer het je. Komt niet in de buurt van Chicago. Niet als deze stad. Ik vind deze stad beter.

J: *Ook lang niet zo groot, toch?*

A: Ik weet het niet. Het ziet erg best groot uit, maar het heeft niet de klasse die Chicago heeft. Ik wil hier nooit meer weg. We gingen op ... een soort zakenreis, maar ik kocht een hoop spullen en heb me goed vermaakt.

J: *Wie ging er met je mee?*

A: Oh, ik ging met deze vrouw en haar man en Al. Het was bedoeld voor zaken en we gingen met hen mee, zodat het niet leek op gewoon mannen die alleen reisden. En we namen dit ... ik denk dat het een nichtje was, van die vrouw ... een klein meisje met ons mee. Al zei dat we eruitzagen als één grote, gelukkige familie.

Ik ontdekte, dat er in dat tijdperk een bende was in Detroit, die bekend stond als de "Purple Gang" [Paarse Bende]. Was dit de reden, dat ze niet wilden worden opgemerkt tijdens hun "zaken-" reis?

J: *Dat is een lange reis naar Detroit, of niet soms?*

A: We reden. Het is een lange ... duurt een tijdje, ja. Ga je te ver op een dag, dan word je gewoon zo moe.

J: *Is die andere vrouw een goede vriendin van je, of heb je haar pas net voor de reis ontmoet?*

A: Nou, ik ken haar. Ze komen naar het huis. Ze is niet echte een goede vriendin. Ze komen hier vaak voor zaken en dingen.

J: *Heb je hier veel vrienden?*

A: Wel, Al wil niet dat ik te vriendschappelijk word met sommige mensen. Ik ontmoet mensen. Hij brengt hier veel mensen. Ik word niet heel erg hecht met iemand.

J: *Je bedoelt dat het voornamelijk zakenvrienden zijn van Al?*

A: Ja en hun vriendinnen. Wees voorzichtig wat je zegt, zelfs tegen hen.

Ze begon weer hevig te hoesten.

A: Lijk maar niet over deze verkoudheid heen te komen. Ik denk dat mijn longen een beetje zwak zijn. Het is soms moeilijk om te ademen.
J: *Nou, ik denk dat de zon waarschijnlijk wel veel zal helpen. Dat is net zo goed als het innemen van een medicijn.*
A: Ik denk dat het beter is. Medicijnen maken je soms zo slaperig. Gewoon natuurlijk uitrusten is beter.
J: *Is de dokter langsgekomen om je te zien?*
A: Oh, ik heb er twee of drie gehad, sinds ik ziek ben geworden.
J: *Wat zeggen ze dat er mis is?*
A: Dat vertellen ze me nooit. Ze geven me wat injecties en geven me wat medicijnen. Het laat me veel slapen.
J: *Wat is de naam van je dokter? Heb je één dokter, die de hele tijd voor je zorgt?*
A: Die zie ik niet. Hij heeft een andere dokter gevraag om langs te komen, om te zien wat hij dacht dat er aan de hand was. Zei dat die er meer van zou weten dan hijzelf.
J: *Oh, verschillende dokters hebben verschillende specialisaties. Eén dokter weet misschien een beetje meer over verkoudheid en een andere dokter weet misschien wat meer over gebroken armen.*
A: Deze is niet erg slim.
J: *Niet?*
A: Nee, dat is hij niet! Hij denkt dat ik Chicago ga verlaten. Hij is helemaal niet erg slim. Ik ga hier niet weg. Ja, hij zei een heet, droog klimaat. Ik zei hem dat ik op een hete, droge boerderij ben geweest. Het heeft me geen zier goed gedaan. Ik vind het hier fijn.
J: *Wat is de naam van die dokter?*
A: Hm, ik denk dat het Brownlee is.
J: *Ik zal ervoor zorgen dat ik hem niet krijg.*
A: Nee, niet doen! Hij wil iedereen maar naar Arizona sturen.
J: *Arizona? Waar is dat?*
A: God mag het weten. Aan het einde van de wereld, gok ik. Ik vroeg hem meteen, of het in Chicago lag. Hij lachte en zei, nee. En Al zei: vergeet het maar, daar gaat ze niet heen.

J: *Heet, droog klimaat. Wat had je reguliere dokter daarop te zeggen?*
A: Nou, hij zei me dat ik maar moest doen wat deze man zei. Ik vroeg hem alleen maar of ze onder één hoedje speelden? Verkopen zeker land in Arizona. Deze meid blijft in Chicago. Ik vind het hier prima.
J: *Wat is de naam van je reguliere arts?*
A: Oh, het is Lipscomb.

Later heb ik de American Medical Association [Amerikaanse Medische Vereniging] in Chicago aangeschreven. Ik heb geïnformeerd of één van beide artsen eind 1920-er jaren in Chicago had gepraktiseerd. Ze schreven terug: "James W. Lipscomb, M.D., stierf op 19 april, 1936, Chicago." Brownlee konden ze niet identificeren. Het jaar van Lipscomb's dood kon betekenen, dat hij waarschijnlijk had gepraktiseerd in Chicago in het bewuste tijdperk en die naam komt niet heel veel voor. Het feit dat Brownlee niet werd geïdentificeerd, was niet al te vreemd, want hij klonk als een specialist en hij zou ergens anders vandaan hebben kunnen komen. Ook was ze niet helemaal zeker van zijn naam. Als je aan de moeilijke taak begint, om te proberen zoiets als dit te verifiëren, dan is elk klein onderdeeltje dat lijkt te kloppen, alsof je een diamant vindt in het zand. Vraag maar eens aan iemand, die ooit heeft geprobeerd om zijn stamboom te onderzoeken.

J: *Lipscomb. Is hij een goede dokter?*
A: Nou dat dacht ik, totdat hij die andere vent hier bracht. Ik geloof geen van beiden. Hij zei dat koud weer schadelijk voor mij was. Ik hou van koud weer.
J: *Is het probleem in je keel?*
A: Ik kan gewoon niet zo goed meer ademen en ik hoest veel.
J: *Maar je hele borstkast doet zeer, zeg je?*
A: Als ik hoest, doet het pijn.
J: *Maar is het weer koud en vochtig buiten?*
A: Tja, wonend bij dit meer, is het volgens mij bijna altijd vochtig; dat is tenminste wat ze zeggen. Het kwam nooit als vochtig op mij over. Ik hou ervan.
J: *Welke maand is het?*
A: Het is december.
J: *Is er al sneeuw gevallen?*

A: Een paar kleine vlokjes.
J: *Dat helpt je hoest en je ademhaling waarschijnlijk niet echt.*
A: Het lijkt er nooit een probleem voor te zijn geweest. ... (Ze werd achterdochtig.) Je bent toch geen dokter hè?
J: *Nee. ... Maar ik herinner me nog de naam van die man, die ene die probeert land te verkopen in Arizona.*
A: Verdomde gek!

Hoofdstuk 5

De dood van June/Carol

Het was duidelijk, dat June's gezondheid ernstig was achteruitgegaan, maar ze behield haar gevoel voor humor tot aan het eind. Twee andere korte episodes bevestigden, dat ze ziek in bed lag gedurende de gehele maand juli in 1927. Ze bevatten in essentie de hier onderstaande informatie:

J: *Het is 27 juli, 1927. Wat ben je nu aan het doen?*
A: (Haar stem was bijna fluisterend.) Ik lig in bed.
J: *Hoe voel je je? Ben je verkouden?*
A: Nee, ik ben gewoon ziek ... vermoeid. Erg zwak.
J: *Heeft de dokter je bezocht?*
A: Hij komt elke dag. Hij geeft me injecties.
J: *Zegt hij hoe snel je beter zult zijn?*
A: Hij zegt dat het nu elke dag kan zijn ... maar ik voel me elke dag zwakker.
J: *Weet hij wat er mis is met je?*
A: Nee, hij zegt dat hij dat niet weet. Maar ... hij zegt dat het mijn ouderdom is. Kun je je dat voorstellen! Ik vertelde hem, dat ik 40 ben en hij lachte alleen maar. Hij weet wel beter. Al komt elke dag langs. Hij brengt mij bloemen. Hij zegt dat het hem spijt, dat we nooit getrouwd zijn.
J: *Is hij nog steeds getrouwd met zijn vrouw?*
A: Ja. Hij zou haar nooit kunnen verlaten en van haar scheiden. Hij kon het niet. Hij wilde wel, maar hij kon het gewoon niet.

Johnny verplaatst haar één dag vooruit naar 28 juli en was verrast door haar reactie.

J: *Het is 28 juli, 1927. Wat ben je aan het doen?*
A: Ik ben weer vrij!

J: *Vrij? Waar ben je?*
A: Zwevend en wachtend. Ik wacht in het huis.
J: *Wat zie je in het huis?*
A: Ik zie alles en Al. Hij huilt.
J: *Ben jij daar?*
A: Ik lig daar in bed. Ik kijk naar mezelf.
J: *Oh? Hoe zie je eruit?*
A: (Feitelijk) Ik denk net als elk ander lijk.
J: *(Gechoqueerd) Je bedoelt ... dat je dood bent?*
A: Ja.

Dit hadden we niet verwacht. Ik weet echt niet, wat we hadden verwacht dat er zou gebeuren, als ze zou worden teruggebracht naar het moment van haar dood. Maar ze sprak op dezelfde manier met ons, als ze had gedaan tijdens het leven van June/Carol. Haar persoonlijkheid was in ieder geval intact en ze leek niet veranderd. Toch was het moeilijk voor Johnny, om nu te bedenken hoe hij zijn vragen moest formuleren. Hoe praat je met een dood persoon?

J: *Waaraan ben je overleden?*
A: Mijn hart ... en het bloed. Ik ben gestikt in het bloed. Ik herinner mij, dat ik aan het praten was en ik bleef maar stikken. Al huilde en de dokter deed alles wat hij kon, maar ik stierf gewoon. En ik kan mijzelf zien.

Dit maakte Johnny zo van streek, dat hij dacht dat het beter was, om maar naar een andere scene over te gaan. Hij kon geen objectieve houding meer aannemen, totdat hij tijd had gekregen om zulke opzienbarende informatie te verwerken. Maar elke keer dat hij haar terugbracht, naar die periode aan het einde van de 1920-er jaren, keerde zij terug naar deze staat van "dood" of "geest" zijn. Uiteindelijk leerden wij ermee om te gaan en om objectieve vragen te bedenken. Wat vraag je aan iemand, nadat ze zijn gestorven? Het opende een schat van mogelijke informatie, nadat de schok wat was verminderd. We moeten in acht nemen, dat ons experiment met betrekking tot reïncarnatie plaatsvond, voordat er enige boeken in de Westerse wereld beschikbaar waren, die ons hadden kunnen helpen, om met deze situatie om te gaan. Je zou kunnen zeggen, dat deze ommekeer van de situatie ons had kunnen afschrikken en zou laten stoppen hieraan te werken met Anita, maar onze nieuwsgierigheid was groot.

Uit een andere sessie:

A: Ik ben op een kerkhof. Nee, het is geen kerkhof. Er zijn hier maar een paar andere mensen samen met mij op deze plek – een familiegraf. En ik kan mijzelf zien, maar ik ben begraven.
J: *Kun je die andere mensen zien?*
A: Nee, maar ik weet dat ze er zijn. Ik praat met enkelen van hen. We spraken over Al's vrouw. Zij wilde niet, dat ik daar begraven zou worden. Ze zei dat van alle beledigingen dit wel de ergste was. Ik ben in zijn familiegraf.
J: *En met wie praat je?*
A: Nou, het is Al's moeder. Ik denk dat het zijn moeder is. Ze is al langer dood dan ik. Ze vertelde mij, dat ik niet bang hoefde te zijn. Dit kerkhof ... het is op de plek van Al's moeder. Het huis is inmiddels verkocht, maar ze hebben dit land hier gehouden voor het kerkhof. Ze wilden niet, dat iemand het zou verstoren.
J: *Is dat daar in Chicago?*
A: Oh nee. Het is een behoorlijk eind op het platteland. Een aantal mijlen. Het was zo grappig, want ik dacht dat ik daar moest blijven en in het begin was ik bang. En zijn moeder begon tegen mij te praten en vertelde mij er van alles over en dat ik er niet bang voor hoefde te zijn.
J: *Kun je je herinneren, wat er gebeurd is?*
A: Nou, ik herinner mij dat ik erg ziek was en dat ik niet kon ademhalen. En plotseling kon ik helemaal niets voelen. En iedereen begon te huilen, en ik stond daar, soort van, bij mijn bed. En ik schrok ervan, dat ik mezelf daar zo kon zien liggen. Heel raar in het begin. En toen bleef ik daar, bij dat lichaam. Ik dacht, dat ik dat moest. Ik wist niet, dat ik het kon verlaten.
J: *Is dat wanneer je Al's moeder voor het eerst zag?*
A: Ja, ik zag haar op het kerkhof. Ik was bang, dat ik in dat lichaam moest blijven en ik wilde niet worden begraven. In het begin was ik heel erg bang. Ze vertelde mij, dat ik niet daar op het kerkhof hoefde te blijven. Ik kan overal heengaan, waar ik wil. Gewoon doen wat ik maar wil doen. Ze vertelden mij, dat er dingen zijn die ik later moet doen, maar tot nu toe is mij nog niks verteld.

J: *Vertelde zij jou dit?*
A: Ja, zij vertelde mij hierover. Ze sprak heel lang met mij.
J: *Is zij daar nu?*
A: Nee, ze ging ergens anders heen. Ik vroeg haar waarheen en zij probeerde het uit te leggen. Maar ik begrijp het niet.
J: *Wat heeft ze gezegd?*
A: Dat je soms wordt verteld, dat je dingen moet doen en dan ga je en je doet ze. Ik vroeg haar, wat als ik het niet wil doen. En ze lachte en zei, dat ik het wel zou willen. Ik heb al heel lang niet meer gehad, dat iemand mij vertelde dat ik iets moest doen. Ik weet niet wat ik daarvan moet vinden.
J: *Je zei dat je op het kerkhof bent? Kun je zien waar je lichaam is begraven?*
A: Ja, ik heb een kruis.
J: *Staat er iets geschreven op dat kruis?*
A: Mijn naam. En er staat: "Mijn geliefde ligt hier." En er staat 28 juli, 1927.
J: *Nog iets anders?*
A: Alleen dat. En mijn naam: June ... Gagiliano.
J: *Gagiliano? Ik dacht dat jullie nooit getrouwd waren!*
A: He hield van mij, maar hij kon niet met mij trouwen.
J: *Maar hij gaf jou zijn naam, op je grafsteen.*
A: Ja. ... Voordat ik stierf, zei hij dat hij dat zou doen. Hij zei dat het zijn laatste gift was.

Geen wonder dat Al's vrouw kwaad was. Niet alleen was June begraven op het familiekerkhof, maar ze had ook zijn naam gekregen.

In een andere sessie:

J: *Wat ben je aan het doen June?*
A: Ik zit hier in deze tuin. Dit was mijn huis.
J: *Dit huis was van jou?*
A: Ja. Ik wens, dat ik in dit huis kan blijven.
J: *Kun je hier niet blijven?*
A: Nee. Op een dag moet ik naar andere plaatsen gaan. Ik zou hier blijven, als ze mij zouden laten. Dit huis was een paleis voor mij.
J: *Heeft iemand je verteld, dat je zou moeten vertrekken?*

A: Je moet niet in huizen blijven en mensen afschrikken en zulke dingen.
J: Wie heeft je dat verteld?
A: Al's moeder.
J: Wat is er nu rondom jouw huis gebeurd?
A: Ze pakken mijn spullen in.
J: Wie doet dat?
A: Al. Hij laat niemand anders ook maar iets van mijn spullen aanraken.
J: Wat gaat hij ermee doen?
A: Ik weet het niet. Ze weggeven, gok ik. Sommige zal hij altijd bewaren, denk ik. Hij vertelt mij, dat hij van mij hield. Vertelt mij, dat niemand anders ooit iets voor hem heeft betekend. Hij wil mij terug. Maar ik wil eigenlijk niet teruggaan.
J: Nee? Ik dacht, dat jij je leven daar leuk vond?
A: Ik vond het leuk. Het is beter om je niet druk te maken. Om hier te zijn. Hij zal hier ook zijn op een dag. Iedereen komt hier.
J: Je praat over hier komen. Waar is hier? Je bent hier in de tuin.
A: Naar deze wereld. Iedereen gaat dood en dan is hun geest weer vrij. Ik weet nog niet alles. Ik moet nog meer leren. Maar het is een fijn gevoel om hier te zijn.
J: En waar kom je vandaan?
A: Ik kom nergens vandaag. Ik ga gewoon naar plaatsen toe.
J: En hoe is de wereld waarin je nu bent? Is het er heet?
A: Oh, nee.
J: Is het koud?
A: Nee, het is precies goed.
J: En hoe verplaats jij je? Zweef je of ...
A: Ik besluit waar ik wil zijn en dan ben ik daar. Je lijkt je te verplaatsen met magie. Ik begrijp het niet; ik doe het gewoon. Het zal mij vanzelf duidelijk worden, zeggen ze.
J: Beweeg je snel?
A: Oh, ja. Of als je dat wilt, kun je langzaam gaan.

In een andere sessie:

J: Wat ben je aan het doen?
A: Aan het wachten, tot Al hier komt.
J: Waar ben je?

A: Ik zit hier gewoon, te wachten op het kerkhof.
J: *Zal Al snel komen?*
A: Niet heel lang meer, denk ik. Zal niet lang duren.
J: *Hoe kun je de tijd weten?*
A: Oh, dat beoordeel je, een soort van. Het is gewoon iets, dat je weet. Het is niet zoals het was, waar je alles in een tijdschema moest doen.
J: *Dus je denkt, dat Al spoedig zal komen?*
A: Voordat het jaar voorbij is.
J: *Hoe weet je, dat hij daar zal komen?*
A: Dat vertelde zijn moeder mij. En ik ben hem gaan bezoeken, ik kon het zien.
J: *Hoe kon je het zien?*
A: Ik keek gewoon naar hem en ik kon het zien.
J: *Je bedoelt, naar hem kijkend, kon je zien dat hij snel bij jou zou zijn?*
A: Ja, ik kon het voelen.
J: *Kun je mij dit gevoel beschrijven, of hoe het op jou inwerkte?*
A: Ik weet niet, hoe ik het jou kan laten begrijpen. Je kijkt gewoon naar iemand en je voelt het, net zoals je hun naam weet en alles wat er over hen te weten is. Het is zelfs meer dan dat. Het is alsof je weet hoe groot ze zijn, welke kleur hun haar is en je weet wanneer ze bij je zullen zijn. Je kunt alles weten over alles in het verleden, en ... alles.
J: *En je zegt, dat je in hun verleden kunt kijken?*
A: Soms, ja. Ik kan je heel veel over Al vertellen, meer dan ik ooit over hem wist in alle jaren, dat ik hem kende. Ik kon het of weten en mij afvragen, of denken dat het niet waar was en het mij afvragen. Nu kan ik gewoon naar hem kijken en ik weet het.
J: *Vertel mij eens wat dingen over Al, die je nu over hem hebt ontdekt, die je hiervoor niet wist.*
A: Nou, hiervoor vertelde hij mij altijd hoeveel hij van mij hield, maar soms was hij heel hatelijk. Ik wist nooit, of hij echt van mij hield of niet. Nu weet ik, dat hij altijd heel erg veel van mij hield. En ik maakte mij soms zorgen als ik hem niet zag, mij afvragend waar hij was en of hij een andere vriendin had. En toen ik naar hem keek, deze dingen, ik wist het gewoon. Hij hield echt van niemand anders, dan van mij.
J: *Maar hij was getrouwd en had kinderen.*

A: Ja, ja. Maar hij was niet gelukkig met haar. Ik ben niet meer jaloers op haar. Dat was ik wel. Ik wilde dat hij met mij zou trouwen, maar ik weet het nu ...

J: *Kun je naar Al kijken en zien wat voor soort werk hij deed?*

A: Ja, dat kon ik zien. (Bedroefd) Oh, hij is betrokken bij allerlei slechte dingen. Hij zei vroeger altijd tegen mij, dat ik het hem niet moest vragen. Ik wist er een beetje van, maar ik wilde niks van de slechte dingen weten. (Bijna huilend) Dus dacht ik er gewoon niet aan. En toen ik erachter kwam, deed het zo'n pijn. Ik denk niet, dat hij eruit zal stappen. Ze zullen hem vermoorden, voordat het over is.

J: *Wat doet hij dan?*

A: Nou, hij maakt dingen, die hij niet zou moeten doen. Hij heeft de leiding over een heleboel dingen, die niet goed zijn. Transporteert vrouwen heen en weer.

J: *Heen en weer waar naartoe?*

A: Verschillende steden, verschillende staten. Ze noemen het "Witte Slaven".

J: *Wat zijn de dingen, die hij maakt?*

A: Ze kopen dit witte poeder. Ik heb het hem nu zien doen. Ze mixen het met suiker en andere spullen erin en dan verkopen ze het. Doen het in kleine envelopjes en verkopen het.

J: *Nog iets anders dat hij maakt?*

A: Nou, ze bezorgen wapens en mensen die dat willen. Hij heeft zelfs mensen laten vermoorden. Ik denk niet, dat hij het ooit zelf heeft gedaan, maar hij heeft mensen laten vermoorden.

J: *Laat hij het iemand anders doen?*

A: Oh, er zijn heel veel jongens, die voor hem werken.

J: *Is hij de leider?*

A: Hij is één van de grote jongens. Ze hebben er niet veel boven hem.

J: *Is er iemand zijn baas?*

A: Er zijn er nog twee meer, hoger op.

J: *Wie zijn zij?*

A: Nou, ik zag hem praten met iemand, die bij hem was. Hij heeft de leiding over een ander territorium en ze spraken over de baas. Er is er één van hen zo ver aan de top, die krijgen ze nooit te pakken. Ik denk niet, dat ze er ooit achter komen wie hij is en of hij erbij betrokken was, of niet.

J: *Maar jij weet niet wie hij is?*

A: Ik ken niet die allerhoogste. De eerste keer toen ik erachter kwam, was ik bang. Ik probeerde niet veel meer te weten te komen. Ik haat het om deze dingen over hem te weten, maar ik weet dat hij werkte met Frank.
J: Frank, is dat de baas?
A: Dat is hem.
J: Is dat degene, die zo aan de top staat, dat ze hem nooit kunnen pakken?
A: Nee. Frank is gewoon ... wanneer ze hem te pakken krijgen, zullen ze denken dat ze de topman te pakken hebben.
J: Weet je zijn volledige naam?
A: Nou, toen ik hem leerde kennen, wist ik niet dat hij de baas was. Maar toen ik terugging om Al te zien, toen wist ik het. Ik wist zijn naam en alles toen, Dat wist ik daarvoor niet.

Johnny en ik hielden letterlijk onze adem in. Zouden we iets ontdekken, dat zou kunnen worden geverifieerd?

J: Wat is zijn achternaam?
A: Nitti.
J: Nitti. Frank Nitti. Kende je hem goed?
A: Oh ik heb hem gezien. Ik heb hem heel vaak gezien. Ik vond hem niet erg slim. Is dat niet grappig?
J: En intussen was hij de baas over Al.
A: Ja, ik dacht dat Al de baas was. Niemand wist ooit precies, wat Frank deed. Al zei altijd, dat hij een slecht humeur had. Stel geen vragen. Wat hij ook zegt, ga ermee akkoord en doe net alsof je het meent.

Zo, eindelijk hadden we de naam van een werkelijk persoon. Iedereen die bekend is met de verhalen van de roerige twintiger jaren en de Al Capone en Frank Nitti bendes, kennen hun beruchte reputaties. Zij waren sommige van de meest opmerkelijke figuren van dat flamboyante tijdperk. Maar probeer maar eens enige informatie te vinden over zijn bende! De Chicago Tribune en het politiedepartement van Chicago waren totaal niet in staat, om mij te helpen.

De Chicago Tribune kon niet eens enige informatie verstrekken over Frank Nitti, waarvan we weten, dat hij heeft bestaan. Ze schreven terug: "Het spijt ons dat we niet in staat zijn, om enigszins behulpzaam te zijn met betrekking tot uw vragen over de vroege criminele geschiedenis van Chicago. De archieven van onze artikelen zijn slechts fragmentarisch betreffende die periode en we konden niets vinden, met betrekking tot het onderwerp van uw navraag, d.w.z. Frank Nitti en zijn bende."

Het Chicago politiedepartement was ook een doodlopende weg. Zij beantwoordden mijn brief niet eens. De beste bron van informatie, bleek een oud boek te zijn, dat ik vond in de bibliotheek van de Universiteit van Arkansas. Het is gedrukt in 1929 en wordt beschouwd als een zeldzaamheid. Het was Georganiseerde Misdaad in Chicago [Organized Crime in Chicago], door John Landesco. Frank Nitti, ook wel bekend als de "Handhaver" [the Enforcer], was de onderbevelhebber en de zakenmanager van Al Capone's syndicaat. Hij handelde het grootste deel van het 'beschermingsgeld' af. Het is onmogelijk geweest, om informatie te vinden over de mannen, die voor hem werkten. Landesco verklaarde, dat het systeem van de politie om archieven te bewaren in die dagen, uiterst primitief was. Er werden vingerafdrukken afgenomen, maar als de verdachte geen strafblad had, werden deze niet gearchiveerd, maar weggegooid. De archieven waren extreem incompleet en sommige zeer belangrijke bendeleiders hadden geen, of zeer magere archieven. De kranten uit die tijd, (die ik wist te lokaliseren op microfilm) vertelden meer over wat er gebeurde dan de archieven.

Ook bleek de naam Gagiliano veel voorkomend te zijn in Chicago, ook al was het vreemd voor ons. Zodoende zou het zoeken door de politiearchieven een kwestie zijn, van het kaf van het koren te scheiden, in de hoop iets te kunnen vinden. Het zou ook enorm tijdrovend zijn. Destijds al gaf June aan, dat Al niet wilde, dat iemand zijn echte naam zou weten. Hij zou een andere naam kunnen hebben gebruikt met de bende, om zijn familie te beschermen.

Onder deze omstandigheden wordt elk onderzoek naar dit tijdperk, extreem moeilijk. Op het eerste gezicht zou dit niet het geval lijken, aangezien deze gebeurtenissen in het redelijk nabije verleden hadden plaatsgevonden. En het was teleurstellend, toen deze obstakels tevoorschijn begonnen te komen.

Gedurende een andere sessie werd aan Anita gevraagd, waar ze was.

A: Ik ga gewoon van plaats naar plaats. Doe gewoon wat mij wordt verteld ... leren. Soms ga ik terug naar mijn eigen huis, maar daar wonen nu andere mensen en het is niet erg mooi meer. Ze zorgden er niet goed voor. Ze lieten mijn witte muren vies worden. Het moet worden geverfd. Ik hou er niet van, om hen te zien. Zij hebben mijn meubels verplaatst. Ze verplaatsen dingen en ik vind het niet leuk, dus ik ga er niet erg vaak meer heen.

J: Waar verblijf je meestal?

A: Met Al. In zijn huis.

J: Denk je dat hij je kan zien?

A: Ik praat tegen hem, maar hij hoort mij niet. Hij huilt veel. Hij wordt ook oud. Ik hou niet meer van hem zoals ik deed, maar ik voel me wel verbonden.

J: Je houdt niet van hem?

A: Niet zoals ik toen van hem hield. Ik voel me veel meer verbonden.

J: Denk je, dat je hier zult wachten, totdat hij sterft?

A: Nee. Ik weet hoe hij zal sterven. Ik wil het niet zien.

J: Hoe weet je dat?

A: Ik kan het zien. (Van streek) Ik kan het zien. Als je je concentreert, kun je dingen zien.

J: Hoe zal Al sterven?

A: Ze gaan hem vermoorden. De politie zal hem doodschieten. Ze houden hem al een hele tijd in de gaten. En ze gaan hem eindelijk vermoorden.

J: In welk jaar zullen ze hem neerschieten?

A: Niet lang meer. Voor het einde van dit jaar.

J: Kun je je concentreren en vooruitkijken wat jij gaat doen?

A: (Lange pauze) Ik zal hier nog een tijd blijven. Ik moet met Al praten. Hem vertellen, dat ik alles begrijp. Dan zal ik gewoon vertrekken.

J: Waar denk je dat je heen zult gaan?

A: Ik weet het niet. Ik dacht dat ik naar de hel zou gaan als ik zou sterven, maar dat ging ik niet. Ik brand niet!

J: Heb je de Hemel gezien?

A: Nee. Ik heb erover gesproken met Al's moeder. Zij is daar ook nog niet geweest. We kijken wat om ons heen en zien dingen.

J: Je kunt de gebouwen zien? Kun je dingen zien zoals ze er waren toen jij leefde?

A: Ja. Ik kan dwars door de gebouwen heen lopen. Ik kan praten, ik kan schreeuwen en ze kunnen mij niet horen. Niemand kan mij horen. Als ze zich zouden concentreren, zouden ze mij kunnen horen. Iedereen kan geesten horen, als ze zich zouden concentreren. Sommige mensen zijn bang van geesten. Ze proberen je te waarschuwen, maar ze kunnen je geen pijn doen. Ik praat tegen Al en ik vertel hem: "Ga niet daarheen vannacht! Ga niet daarheen; ga niet daarheen! De politie houd je in de gaten.
J: *Waar gaat hij heen?*
A: Hij gaat naar die plaats waar ze dingen maken.
J: *Whisky?*
A: Allerlei soorten dingen. Hij gaat daarheen en houdt toezicht. Hij vertelt hen, waar ze het heen moeten brengen. De politie heeft hem al een tijd lang in de gaten gehouden. Ze gaan nu echt toeslaan.

Volgens oude krantenarchieven, begon de politie hardhandig te handhaven in 1929, toen er wel ongeveer 3.000 werden gearresteerd in één dag. Dat ging verder tot in 1930, toen de kranten de namen van de agenten publiceerden en het aantal gangsters die elk had gedood. De commissaris had te horen gekregen, dat hij en zijn squadron van "moordende agenten" alle hulp zou krijgen, die hij nodig zou hebben. De namen van de gangsters werden niet vermeld, omdat er te veel werden gearresteerd, of gedood. Het is logisch om aan te nemen, dat Al's dood rond deze tijd plaatsvond.

J: *Je blijft hier niet, om hem te zien sterven?*
A: Ik wil hem niet zien sterven.
J: *Maar je zei, dat je met hem wilde praten.*
A: Zodra hij is begraven, zullen we praten. Ik ga niet naar de plek, waar het zal gebeuren. Ik blijf gewoon precies hier en wacht op hem.
J: *Zal hij daar worden begraven op het familiekerkhof?*
A: Ja. Ze gaan hem hier brengen. Zijn vrouw is boos. Ze wil niet, dat hij bij mij in de buurt komt.
J: *Kun je zien, wanneer zijn vrouw zal overlijden?*
A: Ze zal nog wat langer leven. Ze zal in leven blijven voor hun kleinkinderen. Zijn zoons zijn nu allemaal getrouwd en ze zullen kleinkinderen krijgen.
J: *Zie je Al's geest, nadat hij dood is?*

A: Ik zie zijn geest. We praten.

J: *Is Al's moeder daar ook?*

A: Ze heeft met ons gesproken. Ze weet, dat hij van mij hield toen hij in leven was. Onze geesten waren aan elkaar gehecht. Maar we kunnen niet lang samenblijven. Het lijkt erop, dat ik ergens anders heen moet gaan.

J: *Moet je dat?*

A: Ze roepen je, wanneer ze je nodig hebben.

J: *Wie roept je?*

A: Er is deze stem die mij roept. Het roept me op.

J: *En waar ga je naartoe?*

A: Ik weet het niet. … Volg, zweef en volg. … Al is al opgeroepen. Ik wachtte op hem. Hij gaat. Hij gaat. … (Pauze) Er is een vrouw. Ze blijft maar bidden om hulp.

J: *Welke vrouw?*

A: Ik weet het niet. Ik ga erheen, maar ik vind het niet prettig. Het is in Missouri. Deze vrouw is weggegaan van de boerderij. Zij vond het ook niet fijn op de boerderij. Misschien is dat, waarom ik haar moet helpen. Maar ze is dom. Ik praat tegen haar, maar ze luistert niet. Als ik geluiden maak, dan luistert ze naar de geluiden. Ze noemt het waarschuwingen.

J: *En deze vrouw is aan het bidden?*

A: Ze zegt: "Alsjeblieft, God, help mij. Ik kan er niet meer tegen." Ze werkt verschrikkelijk hard. Ze heeft een heleboel kinderen. (Pauze) Oh, God, Ik wil hier niet moeten blijven. … Het is net zoals eerder. … Haar echtgenoot is gemeen tegen haar. Ik probeer haar te vertellen, dat ze weg moet gaan, maar ze is bang om te gaan. Ze heeft heel veel kinderen en ze is bang.

J: *Was dit waar de stem je voor opgeroepen heeft, om naar haar toe te gaan?*

A: Ja. Ik word verondersteld hier iets te doen, maar ik weet niet wat. (Haar stem klonk erg medelijdend.) Ze zullen het mij vertellen. Iemand zal mij vertellen, wat ik moet doen. – De stem! – Ik moet teruggaan en moet weer helemaal opnieuw armoedig zijn. (Ze klonk verbaasd.) Ik moet weer helemaal opnieuw iemand anders zijn.

J: *Wie heeft jou dat verteld?*

A: Ik weet het gewoon. Het is een gevoel dat ik heb. Ik ben in dit lichaam. Deze vrouw haat mij en ik ben nog niet eens geboren. …

Ik heb een paar armen die nu beginnen te groeien ... een paar benen ... het zullen benen gaan worden. Ik moet hier weer doorheen gaan. (Met een gevoel van berusting.) Ik heb dit hiervoor al eerder meegemaakt; en hiervoor, en hiervoor. En ik moet het weer helemaal overnieuw doen. ... Deze keer zal het niet gemakkelijk zijn.

J: *Zal het nog moeilijker worden, dan waarvan je weet dat je ze al hebt gehad?*

A: Ja. Ze haat mij. Ze blijft elke dag maar bidden, dat ik zal sterven. Ze haat mij!

J: *Hoe groot ben je nu?*

A: Ik ben bijna klaar, om geboren te worden. Ik ben groot ... voor een baby, ik ben erg groot. (Pauze) Ze blijft zitten en huilen. Ze wil mij niet. Ze weet niet, dat ik haar al geholpen heb. Haar man zou haar gaan verlaten, maar toen ze zwanger werd, ging hij niet weg. Hij kon haar niet zwanger achterlaten.

J: *Hoeveel kinderen heeft ze?*

A: Ik zal haar achtste worden, maar één is er overleden. Ik sprak met hem. Hij vertelde mij wat er was gebeurd. Ze vertelde iedereen, dat hij was gestorven, maar hij was niet gestorven. Hij was geboren en ze was helemaal alleen in het huis. Hij was vroeggeboren en ze wilde de navelstreng niet afbinden. Ze liet hem sterven. Ze heeft hem vermoord. Ze haatte hem. Ze wilde niet nog meer kinderen.

Het was duidelijk, dat Anita sprak over haar intrede in haar huidige leven. Ze vertelde later, dat ze niet op de hoogte was geweest van enige problemen tussen haar vader en haar moeder. Haar vader was altijd liefhebbend en aardig tegen haar, maar haar moeder toonde haar nooit enige affectie. Ze was een erg koude vrouw. Anita werd geboren, toen haar moeder ouder was, na de "verandering van leven" en ze leek altijd een afkeer te hebben van Anita. Als gevolg daarvan, groeide zij op zonder gevoelens voor haar moeder, maar ze adoreerde haar vader. Ze had vele broers en zussen, allemaal ouder dan zijzelf. Het jongste meisje was een tiener toen Anita werd geboren, daarom was ze ook niet hecht met haar broers en zussen. De familie zei altijd, dat er een ander kind was geweest, een jongetje dat was gestorven voordat Anita was geboren, maar dat was het enige dat ze er ooit over zeiden. Als datgene wat Anita onder hypnose vertelde waar was, wist ze dat ze nooit in staat zou zijn, om iemand in haar familie hier over te vertellen. Ik neem aan, dat haar moeder de enige persoon zou zijn, die de waarheid wist over wat er werkelijk was gebeurd. Anita's moeder was ongeveer overleden in dezelfde periode dat we dit experiment waren gestart en Anita betreurde haar overlijden niet. Maar dit was ook niet exact iets, dat je aan je moeder zou kunnen vragen.

J: Ben je al geboren?
A: Het is heel dichtbij. Haar lichaam is vermoeid. Ze perst niet. De dokter is haar aan het helpen. Hij drukt op haar en haar spieren bewegen. Hij duwt ... hij duwt.

Dit was heel dramatisch. Anita begon te hijgen en naar adem te happen. Ze greep de leuningen van de stoel en duwde zichzelf bijna omhoog van de zitting, terwijl ze haar hoofd van ene naar de andere kant bewoog, alsof ze vocht om adem te halen.

A: (Ze hijgde.) Het is moeilijk om te ademen ... het is moeilijk om te ademen. Ze kunnen maar beter opschieten. Ik zal worden gewurgd.

Ik begon mij zorgen te maken. Dit was heel moeilijk om aan te zien. Zou ze zichzelf werkelijk kunnen bezeren? Maar toen bedacht ik mij, ze was geboren. Ze was hier echt gekomen. Als Johnny zich enige zorgen maakte, dan toonde hij dat niet. Hij leek de situatie onder controle te hebben.

J: Is de navelstreng om je hals gewikkeld?
A: (Ze was aan naar adem aan het snakken en aan het hijgen.) Nee. Ik kan niet ademen. Ze is nauw. Het is nauw ... Ik kan niet goed ademen. ... Godzijdank, de dokter is hier. Ze zal mij niet vermoorden!

Ze zuchtte van verlossing en viel achterover in de stoel.

J: Is het nu makkelijker om adem te halen?

A: Ik ben nu geboren. Mijn hoofd is er in ieder geval uit. Dat was het moeilijkste deel. (Pauze) Ik lig op een tafel. Mijn tante is mij aan het wassen. Tante ... Lottie is haar naam.

Haar tante Lottie had haar verteld, dat zij erbij was toen Anita thuis werd geboren.

J: Kun je haar zien?
A: Wanneer zij deze sluier van mijn gezicht haalt, kan ik dat.

Bedenk dat het een populair volksgeloof is, dat als een baby wordt geboren met het vlies over het gezicht, dat het dan paranormaal begaafd zal zijn.

A: Ik ben een mooie baby, maar ik ben rood.
J: Nou, het zal een paar dagen duren, voordat dat weggaat.
A: Ik zal er weer helemaal opnieuw doorheen gaan.
J: Kun jij je iets herinneren over ... Carol?
A: Ergens in het verleden kende ik haar. Ze heeft een hoop verkeerde dingen gedaan. Verkeerde dingen. Ik moet dit keer voorzichtig zijn. En niet zulke dingen doen. Als ik ga trouwen, dan blijf ik getrouwd. Ik zal nooit meer wegrennen, hoe graag ik dat ook zal willen. Ik denk, dat ik daarom terug moest komen.
J: Heeft je moeder jou een naam gegeven?
A: Nou, mijn moeder wil mij een naam geven, maar dat staat mijn vader niet toe. Mijn vader zei, dat zij mij nooit wilde. Ze heeft geen recht om mij een naam te geven.
J: Gaat je vader jou een naam geven?
A: Ik denk dat hij zal luisteren naar mijn tante. ... Zij zegt, dat Anita een mooie naam is. Het is een exotische naam en misschien zal ik beroemd worden, of iets bijzonders doen met zo'n naam. En mijn moeder haat die naam. Op dit moment haat ze het ... maar het kan mij niet schelen. Mijn vader vertelde het aan de dokter en het is al op het naam ding. ... En ze noemden mij Jane. Anita Jane. (Stiekem) Jane is net als Carol. ... Ik was ook Jane.

Ze zei dat alsof ze een geheim had, dat zij alleen wist.

J: Wat bedoel je, dat je Jane was?

A: Een lange tijd geleden was ik Jane. ... En weet je wat grappig is? Mijn moeder denkt dat ze een argument heeft gewonnen, maar ze heeft niets gewonnen. Ze zei dat ik was genoemd naar haar moeder, Jane. Maar ik was Jane. Ik zou sowieso Jane zijn geweest.

Deze sessie die June's dood en hergeboorte als Anita omvatte, had twee opwindende uren geduurd. We waren emotioneel helemaal leeg … uitgeput … en klaar om ermee te stoppen en een pauze te nemen. Echter; nu vertelde ze ons dat er nog meer was. Er was een andere persoonlijkheid, die Jane werd genoemd! Nou, we hadden genoeg gehad voor één sessie en we moesten laten bezinken, wat we hadden gehoord. Jane moest maar even wachten tot later.

Hoofdstuk 6

We Ontmoeten Jane

Anita's mysterieuze en intrigerende opmerkingen aan het einde van de laatste sessie, gaven een hint dat er nog veel meer verborgen lag, net buiten ons bereik. Het was een belofte, dat we slechts de oppervlakte hadden geraakt. Het spartelde voor onze neus, als een worm voor een nietsvermoedende vis en we waren erdoor aan de haak geslagen. Wie was Jane? Was er een Jane? In deze sessie zouden we gaan proberen erachter te komen, maar Johnny moest nog steeds erg voorzichtig zijn bij de formulering van zijn vragen, om haar niet te beïnvloeden. Hij probeerde altijd Anita te veroorloven, om haar verhaal te laten vertellen in haar eigen woorden. Hij bracht haar terug naar een tijd vóór het leven van June/Carol.

J: Ik ga tot vijf tellen en dan gaan we terug naar het jaar 1870. (Telde) Wat ben je aan het doen?
A: Ik ben gewoon aan het drijven.
J: Drijven? Is het warm?
A: Het is precies goed.

We hadden ontdekt, dat elke keer dat ze zei dat zij het warm noch koud had, dat ze meestal in de geest-staat was. Deze toestand zal verder worden onderzocht in een ander hoofdstuk.

J: Kun je iets zien?
A: Ik zie waar ik vroeger leefde. In het grote huis dat is afgebrand. In Tennessee.
J: In welke stad is dit?
A: Memphis.
J: Hoe is het afgebrand?
A: De soldaten hebben het verbrand.
J: Waarom deden ze dat?

A: Ik weet het niet. Er was een oorlog en ... Ik was er niet toen ze het verbrandden. Ik keek alleen maar naar hen.

Aangezien ze overduidelijk een geest was, besloot Johnny haar verder terug te brengen, om meer te ontdekken over dit leven. Hij nam haar naar het jaar 1860 en vroeg: "Waar ben je?"

A: Ik ben in mijn huis.
J: *En waar is je huis?*
A: (Anita's stem veranderde in een onherroepelijk zuidelijk accent) Mijn huis is in Memphis.
J: *En wat is je naam?*
A: Mijn naam is Jane.

Dus dit was de Jane waar Anita het over had, na haar dood als June/Carol.

J: *Wat is je achternaam, Jane?*
A: Mijn naam is Jane Rockford.
J: *Hoe oud ben je?*
A: Ik word bijna 18.
J: *Ben je getrouwd?*
A: Nog niet. Ik ben verloofd met de zoon van de buren. Zijn naam is Gerald, Gerald Allbee (Allby?).
J: *Vind je Gerald leuk?*
A: Ik hou heel veel van hem.
J: *Wanneer gaan jullie trouwen?*
A: Volgende zomer.
J: *Ga je nu naar school?*
A: Oh nee. Ik ben naar school geweest. Ik ben een aantal jaren naar school geweest, om te leren een dame te zijn.
J: *En... ben je naar college geweest?*
A: Nee, ik ben naar een school voor dames geweest. Vlakbij St. Louis.
J: *Wat was de naam van die school?*

Johnny was op zoek naar iets, dat we zouden kunnen nakijken.

A: Het was ... het was ... Whitley? Whitley? Het is gek dat ik mij dat niet kan herinneren. Het is nog niet zo lang geleden ... Ik had veel last van heimwee. Het is daar een stuk kouder, weet je. En ik miste mijn mama.

Later schreef ik de Missouri Historical Society aan, om te zien of ze ons enige informatie konden verschaffen over een school met die naam. Dit was hun antwoord: "We vinden in het adresboek van St. Louis van 1859, vermeld onder Privé Scholen en Seminaries, de naam Elizabeth Whiting, Locust straat, tussen de 4e & 5e (Avenue). De Missouri Republican krant van 1 september, 1860 bevat een advertentie op de voorpagina, die luidt: "Mevrouw Jewett (opvolger van Miss Whiting) zal de tweede jaarlijkse sessie van haar school aanvangen op maandag 3 september ..."

Of dit wel of niet dezelfde school is die Jane bezocht, de overeenkomst in de namen en de data lijkt veelbetekenend. Tegen 1860, toen de leiding van de school in andere handen kwam, was zij weer thuis in Memphis.

Johnny probeerde historische informatie te verkrijgen, omdat we wisten dat deze datum vóór de Amerikaanse Burgeroorlog lag.

J: Kun je mij vertellen, wie nu de President is?
A: Nou, we hebben een groot debat, over wie de President zal worden. En Lincoln, als hij het wordt; zal hij geen President blijven.
J: Oh, maar wie is op dit moment de President?
A: Ik ken hem niet. [James Buchanan]
J: Maar deze man Lincoln, zal de nieuwe President worden?
A: Mijn papa zegt, dat hij het niet kan worden. We kunnen dat niet toestaan. Het is niet tolerabel. Hij weet niets van ons leven en begrijpt ons hier in het Zuiden niet. En we kunnen hem niet zijn gang laten gaan. Ze maken ruzie en je kunt er niks aan doen, dat je ze overhoort. Ik hou er niet van, om ernaar te luisteren. Ze praten over oorlog.
J: Zal er oorlog komen?
A: Dat zou zomaar kunnen, als hij wordt verkozen. Ze zullen hem niet tolereren. Hij is niet toelaatbaar.
J: En ... je bent 18 jaar oud?
A: Ja, m'neer.
J: En je huis is daar in Memphis, Tenessee? Hoe groot is dat huis van jou?

A: Oh jeetje, het is een groot huis, zou je kunnen zeggen, voor deze contreien. Ik stel mij zo voor, net zo groot als de andere huizen. Er zijn wel ... oh, misschien 14, 15 kamers, veranda's en ...
J: Staat je huis midden in Memphis?
A: Wel, het is net aan de rand van de stad. Het is aan Gately Road.
J: Heb je enige broers of zussen?
A: Nou, ik heb een oudere zus, die al is getrouwd. En ik heb een jongere broer, net een jaar jonger.

Op dit moment bedacht Johnny dat het interessant zou zijn, om te zien of Jane haar naam zou kunnen schrijven. Het had eerder gewerkt, toen hij het jonge kind Carolyn had gevraag om haar naam te schrijven. Ze had het [in losse letters] uitgeschreven voor ons. Dus hij liet Anita haar ogen openen en gaf haar een potlood en papier. Het leek altijd erg moeilijk voor Anita, om haar ogen te openen in deze situatie, als iemand die erg diep in slaap was. Zelfs met haar ogen open, had ze een glazige blik. Anita (Jane) schreef in een mooi, vloeiend handschrift, met sierende krullen op de hoofdletter, "Meesteres Jane Rockford". Het kwam niet overeen met haar normale [Anita's] handschrift.

J: Dat is mooi. Heb je dat geleerd op de Damesschool?
A: Oefenen en oefenen om duidelijk te schrijven.

Terwijl Johnny meer vragen bedacht, besloot Johnny haar zichzelf te laten beschrijven. "Wat is de kleur van je haar?", vroeg hij.

A: Blond.
J: Hoe zie je eruit/ Ben je slank?
A: Nou, mijn taille is slechts 46 centimeter. Dat is natuurlijk wel een beetje ingesnoerd.

Een vreemde uitspraak voor de persoon met overgewicht in de stoel!

J: Wat heb je aan?
A: Ik draag een blauwe jurk.
J: Is het een volledige jurk?
A: Oh, ik heb mijn hoepels aan.

J: *Oh, ja. Hoeveel onderjurken?*
A: Meestal draag ik er vier.
J: *Vier? ... Wat voor soort schoenen?*
A: Oh, mijn schoenen zijn kleine sandalen en er zit een bandje over mijn voet.
J: *En hoe zit je haar?*
A: Wel, mijn mammy doet het. En ze kamt het terug in golven. ... Je kunt zelf de krullen aan de achterkant zien. (Anita draaide haar hoofd naar een kant en betastte haar haren.)
J: *Een mammy? Heb je veel bedienden?*
A: Oh, mijn vader heeft veel Negers.
J: *Wat is je vader's naam?*
A: Meester Rockford.
J: *En je moeder?*
A: Mijn moeder's naam? Haar naam is ook Jane.

Aldus was onze tweede persoonlijkheid naar voren gekomen en deze jonge Zuidelijke schoonheid was zo anders dan onze bakvis uit Chicago als dag en nacht. En zij beiden waren ook weer heel anders dan Anita. De rest van Jane Rockford's verhaal kwam aan het licht gedurende diverse sessies en dus wederom, zal ik ze in chronologische volgorde zetten, om het lezen te vergemakkelijken.

J: *Wat ben je aan het doen?*
A: Ik speel met mijn poppen (weer een Zuidelijk Amerikaans accent) Verschrikkelijk heet buiten.
J: *Moet zomer zijn.*
A: Oh, jeetje, ja.

Johnny vroeg haar wederom naar haar naam en waar ze leefde, om te verifiëren dat we met Jane spraken.

A: Ik woon aan Gately Road in het grote, witte huis.
J: *Hoe oud ben je, Jane?*
A: Acht. Mijn verjaardag is net geweest in de lente.
J: *Had je een verjaardagsfeestje?*
A: Alleen familie.
J: *Heb je veel leuke dingen gekregen?*

A: Ik krijg altijd cadeaus. Ik heb een mooie ring gekregen, nieuwe kleren. Ik kreeg deze pop, waar ik mee aan het spelen ben.
J: Oh, die is mooi. Ga je naar school?
A: Een mevrouw komt hier thuis.
J: Oh, je hebt een gouvernante?
A: Een wat?
J: Oh, noemen ze dat geen gouvernante? Wat noem jij haar?
A: (Onschuldig) Ik noem haar juffrouw White.
J: Juffrouw White. Noem je haar niet "Lerares" of zoiets?
A: Oh, ze is mijn lerares.

Het kwam ons altijd vreemd over, wanneer Anita niet de betekenis wist van een alledaags woord, terwijl ze in regressie was naar deze andere levens. Dit waren woorden die haar bewuste geest zeker zou weten. Dit vond op talloze andere keren ook plaats. Soms, wanneer je de betekenis van en woord moet uitleggen, is het gecompliceerd. Het geeft je het rare gevoel, dat je echt in contact bent met een persoon uit een ander tijdperk. We legden weer contact met Jane op vijftienjarige leeftijd.

J: Wat zie je?
A: De tuin. Het zal groen worden ... het is het nog niet.
J: Waar woon je, Jane?
A: In het huis van mijn vader en moeder.
J: Oh, dat is het grote, witte huis?
A: Het is heel groot.
J: In welke stad ben je?
A: Een stukje buiten Memphis.
J: Hoe ga je naar de stad?
A: In het rijtuig.
J: Is het een lange rit?
A: Oh nee; het is niet ver.
J: Ga je vaak naar de stad?
A: Ik ga regelmatig.
J: Hoe oud ben je, Jane?
A: Moet je dat vragen?
J: Nou, ik vroeg het mij gewoon af.
A: Nou, ik ben 15.
J: Ga je naar school?

A: Dat ga ik. Ik ben nu thuis. Ik ga dit jaar weg. Ik ga voor drie jaar naar school. Misschien ga ik langer.
J: *Waar ga je heen?*
A: Het is dichtbij St. Louis.
J: *Oh, dat is naar het noorden.*
A: Ja. Mijn vader gaat mij brengen. We gaan met de boot. Boten gaan daar de hele tijd naartoe. Je kunt zelfs verder gaan, als je dat wilt.
J: *Ben je al eerder op zulke boten op de rivier geweest?*
A: Ik ben naar de rivierdijk geweest en heb ze bekeken.
J: *Maar je hebt er nog nooit op gevaren?*
A: Nog niet eerder.
J: *Ik gok dat dat heel leuk zal zijn.*
A: Ik ben een beetje bang, maar ik denk dat het wel leuk wordt.
J: *Oh, er is niks om bang voor te zijn. Kun je zwemmen?*
A: Nee. (In dit leven is Anita een zweminstructrice)
J: *Nooit leren zwemmen?*
A: Nee.
J: *Nou, kijk eens, wanneer je zwemt, moet je je armen gebruiken net zoals vissen hun vinnen gebruiken.*
A: Dat neem ik aan.
J: *Je zegt dat je de boot hebt gezien? Hoe groot is die?*
A: Oh, hij is drie verdiepingen hoog. En vader zegt dat er nog een ruimte is, beneden. Die zou onder water zijn.
J: *Wat is de naam van de boot?*
A: Oh, er zijn er verschillende die van en naar Memphis gaan. Ik weet niet welke we zullen nemen.
J: *Ik dacht dat je al regelingen had getroffen.*
A: Oh, het duurt nog een tijd, voordat school begint.
J: *Gaan je vader en moeder beiden mee daarheen, totdat je gewend bent op school?*
A: Ik denk alleen vader. Hij doet dat soort dingen.
J: *Je zegt dat de school vlakbij St. Louis is. Is het niet in St. Louis?*
A: Oh nee. Het is niet in de stad; het is erbuiten. En ze leren je er allerlei soorten dingen, zoals paardrijden en dat soort dingen.
J: *Dat gaat heel leuk worden.*
A: Maar we mogen soms wel naar de stad voor dingen. Het is niet zo ver, dat je niet naar de stad kunt gaan. Vader zei dat het net iets verder is dan van ons huis hier naar de stad. Net een beetje verder.
J: *Heb jij je eigen paard daar bij het huis? Rijd je wel eens?*

A: Soms doe ik dat. Maar ik ben er niet zo goed in. Ik vind het leuk. Ik geniet ervan.
J: *Je weet tenminste al hoe je moet rijden. Ik durf te wedden, dat sommige meisjes die naar die school gaan, niet eens weten hoe ze moeten rijden.*
A: Dat kunnen ze misschien niet, als ze niet van een plantage komen. Sommige meisjes die erheen gaan, zijn stadsmeisjes. Sommige leven niet buiten, zoals wij doen. Ik wil rijden zoals vader dat doet.
J: *Kan hij goed rijden?*
A: En hij kan anders op het zadel zitten, dan wij doen. Het zou makkelijker zijn om sneller te gaan, als je gewoon je been erover zou kunnen gooien en wegrijden.
J: *Oh, kun je niet zo zitten?*
A: Nee, het zadel ... ik ben echt ... ik voel dat ik er dan misschien af zou vallen. Maar vader zegt, dat niemand dat ooit doet. Je kunt je been over dat kleine ding doen en dat zorgt er ook voor, dat je vast houdt. Ik hou mij vreselijk goed vast en vader zegt dat ik er een handje van heb, om de teugels te strak vast te houden. Maakt een paard nerveus als je dat doet. Wees voorzichtig met de mond van het paard. Als je terugtrekt, doet dat hun mond zeer. Je verpest een goed paard op die manier.

Het klonk alsof ze refereerde aan een zij-zadel. Een ongewone situatie deed zich voor, toen we teruggingen naar het jaar 1860 en aan Anita vroegen: "Wat ben je aan het doen?"

A: (Pauze) Niets.
J: *Is het heet?*

Hij dacht dat ze misschien in geest-vorm was, ook al zou ze dat niet moeten zijn, gezien het jaartal.

A: Nee.
J: *Is het koud?*
A: Nee.
J: *Precies goed?*
A: Comfortabel.
J: *Wat zie je?*
A: Nou, er zijn hier veel boerderijen in de buurt.

J: *Waar ben je?*
A: Ik ben nu aan het rusten. Dat kan ik doen. ... het is fijn om te doen. ... Ik zal snel wakker worden. (Dus dat was het, ze sliep). Zulke mooie plekken.
J: *Zijn ze allemaal mooi en groen?*
A: (Ze knikte.) Alles is mooi dit voorjaar. (Pauze) Ik heb gehoord dat het op andere plaatsen anders is, maar ... ik denk, dat het allemaal net zoals dit is. Ik zou graag willen zien of het allemaal zoals hier is.
J: *Wat bedoel je met andere plaatsen?*
A: Oh, ze zeggen, dat als je de rivier oversteekt en naar het noorden gaat, dat je dan in de bergen komt en al dat soort dingen. Er zijn plekken, die zijn net als een prairie. Ze planten niet zoveel, als wij doen. Er zijn plaatsen, waar het heel erg droog is en totaal geen water. En er zijn plaatsen, waar de temperatuur bijna het hele jaar door gelijk is en ... en soms, ga je zo ver je kunt naar het westen en zo ver je kunt naar het noorden, het is koud in de winter. Tja, ze zeggen dat er sneeuw ligt op de grond, soms, hoger dan het hoofd van een mens. Dat kan ik mij niet voorstellen. Ik denk dat het allemaal boerderijen zijn. Het zijn gewoon verhalen.
J: *Zul je gauw wakker worden, Jane?*
A: Nou, er wordt van mijn verwacht dat ik een dutje doe. Elke namiddag, we worden geacht gewoon te gaan liggen en rusten, zoals dames doen. Maar ik lig hier gewoon te dagdromen en denk over hoe alles eruitziet. En soms, lig ik hier gewoon en kijk naar de blauweregen en ik dagdroom gewoon maar wat.
J: *Hoe oud ben je Jane?*
A: Oh, 18.
J: *En je woont in Memphis. Er loopt daar een grote rivier doorheen, of niet?*
A: Ja.
J: *Woon je dichtbij de rivier?*
A: Nou, niet direct eraan. Mensen die er heel dicht aan wonen, hebben af en toe overstromingen en wij hebben verderop gebouwd. Dit huis staat hier al een lange tijd. Mijn vaders vader heeft het gebouwd. Dit is waar hij het wilde.
J: *Hij vond uit waar precies te bouwen, zodat de overstromingen het niet zouden bereiken.*

A: We worden nooit geraakt. We hebben overal hogere grond om ons heen. Veilig hier.
J: *Oh, dat is fijn. Werken er veel mensen voor je vader hier?*
A: Blanken, bedoel je? Alleen de opzichter is blank. De dame die naait voor mijn moeder. Zij is blank. Hebben een hoop slaven.
J: *Weet je hoeveel slaven je vader heeft?*
A: Oh. Er zijn meer dan 50 families hier.
J: *Dat zijn er heel wat.*
A: Wel ja, maar weet je, we hebben er veel nodig. Er is veel land.
J: *Veel katoen om te plukken?*
A: Uh-huh. Verbouwen veel katoen.
J: *Wat verbouwen jullie nog meer op de plantage?*
A: Nou, vader wil graag dat wij een tuin hebben en verse dingen hebben. Weet je, we maken veel van ons eigen voedsel op die manier.
J: *Heb jij je eigen tuin?*
A: Er is een tuin voor het huis.
J: *Maar je hebt er geen voor jezelf ... ga je er wel eens op uit, om in de tuin te werken?*

Hij moest denken aan die arme Carol, die moest werken op de boerderij.

A: (Gechoqueerd) Oohh, dan krijg ik overal sproeten. Word ik bruin als een Neger. Ik ga niet naar buiten in de zon. Ik moet nu al karnemelk op mijn handen doen.

Dit was overduidelijk een heel eind verwijderd van Carol.

J: *Waarom smeer je karnemelk op je handen?*
A: Oh, het helpt om ze wit te houden. Je smeert karnmelk op je gezicht en handen en het zorgt ervoor dat de sproeten niet zichtbaar zijn, weet je, als je buiten in die zon komt. Jeetje, Sukey herinnert mij er altijd aan om mijn hoed en handschoenen te dragen. Ik zou ze graag afdoen, maar het is belangrijk voor een dame om er mooi uit te zien. Je moet er blank en mooi uitzien.
J: *Wie is Sukey?*
A: Oh, zij is mijn nanny [mammy - verzorgster].
J: *Waar leven al die slaven?*

A: Nou, zij wonen in hun vertrekken. Sukey verblijft in het huis. Zij huilt en klaagt en stelt zich aan, als ze proberen haar naar buiten te krijgen. Ze heeft daar een klein hutje, maar ze wil er niet verblijven. Zij wil bij mij blijven. Weet je, ze is bij mij geweest sinds ze mijn min was. Ze voelt zich ellendig, als ik niet bij haar ben. Dus mijn vader laat haar maar in de kleine kamer naast die van mij verblijven.

J: *Op die manier is ze altijd vlak bij je. – Heb je (mannelijke) vriendjes?*

A: Een paar.

J: *Denk je dat je al snel zult gaan trouwen?*

A: Ja, ik zal gaan trouwen.

J: *Wanneer ga je trouwen?*

A: Oh, dat gaat niet lang meer duren. Maar ik vind het nog wel steeds leuk, om met de andere jongens te praten en met hen te dansen.

J: *Oh, als je gaat trouwen, kun je dan niet meer met de andere jongens praten?*

A: Nou, het is niet correct om te ... het is niet passend voor een dame om, zich zo te gedragen. Ik laat het maar allemaal uit mijn systeem, voordat ik ga trouwen.

J: *Met wie denk je dat je gaat trouwen?*

A: Oh, ik ga met Gerald trouwen. Dat is al lang geleden afgesproken.

J: *Wanneer heb je die afspraak gemaakt?*

A: Wel, toen we ongeveer 16 waren ... het werd gewoon soort van besloten. Ik heb het nooit gezegd, maar dat is sowieso wie ik wilde.

J: *Je klinkt alsof je Gerald echt leuk vindt.*

A: Oh, dat doe ik ook.

J: *Hij moet een heel aardige jongen zijn.*

A: Hij is erg knap.

J: *Woont hij dichtbij jou?*

A: Nou, ja, net naast ons. We gaan ons huis hier bouwen, precies tussen die twee. Op een dag zal dit van mij zijn en op een dag zal zijn land aan hem toebehoren en we gaan dit huis gewoon precies in het midden bouwen.

J: *Voeg het allemaal samen.*

A: Ja, ik wil mijn eigen huis hebben. Ik vind dit een fijn huis, maar ik wil mijn eigen huis hebben.

J: *Denk je dat Sukey met jou mee zal gaan en in jouw huis zal wonen, wanneer je gaat trouwen?*
A: Oh, ze zal bij mij zijn. Anders gaat ze dood van verdriet. Mijn vader zei dat ik haar kon hebben en mijn moeder zei dat ik Missy kan nemen.
J: *Wie is Missy?*
A: Dat is Sukey's kleindochter, een klein, schriel meisje. Ze kan wat helpen rondom het huis. We zullen wat slaven krijgen van dit huis. We zullen er ook wat moeten hebben, als we later iets willen planten. Ik denk dat hij gewoon een tijdje met zijn vader gaat werken.
J: *Hebben zijn ouders ook een grote plantage?*
A: Oh, het is groter dan die van ons. Het is een goed formaat.
J: *En wanneer gaan jullie trouwen?*
A: Volgend jaar.

Johnny besloot om een jaar op te schuiven naar de tijd van hun huwelijk.

J: *Ga je trouwen in de kerk?*
A: Ik ga hier gewoon thuis trouwen. In het huis en ik ben aan het oefenen, om de trap af te komen.
J: *Ga je een groot huwelijksfeest geven?*
A: Oh, iedereen zal aanwezig zijn op mijn huwelijk.
J: *Welke dag is het?*
A: Het is de eerste dag van augustus.
J: *Welk jaar is het?*
A: Het is 1861.
J: *Wie is je president?*
A: Abraham Lincoln.
J: *Hoe lang is hij al president?*
A: Nog niet zo lang, en we hebben er veel moeite mee. We gaan Jefferson Davis als onze president krijgen.
J: *Jefferson Davis? Zal hij een goede president zijn?*
A: Hij is een goede, zuidelijke heer.
J: *(Pauze) Hoe lang nog voordat je gaat trouwen?*
A: We gaan heel snel trouwen, wanneer Gerald terugkomt. Hij ging naar de burgerwacht, om iets te bespreken. Misschien moet hij toetreden tot het leger. We hebben gewacht tot hij klaar was met

school en nu moet hij misschien bij het leger. Hij zal morgen terugkomen.
J: *Heeft het leger hem opgeroepen?*
A: Hij kreeg een oproep. Alle eervolle mannen gaan.
J: *Heb je alles klaar voor het huwelijk? Het huis helemaal aan kant?*
A: Ze hebben gebakken en gebakken. We ontvangen heel veel gasten. Ze zullen over twee dagen komen. Over twee dagen zullen we getrouwd zijn.
J: *En dit is één augustus?*
A: Dat klopt.
J: *En je gaat trouwen op 3 augustus? Wie zal de ceremonie leiden?*
A: Nou, dat is dominee Jones.
J: *Welke religie volg je?*
A: Wij zijn Episcopaals. [Bisschoppelijk]

Johnny verplaatste haar voorwaarts naar 3 augustus, de dag van het huwelijk.

A: Ik loop naar beneden, over dit gangpad van de traptreden in mijn huis.
J: *Wordt er muziek gespeeld?*
A: Prachtige muziek. ... Ik ben zo gelukkig.

En ze was gelukkig. Je kon de oprechte emotie in haar stem voelen.

A: En opgewonden.
J: *Kun je Gerald daar zien staan?*
A: Ja. Hij is heel erg knap en blond. Hij is in uniform. Maar hij vertelde mij, dat het niet lang zal duren.
J: *Wat voor soort uniform is het?*
A: Het is een grijs uniform met koperen knopen erop.

Grijs was de kleur van de Confederatie uniformen.

J: *Waar ga je naartoe op je huwelijksreis?*
A: Ik weet het niet. We gaan op een rivierreis. De rivier af met een boot.
J: *Waarheen?*

A: Gerald gaat mij verrassen.
J: *Nou, de rivier af, dat zou naar het zuiden zijn?*
A: Oh, ja. We zouden nooit naar het noorden gaan, met die Yankees.
J: *We gaan vooruitreizen, Jane. Je ben getrouwd. Dit is 4 augustus. Waar ben je?*
A: Ik ben op een boot, kijkend naar het water. We gaan helemaal naar New Orleans.
J: *Ben je ooit in New Orleans geweest?*
A: Nee.
J: *Denk je dat je het leuk zult vinden?*
A: Ze vertellen mij, dat ik ervan zal houden.
J: *Op wat voor soort boot ben je?*
A: Het is een boot zoals ze die hebben, met van die wielen. Gewoon de ... je weet wel ...
J: *Een schoepenradboot?*
A: Ik denk dat ze het zo noemen.
J: *Zijn er veel mensen aan boord?*
A: Oh, verschillende.
J: *Heb je er enige ontmoet?*
A: Nee, meestal blijven we op onszelf.

Natuurlijk – ze waren op huwelijksreis.

J: *Waar is je echtgenoot?*
A: Vanmorgen toen we stopten, ontving hij een boodschap en hij is nu aan het praten met de kapitein van onze boot.
J: *Je zei dat je echtgenoot in het leger is?*
A: Ja. Hij is een luitenant. Er kwam een boodschap voor hem, toen we stopten in een stad vanmorgen, vroeg, vroeg.
J: *Heeft Gerald verteld wat de boodschap was?*
A: Hij zei dat ik mij niet druk moest maken, maar ... we moeten misschien eerder teruggaan. Misschien hebben ze hem nodig.
J: *Maar gaan jullie nog steeds naar New Orleans?*
A: Ik wil het zo graag. Ik wil nu niet teruggaan.
J: *Okay. We gaan vooruit naar 6 augustus. Ik tel tot drie en dan is het 6 augustus.*

Zodra Johnny de derde tel had bereikt, begon Anita's hele lichaam te trillen alsof ze aan het huilen was. Ze bleef zichtbaar snikken, terwijl ze sprak.

J: *Waar ben je, Jane?*
A: Ik ben thuis.
J: *Wat doe je thuis?*
A: Gerald is vertrokken. We zullen een oorlog krijgen ... een slechte oorlog. Hij moest gaan. Hij is uitgereden met het leger naar de hoofdstad van de staat. (Ze klonk erg ongelukkig.)
J: *Zei hij niet, wanneer hij terug zou komen?*
A: (Boos) Ze gaan die verdomde Yankees op hun plaats zetten. Hij zal terugkomen.

Om haar uit deze stressvolle situatie te halen, verplaatste Johnny haar voorwaarts naar 15 september en vroeg: "Wat ben je nu aan het doen?"

A: (Ze was nog steeds erg depressief.) Gewoon wachten. ... Nog steeds aan het wachten.
J: *Heb je iets gehoord van Gerald?*
A: Nee. Het is oorlog. We krijgen nieuws, maar niet veel nieuws.
J: *Wanneer is de oorlog begonnen?*
A: Oh, het was begonnen voordat we getrouwd waren.

Terwijl wij de encyclopedieën doorzochten, om na te gaan wanneer de Burgeroorlog begon, vond ik verrassende inconsistenties. De eerste staten splitsten zich al vroeg af van de Unie, in januari van 1861 en sommige belangrijke slagen werden rond april van dat jaar gevochten. Zodoende leek het dat Jane er misschien naast zat, toen ze zei dat de oorlog in juni was begonnen. Maar was dat zo? Ik besloot wat verder te kijken. Ik onderzocht de geschiedenis van Tennessee en ontdekte dat Tennessee had gestemd, om zich niet af te splitsen samen met de oorspronkelijk staten. Zij wachten totdat het eruit zag dat de oorlog in alle ernst was en dat er slagen werden gevochten. Zij waren de laatste staat, die zich afsplitste van de Unie en sloten zich bij de andere aan in juni 1861. Dus klaarblijkelijk was Jane correct, want voor zover het haar aanging, was de oorlog in die maand aangevangen. Tevens, in die dagen waarin communicatie een stuk slechter was dan wij vandaag hebben, zou het ook niet ongewoon zijn geweest, dat het nieuws een stuk langzamer verspreidde. Gerald had ogenschijnlijk geweten wat er aan de hand was, maar had zijn nieuwe bruid niet willen alarmeren, door de oorlog te bespreken tijdens hun huwelijksreis.

J: *Wat voor soort dag is het, Jane?*
A: Het regent. (Depressief) Regen en regen.
J: *Waar ben je?*
A: Ik verblijf bij mijn mamma.
J: *En is je vader daar?*
A: Mijn vader is hier. … Wacht en wacht. Vader zegt het mij elke dag: "Het zal nu niet lang meer duren."

Johnny moest denken aan de relatie met haar ouders, in het leven van June/Carol en tijdens dit huidige leven.

J: *Hou je van je moeder en vader?*
A: Ze zijn erg goed voor mij, erg goed voor mij.
J: *Jane, Ik ga tot vijf tellen en dan is het 1 december. (Geteld) Wat ben je aan het doen?*
A: Zweven.

Dat was een verrassing. Normaal gesproken betekende dit dat ze in de geest vorm was.

J: *Waar ben je aan het zweven?*
A: Ik blijf gewoon hier. Ik ben aan het wachten, om te kijken of Gerald terugkomt. Hij is al twee jaar weg.
J: *(Verrast) Welk jaar is dit?*
A: Dit is '63.

Klaarblijkelijk was Jane verder vooruitgesprongen, dan hij haar had verteld.

J: *Ben je gestorven?*
A: Longontsteking, zeiden ze dat het was.
J: *Van al dat regenachtige weer?*
A: Ik at niet.

J: *Wanneer ben je gestorven?*
A: Ongeveer twee, drie maanden geleden. Tijd heeft weinig betekenis nu.

De tijd van haar dood inschattend in september, bracht Johnny haar naar terug naar die maand.

J: *Wat ben je aan het doen?*
A: Ik ben aan het zweven.
J: *En wat zie je?*
A: Ik zie een heleboel geesten. Ik vraag hen naar Gerald. Niemand heeft hem nog gezien. Hij moet ergens zijn. Ik ben overal aan het zoeken. Geen enkele geest heeft hem gezien.
J: *Nou, ze zouden hem waarschijnlijk alleen hebben kunnen zien, als hij was gestorven.*
A: Je moet dood zijn. Ik heb gekeken en gekeken. Ik denk dat hij gevangen is genomen. Ik weet het niet. Ik heb gewoon een gevoel.
J: *Weet je waar?*
A: In het noorden. En ik wil erheen gaan en hem zoeken.
J: *Waarom kun je niet gaan?*
A: Ik haat het om daarheen te gaan. Ik haat die mensen. Ze weten niet dat ze het fout hebben, maar ik haat ze voor wat ze doen.

Opnieuw bracht Johnny haar een maand terug.

J: *Het is 1 augustus. Wat ben je aan het doen?*
A: (Haar stem werd erg laag en zacht.) Ik voel mij niet goed.
J: *Waar ben je?*
A: In mijn bed.
J: *Heb je koorts?*
A: Ik denk het wel.
J: *Heb je gegeten?*
A: Ik kan niet eten. Ik word misselijk, als ik eet.
J: *Is de dokter bij je langs geweest?*
A: De dokters zijn druk met de gewonden van de oorlog. Hij is één keer langs geweest en gaf mij wat medicijn. Sukey blijft.
J: *Sukey blijft daar bij jou?*
A: Elke dag. Ze slaapt hier bij mijn bed. Maar ik krijg koorts, ik krijg het koud.

J: *Heb je iets van Gerald gehoord?*
A: Ik heb vorige maand een brief gekregen. Brieven komen niet vaak.
J: *Waar was Gerald? Wat zei hij?*
A: Hij was aan het vechten. De brief kwam vanuit het noorden. Hij gaf hem mee, aan iemand die naar huis kwam. Zij hebben hem aan mij bezorgd.
J: *Is hij in het noorden aan het vechten?*
A: Aan het front. ... Maryland, daar was het.
J: *Dat is een eind hier vandaan.*
A: Ik wens, dat hij naar huis komt.
J: *Hoe gaat het met je moeder en vader?*
A: Mijn vader is overleden.
J: *Oh? Waaraan is hij overleden?*
A: Ik weet het niet. Hij was een week lang ziek... en toen overleed hij.
J: *Hoe gaat het met je moeder?*
A: Ze is zo zwak en ze heeft veel verdriet.

Haar verplaatsend naar 10 augustus, vraagt Johnny haar wat ze aan het doen is.

A: Zweven en rondkijken.
J: *Wat zie je?*
A: Ik zie mijn vader.
J: *Waar ben je?*
A: Vlakbij mijn huis, bij ons kerkhof. Hij zei, dat moeder snel bij ons zal zijn. Heel snel, zei hij.
J: *En blijf je daar wachten op je moeder?*
A: Dat wil ik ... maar ik wil Gerald zien. Mijn vader zegt, dat ik moet wachten, wachten. En vader, dat wil ik niet.
J: *Weet je hoe je moeder zal sterven?*
A: Zij heeft nu ook de koorts.

Dat klonk niet als longontsteking. Het klonk eerder als iets besmettelijks. Ik kwam erachter dat het een bekend feit was, dat het Zuiden gedurende deze tijd leed onder een epidemie van de Gele Koorts. Eén vraag die mij bezighield was, waarom Sukey niet ook ziek werd, als het iets besmettelijks was? Zij was er zeker aan blootgesteld, terwijl zij zorgde voor Jane en misschien zelfs de andere familieleden.

Toen ik de symptomen van Gele Koorts onderzocht, ontdekte ik dat de oorsprong van de ziekte in Afrika zou liggen en dat Negroïden een bepaalde natuurlijke immuniteit hiertegen hebben. Zij krijgen de ziekte niet zo hevig als blanken.

De sessie ging verder:

J: *Well, Jane, we gaan vooruit naar het jaar 1878. Wat ben je aan het doen?*
A: Gewoon aan het rond bewegen. ... het is prachtig! Nooit heet of koud. Gewoon comfortabel.
J: *Waar ga je naartoe?*
A: Nou, ik ben naar New Orleans geweest om het Franse Kwartier [French Quarter] te zien. Ik had het nog nooit gezien en dat wilde ik graag.
J: *Vertel mij wat je ziet, terwijl je reist.*
A: Ons huis is nu weg. De Yankees hebben het verband. Ze hebben het tot de grond afgebrand.
J: *Waarom hebben ze het verbrand?*
A: Ik weet het niet.
J: *Het was een mooi huis.*
A: Een prachtig huis, maar ze hebben het afgebrand. Het lijkt erop, dat er werd gevochten en het is afgebrand.
J: *Is de oorlog nog steeds gaande?*
A: Nee, het is nu voorbij.
J: *Heb je Gerald ooit gevonden?*
A: Ik hem heb één keer gesproken. Zijn geest. Ik sprak ermee.
J: *Was hij gestorven in de oorlog?*
A: Hij kwam nooit terug.
J: *Waar heb je over gesproken?*
A: We spraken over toen we trouwden, wat een korte tijd. Twee dagen. Hij vertelde mij, dat hij dicht in de buurt zou blijven en dat wij elkaar op een dag weer zullen zien.
J: *Wat ga je nu doen?*
A: Ik ben aan het wachten totdat mij wordt verteld, wat ik moet doen.
J: *Wie gaat je dat vertellen?*
A: Deze stem vertelt het mij. Wanneer ik niks te doen heb, kan ik gewoon rondzweven en soms moet ik dingen doen.
J: *Zoals wat?*

A: Soms probeer ik mensen te helpen. Soms luisteren ze, maar meestal doen ze dat niet. (Pauze) Ik heb Sukey bezocht.

J: *Leeft Sukey nog steeds?*

A: Toen ik haar zag, wel.

J: *Waar woonde ze?*

A: Ze verbleef in de vertrekken aan de achterkant van het huis. Ook al zeiden ze, dat ze vrij waren, zij bleef en verbouwde wat dingen om te eten. Toen ik met haar sprak, hoorde zij mij niet. En ik liet mijzelf aan haar zien ... en schrok haar af. Ik maakte haar zo aan het schrikken, dat ze wegging. Ik wilde haar niet bang maken. Ik wilde haar bedanken. Ik weet dat ze probeerde te helpen.

J: *Hoe liet jij jezelf aan Sukey zien?*

A: Dat ... kan ik gewoon doen. Als het helpt, kan ik mijzelf laten zien. Maar de meeste mensen zijn bang. Soms als ze mij zien, doen ze net alsof ze het niet kunnen ... of zeggen dat het een droom was. Ze willen niet geloven dat ze het zagen. Ik weet niet waarom iedereen zo bang is om te sterven.

J: *Is het ... zouden ze niet bang moeten zijn om dood te gaan?*

A: Nee!

J: *Wat gebeurt er als je doodgaat?*

A: Nou, in het begin voel je je erg, erg koud ... en dan een tijdje later ben je weg. En je kunt rondkijken en je kunt alle mensen om je heen zien. De mensen die van je hielden en die al eerder zijn gestorven. Ze komen je ontmoeten, zodat je niet bang hoeft te zijn.

J: *En ... heb je de Hemel gezien?*

A: Nee, daar ben ik nog niet geweest.

J: *Heeft iemand van de mensen die je kwam ontmoeten, je er iets over verteld?*

A: Ze vertellen dat het prachtig is.

J: *Is iemand van hen er geweest?*

A: Ik denk dat dit ene meisje er is geweest, want ze bleef mij erover vertellen. Maar ze zei, voordat je gaat, moet je een heleboel dingen leren.

J: *Je bedoelt goede dingen, of goede daden of ...*

A: Je moet leren hoe je goed moet zijn. Het is niet de bedoeling dat je alleen maar goed bent, omdat je bang bent om slecht te zijn. Je moet goed zijn, omdat je dat wilt zijn. (Denk daar maar eens over na.) En je doet goede dingen voor mensen. Je helpt mensen.

J: *Heeft dat meisje verteld, hoe de Hemel eruitziet?*

A: Schitterende kleuren. En alles is mooi.

J: Hebben ze er gebouwen?

A: Nou zie je, het is allemaal geest. En wat je maar wilt, is daar. Als je bij het water wilt zijn, dan zal daar water zijn. En als je in een bos wilt zijn, dan is het overal waar je maar wilt.

J: Dat is in de Hemel?

A: Dat is, wat zij zei.

J: Maar nu, terwijl je een geest bent en je wilt bijvoorbeeld, New York zien, ga je dan en zweef je dan naar New York, om het te zien?

A: Je zweeft er, soort van, heen. Het duurt niet erg lang. Gewoon een paar minuten en ik ben er.

J: Nou, blijf maar zweven en vertel mij de dingen die je ziet of voelt, terwijl je zweeft.

A: Nou, ik ga terugkomen. Om opnieuw te worden geboren. Ik heb er met mijn vader over gesproken.

J: Wist hij dat je terug zou worden geroepen?

A: Hij vertelde mij, dat dit snel zou gebeuren. Dat gebeurt met iedereen, vele malen. Hij vertelde mij, dat ik moet proberen om alles wat ik kan, te leren. Hij zei, dat ik moet verwachten dat het anders zal zijn, omdat het elke keer anders is. En op deze manier leren we alles over het leven. We moeten alles zijn. We moeten alles weten.

J: En je vader vertelde jou, dat je heel snel weer zal worden geboren?

A: Behoorlijk snel. Ik vertelde het hem, zodra ik het had gehoord en hij zei dat hij het wist, omdat hij mij in de gaten houdt. Hij zei dat we elkaar op een dag weer zullen ontmoeten, misschien op aarde, misschien niet. Maar dat ik niet bang moest zijn, gewoon leren. Hij vertelde mij, dat het niet lang meer zal duren. ... Ik zal een klein meisje worden. ... En ik werd bang.

J: Waarom werd je bang?

A: Om opnieuw te worden geboren. Het land is verscheurd. (Pauze) Wanneer deze baby wordt geboren, dan word ik haar.

J: Kijk je nu naar de baby die wordt geboren?

A: Ja. Deze baby in haar moeder. Het zal nu snel worden geboren.

J: En wanneer ga je erin ... word je de baby? Je bent er nu nog niet in?

A: Ik ben er nog niet in. Ik blijf het tegenhouden. En de stem vertelt mij, dat ik nu moet gaan! En ik vraag, kan ik niet wachten? Maar bij de eerste ademhaling, moet ik de baby zijn.

J: *Wanneer de baby haar eerste adem haalt?*
A: En ik vraag hem, kan niet ik niet blijven zoeken? Kan ik Gerald nog blijven zoeken? En hij vertelde mij, dat wanneer ik de baby word, dat ik mij de rest niet kan herinneren. Ik zal alleen maar deze baby zijn. Wanneer ik weer een geest word, zal ik Gerald weer zoeken.
J: *Zijn er ook slechte geesten in de buurt?*
A: Ik zie er geen. ... we worden soms boos.
J: *Maar je probeert niemand kwaad te doen?*
A: Oh, nee. We worden boos als ze lachen.
J: *Wanneer wie lacht?*
A: Mensen. Ze geloven niet ... en we proberen het hen te vertellen en ze te waarschuwen. Maar ze luisteren niet.
J: *Maar ze kunnen je niet horen, toch?*
A: Nee, maar we proberen het zo hard.
J: *Is er een manier waarop je de mensen naar je kunt laten luisteren?*
A: Als ze zouden luisteren; als ze zouden nadenken en luisteren. Zich heel erg hard op ons concentreren. Als zij van ons hielden en wij van hen, dan zouden ze ons kunnen horen.
J: *En heb je iets over de hel gehoord?*
A: Dat is waarom ik niet opnieuw geboren wil worden. Want dat is, waar het is.
J: *Je bedoelt, opnieuw worden geboren is de hel?*
A: Op Aarde te worden geboren, is de hel.
J: *Wie heeft je dat verteld?*
A: De geesten waarmee ik heb gesproken. Want je blijft dingen doen en je doet jezelf pijn en je doet andere mensen pijn. Je doet gemene dingen als je een mens bent en geesten doen dat niet. Dit is hoe je moet leren. Je doet pijn ... en je leert.
J: *Deze baby die je gaat worden: is het nu in de moeder?*
A: Nee, ze ... ze wordt geboren. Ik ga naar haar toe.
J: *Heeft de baby nu haar eerste adem gehaald?*
A: Ja.

Op dit moment werd Anita saaier en enigszins en onverschillig.

J: *Waar wordt de baby geboren?*
A: In dit huis. ... Kan niks herinneren. ... ik kan niet denken... kan niet denken. (Het duurde langer voordat ze kon antwoorden)

J: *Weet je niet in welke stad dit huis staat?*
A: (Heel langzaam) Ik ... weet het ... niet.
J: *Weet je welke naam de baby heeft gekregen?*
A: Weet het ... niet.
J: *Hebben ze de baby nog geen naam gegeven?*
A: Nee.

Het was duidelijk dat Anita niet reageerde, omdat zij de baby was. Dus werd ze vooruitgebracht in dat leven naar de leeftijd van vijf jaar oud, waar ze Carol was op de boerderij en waar ze weer gewoon sprak.

Nadat ze was wakker geworden, herinnerde Anita zich een vreemd incident dat had plaatsgevonden in haar huidige leven. Ze had het nooit kunnen verklaren in conventionele bewoordingen, en nu vroeg zij zich af of het misschien gerelateerd was aan haar leven als Jane.

Zoals we zeiden, ze is een Marine vrouw, getrouwd met een beroepsmarinier. In de vroege dagen van hun huwelijk, had hij zijn eerste orders ontvangen. Ze zouden worden overgeplaatst naar Florida en er werd besloten dat zij in het huis van haar ouders in Missouri zou wachten, terwijl hij vast vooruit zou gaan en een plek zou vinden om te wonen. Daarna zou ze zelf volgen. Het zou hun eerste afzondering zijn. Ze waren bij haar ouders en hij zou in de ochtend vertrekken. Anita zei, dat ze die nacht niet kon slapen. Ze werd erg overstuur en liep de hele nacht te ijsberen. Ze bleef maar denken: "Als hij gaat, dan zie ik hem nooit meer terug. Als hij gaat, dan komt hij nooit meer terug." Daarna kalmeerde zij zichzelf door te denken: "Wat raar, wat zou er kunnen gebeuren? Het is geen oorlogstijd! Hij gaat alleen maar naar Florida." Ze voelde zich de hele nacht ellendig, want het sloeg nergens op. 's Ochtends stond haar besluit vast. Ze ging liever met hem mee, dan alleen achter te blijven.

Dit incident had haar altijd bevreemd, totdat ze de parallel zag met Jane en Gerald en de Burgeroorlog.

We hadden Anita dus door twee uitgesproken levens, twee sterfgevallen en twee geboorten meegenomen, die elk verschillend waren. Wat zou zich nog meer kunnen afspelen in de ondoorgrondelijke diepten van haar onbewuste geest? We konden nauwelijks wachten op de volgende sessie!

Al spittend door bibliotheken, om te proberen informatie te vinden over Memphis gedurende de Burgeroorlog en hopend dat Geralds naam mogelijk ergens zou worden gevonden, vond ik een zeer informatief boek getiteld De Militaire Annalen van Tennessee door John Berrien Lindsley. Het was gepubliceerd in 1886, zo'n kleine 20 jaar na het einde van de oorlog en bevatte een heleboel informatie, plus nog eens namen en nog meer namen en enige foto's, van degenen die waren omgekomen in de oorlog. Ze waren gerangschikt op hun regimenten. Volgens de auteur is dit het meest complete gepubliceerde verslag van de mannen uit Tennessee, die vochten voor de Confederatie.

Ik zal een aantal feiten citeren uit het boek over Memphis, in het begin van de oorlog. "In april 1861 werden in afwachting van de afscheiding [van de Union], vrijwilligers georganiseerd. Dit was rond het moment dat er werd geschoten op Fort Sumter (12-13 april, 1861) wat officieel de startdatum was van de oorlog. Vele andere staten hadden zich al afgescheiden voor deze datum, maar Tennessee had erover gestemd, om zich niet bij hen te voegen. Dan op 8 juni, 1861 scheidt Tennessee zich ook af. Op de 11e juni geeft de Gouverneur zijn eerste order, waarbij hij de bevelhebbers van de militie op de hoogte brengt, dat zij hun troepen gereed moeten houden en moeten aanvangen met de training. Tegen de 13e juni had Generaal Polk zijn hoofdkwartier gevestigd in Memphis en werd Memphis een groot militair centrum. Op 13 juli werd Majoor Generaal Polk de bevelhebber over Departement 1 (in Memphis). Binnen een paar weken werden er troepen verzameld, om dienst te doen en werden zij georganiseerd in regimenten en naar kampementen gestuurd in de buurt van de stad en naar Fort Pillow."

Verbazingwekkend genoeg brengt ons dit naar het eerste deel van augustus 1861, wat perfect aansluit bij wat Jane ons had verteld. Volgens het boek werd de gehele zomer gebruikt, om regimenten te vormen en mannen naar de oorlog te sturen. Vele regimenten werden samengesteld door mannen van een bepaalde streek. Er waren er verscheidene uit Memphis. Opmerkelijk was, dat het Vijfde Confederale [regiment] vrijwel geheel bestond uit Ieren, afkomstig uit Memphis. De 154e Tennessee infanterie en de 15e Tennessee Cavalerie kwamen ook uit Memphis. Vele van de regimenten leden extreem grote verliezen van mensenlevens. Sommige startten met ongeveer 1100 man en eindigden de oorlog met een kleine 100 overgeblevenen. Ondanks dat er vele namen zijn vermeld in het boek, zijn er overal notities gemaakt, die de onvolledigheid aantonen.

Archieven raakten verloren tijdens de oorlog en sommige zijn per ongeluk vernietigd. In sommige gevallen was de enige overlevering iemands dagboek. Een groot deel van het boek en de lijsten werden opgetekend vanuit het geheugen en vele opmerkingen laten zien, dat er veel ontbreekt door menselijke fouten. Veelvuldig werd er verklaard dat er zovelen waren omgekomen, dat het onmogelijk was om alle namen op te geven. En dit boek was slechts 20 jaar na de oorlog geschreven.

Ik was dus teleurgesteld, dat ik geen enkele vermelding kon vinden van Gerald Allby, maar onder de omstandigheden zou het een wonder zijn geweest, als we wel iets hadden gevonden. Desondanks is de nauwkeurigheid van Anita's kennis van de geschiedenis, van zowel deze tijdsperiode als die van June/Carol, volkomen geweldig.

Het idee om te proberen een voorbeeld van Anita's handschrift te verkrijgen, terwijl ze in een diepe trance was, was puur spontaan. De gedachte kwam bij Johnny naar boven, toen kleine Carolyn oefende, om haar naam in het zand te schrijven. Op een impuls pakte hij een potlood en papier. Waarna hij haar vroeg, om haar naam voor ons te schrijven, niet eens wetend of ze daartoe in staat zou zijn. Ze had veel moeite gehad, om haar ogen te openen en we waren beiden verrast, toen ze voorzichtig en met veel moeite haar kinderlijke krabbels had opgetekend.

Later toen Jane sprak, over naar de Damesschool gaan in St. Louis, leek het ons gewoon, om haar opnieuw te vragen om haar naam te schrijven. Omdat ze een potlood gebruikte zonder al te veel druk op het papier, was de resulterende handtekening licht. Als we destijds hadden geweten, dat we ooit een boek over ons experiment zouden schrijven, hadden we ons voorbereid en een pen bij de hand gehad. Achteraf gezien, weet je het altijd beter bij regressies. Maar, zoals ik al eerder heb gezegd, gedurende een regressie weet je nooit naar welke historische periode, of welk land het subject zal gaan. We hadden niet gedacht aan het verkrijgen van een handschrift, voornamelijk omdat in het verleden slechts weinig vrouwen konden schrijven. Zij werden niet waardig geschat, om een opleiding te krijgen. Met niets om ons te leiden, moesten wij onze weg op de tast vinden gedurende het gehele experiment en zodoende handelden wij vaak spontaan.

Toen het eruit zag dat het concept om dit boek te schrijven, werkelijkheid zou worden, speelde ik met het idee, om de handschrift voorbeelden toe te voegen. Maar ik dacht, dat ze zo licht waren (met name die van Jane), dat ze deze nooit zouden kunnen reproduceren. Ik onderschatte echter de technieken van de nieuwe kopieermachines.

Bij het vergelijken van de twee voorbeelden (Jane's handtekening en Anita's normale handschrift), kwamen deze ons zeer verschillend voor, maar wij zijn slechts amateurs. Ik vroeg mij af wat er zou gebeuren als een professionele handschrift analist ze zou bekijken. Deze mensen zijn zeer bekwaam in het vaststellen van persoonlijkheid, soms zelfs tot op het verbazingwekkende. Handschrift analisten worden erkend en ingezet als de experts die zij zijn. Het is een exacte wetenschap, welke jaren van studie vergt en derhalve zeer gerespecteerd is.

Er bestond altijd de mogelijkheid dat een professional zou zeggen, dat de voorbeelden waren geschreven door één en dezelfde persoon, die probeerde zijn handschrift te verbergen. In werkelijkheid was dit waar, dat waren ze ook, terwijl ze ook weer niet door dezelfde persoon waren geschreven. Het hing ervan af, hoe je het bekeek. Het was een complexe situatie en één waarvan ik niet geloof, dat een hypnotiseur hier ooit eerder mee te maken had gehad. Ik kan mij geen geval herinneren, waarbij er een handschrift was verkregen van iemand, die terug was gebracht naar een vorig leven, wat later werd geanalyseerd door een objectieve expert. Het was een intrigerend idee en we dachten dat het interessant zou zijn, om de gok te wagen.

Maar waar kon ik een analist vinden? Ik wilde niet slechts iemand, die vanuit een hobby wat liep te spelen met handschrift. Als ons verhaal enige geloofwaardigheid kon krijgen, dan zou de analyse door een expert moeten worden gedaan. Misschien zou het in een grote stad geen probleem zijn om er één te vinden. Maar in de plattelandsstreek waar wij nu wonen, zou je net zo snel een expert in nucleaire wetenschap hopen te vinden. Dus het idee bleef sluimerend, totdat dit boek gereed was gekomen in 1980.

Toen, geheel toevallig, hoorde ik dat er een vrouw was in Little Rock, Arkansas die handschriftanalyse deed. Bij navraag, bleek zij inderdaad een expert te zijn. Zij heet Sue Gleason en is afgestudeerd aan the International Graphoanalysis Society. [Het Internationaal Genootschap voor Schriftanalyse]. Ik besloot contact met haar op te nemen. Ik kwam erachter, dat zij gewoonlijk werkt met een aantal pagina's van het handschrift van het subject. Zou zij in staat zijn om iets te achterhalen met onze kleine voorbeelden? Alles wat we hadden, waren de handtekeningen, zonder hoop dat we ooit nog meer zouden verkrijgen. Zou het genoeg zijn?

Ik zond haar de drie voorbeelden en vroeg haar het schrift te vergelijken en te zien wat zij mij zou kunnen vertellen, over de mensen die het hadden geschreven. Ik vertelde haar niks over de bron of de methode, hoe zij tot stand waren gekomen. Omdat ik de vrouw niet kende, was ik bang dat ze zou denken, dat we gek waren. Ik dacht ook dat het beter zou zijn, als ze mij haar eerste indrukken onpartijdig zou kunnen geven.

Dit is wat ze vond:

Carolyn Lambert – losstaande letters is het moeilijkste type handschrift om te analyseren. Het ontbreken van vorm en continuïteit van de letters en de manier waarop ze zijn geproduceerd, laat een gebrek aan volwassenheid zien in de persoonlijkheid. Dit zet mij ertoe om aan te nemen, dat het is geschreven door een jonger persoon. Hoewel veel volwassenen ook blokletters gebruiken, geeft dit voorbeeld een minder volwassen persoonlijkheid weer. Het is moeilijk om te analyseren, omdat karakter niet wordt gevormd, tot het individu ouder is.

Zodoende lijkt het erop, dat ze ons niet veel kon vertellen over Carolyn, maar het is significant dat ze niet dacht, dat het voorbeeld van een volwassene kwam. Carolyn was inderdaad een jonger persoon, teruggebracht slechts naar de leeftijd van negen jaar.

Mistress Jane Rockford – Dit is een ouderwetse manier van schrijven, met name het gebruik van het woord "Mistress." Het is zeer flamboyant. De letterstructuur en de krullen zijn een duidelijke verwijzing naar het verleden. Dit is een artistiek, maar opzichtig type persoon. Er is sprake van veel ego, misschien niet egoïstisch, maar absoluut egocentrisch, een introvert. Een behoorlijk, zelf-gecentreerd persoon. Dit is iemand met veel herinneringen, vasthoudend aan traditie en het verleden. Ze is waarschijnlijk zeer strikt opgevoed en het is onwaarschijnlijk dat zij zou rebelleren tegen haar positie in de samenleving. Hoofdletters in een naam vertellen wie je bent en haar hoofdletters zijn groter dan de gehele handtekening, met name in de achternaam. Dit zou aangeven, dat ze erg op de hoogte is van "Wie ze is." De familienaam en haar plaats in de familietraditie zijn erg belangrijk voor haar. Haar persoonlijke en publieke status is zeer sterk uitgedrukt. Er is hier een tendens om een duidelijk sterk zelf imago neer te zetten.

Traditie is erg belangrijk in haar leven, zoveel zelfs dat het enige persoonlijke gevoelens overschaduwt. Zodoende houdt ze een façade op, waarmee ze mensen niet toestaat haar echte kant te zien.

Mevrouw Gleason benadrukte Jane's familiepositie zo uitdrukkelijk, dat ze haar een beetje deed voorkomen als een snob!

Anita's huidige handschrift werd verkregen van een envelop van een brief, die zij naar mij had geschreven. Vanwege haar verzoek om anoniem te blijven, zal dit voorbeeld niet in dit boek verschijnen.

Dit is een zeer sympathiek persoon. Uitgaand en gevoelig voor de gevoelens van anderen. Ze is begaan met anderen. Ze is direct, spreekt zich gemakkelijk uit, een extrovert. Ze is open-minded, en heeft een verlangen, om de diepere aspecten van het leven te weten en begrijpen. Ze heeft een goed gevoel voor humor en ziet de lichtere kant van het leven.

Later toen ik Sue Gleason vertelde over de afkomst van de handtekeningen en de methode waarop we die hadden verkregen, was ik erg opgelucht te horen, dat ze niet dacht dat we gek waren. Het is verbazingwekkend hoe zeer haar analyse overeenkwam, met wat we al wisten over Jane, opgevoed door een zeer nette familie in het "Oude Zuiden". Toen ik Sue vertelde over Jane en haar opleiding op de Dames School, zij ze dat dit een deel ervan kon verklaren. Studenten die dit type school bezochten, kwamen sowieso doorgaans uit rijke families en de scholen leerden de studenten om een zeer positief zelfimago uit te stralen. Er werd veel nadruk gelegd op zelfpresentatie. Dit zou zich natuurlijk uiten in het handschrift. De studenten werd ook aangeleerd, om zeer zorgvuldig en exact te schrijven, met nadruk op de hoofdletters. Zoals Jane zei: "Oefenen en oefenen om duidelijk te schrijven." Mevrouw Gleason zei dat er vandaag de dag nog zeer veel mensen zijn, die in een dergelijke stijl schrijven, met name de oudere generatie. Deze mensen houden uitdrukkelijk vast aan het verleden en traditie en dat komt naar voren in Jane's handschrift.

Mevrouw Gleason was verbaasd, toen ik haar vertelde dat alle voorbeelden waren geschreven door dezelfde persoon. Ze zei, dat ze dat niet had vermoed. Ze zei, dat als we haar zouden hebben gevraagd, of dezelfde persoon alle drie zou kunnen hebben geschreven, dat ze dan zou hebben geantwoord dat dit hoogst onwaarschijnlijk was. Het handschrift van Jane en Anita was, naar haar mening, het schrift van twee verschillende personen, twee uitgesproken persoonlijkheden. In feite waren de persoonlijkheden zo verschillend, dat ze tegenovergesteld waren. Eén was een introvert en de ander een extrovert!

Deze persoonlijkheden waren altijd echt voor ons geweest, maar nu hadden we iets, dat het nog concreter maakte. Onder hypnose veranderde niet alleen Anita's persoonlijkheid, haar stem, uitdrukkingen en maniertjes, maar ook haar handschrift werd dat van een totaal verschillend persoon!

Het is werkelijk opmerkelijk, dat een onpartijdige expert de persoonlijkheden zo nauwkeurig kon aansluiten, zoals wij ze zagen. Ik denk dat de kans dat dit bij puur toeval kon gebeuren, uitzonderlijk is.

Hoofdstuk 7

Sarah in Boston

Tegen de tijd dat onze derde persoonlijkheid naar voren kwam, waren we een beetje in een routine terecht gekomen. We waren begonnen met het ongebruikelijke te accepteren als gewoongoed, als zoiets al bestaat. We dachten te weten wat we konden verwachten, terwijl wij door de verschillende fasen van de levens van Jane en June/Carol gingen; en gingen daarna in de perioden tussen de levens, het fascinerende domein van de geesten. Maar ze had nog steeds een aantal verrassingen voor ons in petto.

We begonnen ons te voelen, alsof we een reis maakten in een tijdmachine. Het was een opwindende methode om te leren over geschiedenis. Net nu we ons comfortabel begonnen te voelen, om met mensen uit het verleden te praten, kwam het volgende karakter naar voren en wat zij vertelde, was zeer verwonderlijk!

Gedurende deze sessie hadden wij besloten, om haar terug te nemen door haar verschillende levens, om te zien hoeveel zij er had geleefd en om te zien hoever terug zij in het verleden kon gaan. We zouden ze later verder kunnen uitdiepen. Uiteindelijk kregen we meer, dan we hadden verwacht. Het begon allemaal onschuldig genoeg. We waren net door een andere tijd gekomen als geest, hetgeen wij later zullen vermelden. Daarna vonden we weer een belangrijk moment, toen we stopten in het jaar 1770 en vroegen: "Wat ben je aan het doen?"

A: Karnen. (Zangerig) Boter, botermelk [karnemelk].
J: *Hou je van karnemelk?*
A: Eerlijk gezegd kan ik er niet tegen. De familie houdt van verse boter, dus maak ik dat voor hen.
J: *Wat is je naam?*
A: Sarah ... Sarah Breadwell. (Fonetisch)
J: *Hoe oud ben je, Sarah?*

A: Ongeveer 60 nu.
J: *Ben je getrouwd?*
A: Natuurlijk. Sinds ik een meisje ben. Sinds ik 14 was.
J: *Waar woon je, Sarah?*
A: We wonen hier op onze eigen plek. Hebben het zelf gebouwd.
J: *Ik gok dat dit zwaar werk was.*
A: Ik herinner mij het zware werk. Het heeft nu zijn eigen vloer, geen aarde. Veel fijner, het was ontzettend zwaar om een aarde-vloer te hebben, toen de kinderen allemaal klein waren.
J: *Hoeveel kinderen heb je?*
A: Nou, ik heb er tien gebaard, maar slechts twee opgevoed.
J: *Woon je in de stad?*
A: Nee, we wonnen hier op de boerderij. De dichtstbijzijnde grote stad is in de buurt van Boston. Ga der nooit heen.
J: *Hoe ver van Boston is jullie huis?*
A: Twee dagen, meneer. Twee volle dagen.
J: *En hoe noem je dit land, waar je woont?*
A: Nieuw Engeland [New England]. Nieuwland, mensen noemen het verschillende dingen. Sommige mensen houden er niet van om het Nieuw Engeland te noemen. Ze zeggen dat we hierheen kwamen om anders te zijn, we willen geen enkel Engeland zijn.
J: *Wanneer ben jij hier gekomen, Sarah?*
A: Ik ben hier een paar jaar geleden gekomen ... meer dan een paar. Ik kwam hier, toen ik een klein meisje was. Ik ben zelf in Engeland geboren.
J: *Ben je overgekomen met je moeder en vader?*
A: Ja, dat ben ik, een lange oversteek! Duurde bijna honderd dagen.
J: *Wat was de naam van de boot?*
A: Oh, laat me even zien ... het is al een tijd geleden en ... een hoop om over na te denken daar. Het was de Koning's boot [King's boat].
J: *Hadden jullie enige problemen tijdens de oversteek?*
A: Nee, slechts één storm. Stormachtig weer sloeg toe.
J: *Werd je zeeziek?*
A: Ik ben de enige die dat niet werd. Moeder zegt dat God de kinderen beschermt.
J: *Uh-huh. Nou, laten we eens kijken, dit is het jaar 1770 en je bent karnemelk aan het maken.*

A: (Onderbroken) Ik ben niet aan het karnen om karnemelk te krijgen, jij verdomde dwaas. Ik ben aan het karnen om boter te krijgen.

J: (Denkend aan wanneer de Amerikaanse Revolutie begon.) Okay, Sarah. Ik ga tot drie tellen en dan is dit het jaar 1777. We gaan vooruit. Eén, twee, drie ... het is 1777. Wat ben je vandaag aan het doen, Sarah?

A: Schommelen en naaien, naaien en schommelen. Sokken aan het stoppen.

J: Wat voor soort dag is het?

A: Prachtig zonnig ... frisse herfstdag.

J: En wat is er gaande in het land?

A: Oh, er wordt gevochten en de verhalen vliegen rond. Eerst wint de ene kant, dan de andere kant. Het is moeilijk te zeggen.

J: Wie zijn er aan het vechten?

A: We vechten tegen Engeland, en we zullen ze wel kwijtraken. We gaan niet Nieuw Engeland worden!

J: Wat ga je dan worden?

A: We zullen vrij worden! Maken onze eigen wetten en regels en regering! Dat is de manier waarop mensen behoren te leven, vrij leven. Lijkt op een natuurwet – vrij leven!

J: En is je echtgenoot aan het vechten?

A: Ho-ho, nee; hij is bijna mijn leeftijd en ouder. Hij is nu niet hier. Hij doktert en doet wat hij kan om te helpen. Ik hoor vrij vaak van hem.

J: Is hij een dokter?

A: Hij is een dokter.

J: Waarom woon je helemaal buiten op de boerderij, als hij een dokter is?

A: We houden er niet van om in de stad te wonen. We vinden het hier fijn. Er is een kleine gemeenschap hier en waar zieke mensen zijn, daar heb je een dokter nodig. Hij boert en we leven gelukkig.

J: Dat is prettig. Nu ga ik tot drie tellen en dan is dit het jaar 1740. (Hij besloot om achteruit te gaan.) Wat ben je vandaag aan het doen, Sarah?

A: Beetje aan het schoonmaken en mijn werk aan het doen ... bezig een echte dame te zijn, zou je kunnen zeggen.

J: Wat voor soort dag is het?

A: Het is winter; koud buiten.

J: Heb je een vuur gemaakt, om het huis warm te houden?

A: Ja. De familie blijft binnen. Het is prettig.

J: *Hoe groot is het huis?*

A: Nou, we hebben zes kamers. Het is een goed formaat huis.

J: *(Controlerend wat ze eerder had gezegd.) Jij en je echtgenoot hebben ze helemaal zelf gebouwd?*

A: Eén voor één. Begonnen met één kamer, bleven erbij bouwen en erbij bouwen. Duurt lang om dingen te krijgen. Hard werken.

J: *Het is langzaam, maar als je het eenmaal hebt, blijft het.*

A: Het is van ons.

J: *Helemaal van jullie. (Opnieuw controleerde Johnny de vorige uitspraken.) Wat doet je echtgenoot, Sarah?*

A: Hij is een dokter, boer en hij zegt: 'Manusje van Alles.' Hij is hierheen verhuisd, om het stadsleven te ontvluchten. Ik woonde op een boerderij met mijn ouders.

J: *Hadden ze een boerderij vlakbij waar je nu woont?*

A: Behoorlijk dichtbij. We waren buren. Natuurlijk zijn ze er nu niet meer.

J: *En dit is het jaar 1740. Welke maand is dit?*

A: Het is december.

J: *Wat voor soort vuur heb je, om het huis warm te houden?*

A: Ik heb houtblokken in het vuur.

J: *Liggen ze in de openhaard?*

A: (Geïrriteerd) Natuurlijk!

J: *Nou, ik dacht dat je misschien één van die fornuizen had.*

A: Nee, heb drie haarden in ons huis.

J: *Houden ze het huis goed warm?*

A: a, we hebben een beetje tocht, maar zulke dingen kun je verwachten. Fornuizen zijn fijn, en misschien krijgen we wel één op een dag. Eerst moeten we bouwen.

J: *Hou oud ben je nu, Sarah?*

A: Negenentwintig.

J: *(Opnieuw controlerend) Hoe lang ben je al getrouwd?*

A: Sinds ik 14 was.

J: *Hoeveel kinderen heb je?*

A: Ik heb er nu één. Een jongen. Hij is 12 jaar oud. Ik zal er gauw nog één krijgen.

J: *Gaat hij naar school?*

A: Ik sta erop, dat hij naar school gaat. Ik wil dat hij net zo slim wordt als zijn vader.

J: *Wat is de roepnaam van je echtgenoot?*
A: Bruce.
J: *Wat zei je dat je achternaam was?*
A: Breadwell. Hij is ook Engels, maar hij is hier geboren.
J: *Dus zijn ouders kwamen hier voordat jouw ouders kwamen?*
A: (Sarcastisch) Moet wel hè.

Op dit moment telde Johnny haar terug naar 1720.

J: *Wat ben je nu aan het doen?*
A: Schrijven. Mijn schrijven aan het oefenen. Het is verschrikkelijk moeilijk voor me, om te leren.
J: *Je moet flink oefenen.*
A: Ik krijg het nooit niet goed op mijn handwerk.
J: *(Pauze) Wat voor dag is het buiten?*
A: Laat me even naar het raam gaan om te kijken. ... Er komt een mist aan nu.
J: *Waar woon je?*
A: Met mijn moeder en vader. Mam is hier in huis met mij.
J: *En de naam van de stad waarin je woont?*
A: Het heet Bostonia. Het heette eerst anders, toen we hier net kwamen en ze hebben het veranderd. Het heette ooit Kruising op de Postweg. En ze zullen het snel weer gaan veranderen, zei papa. Papa, vader is op het land.
J: *Is jouw huis in de stad, of ben je daar ver vandaan?*
A: Woon vlakbij de stad, hebben land rondom ons en het strekt een eind uit. Wonen niet op het hele land.
J: *Moet je reizen, om bij het andere deel van je land te komen?*
A: Hij rijdt op een paard.
J: *Hoe oud ben je, Sarah?*
A: Tien.

Opmerking: Dit komt overeen met eerdere referenties naar haar leeftijd in de andere jaren. Overigens kwamen Sarah's stem en uitspraak met verassende natuurlijkheid overeen met elke leeftijd.

J: *Tien jaar oud! Je wordt al een grote meid!*
A: Ik ben klein voor mijn leeftijd. Waarom zeg je "groot"?
J: *Nou, tien jaar oud, en nu leer je om te schrijven ...*

A: (Lachend) Iedereen kan schrijven!
J: *Oh, maar dat vergt veel oefening.*
A: Dat is waar, dat is waar.
J: *Zijn er hier indianen in de buurt?*
A: Een paar, een paar. Zij blijven in het bos. Als wij hen niet lastigvallen, zullen ze ons ook niet lastig vallen, zegt mijn papa.
J: *Dan heb je nog nooit met één gesproken, of geprobeerd vrienden te maken?*
A: Ik heb ze gezien. Ik kan hun taal niet spreken. Het klinkt als ... (Ze maakt grommende geluiden.) Ik kan niks uitspreken wat ze zeggen. Ze spreken met gebarentaal soms. Als ze naar de deur komen, geeft mijn moeder hen voedsel. Het enige dat ik hen ooit heb horen zeggen in een taal die ik ken is: "Goede vrouw ... aardige dame." Ze geven mijn moeder goede benamingen. Mam zegt dat het komt, omdat ze er één heeft geholpen die ziek was. Hij kwam en we hadden geen medicijn. Maar ze gaf hem sarsaparilla thee. Het hielp tegen de koorts. Ze kwamen terug en brachten huiden en legden deze bij onze deur, voor Goede Vrouw.
J: *Dat was aardig van hen.*
A: Mijn papa zegt dat je altijd aardig moet zijn, laat geen angst zien. Ze haten angst.
J: *Heb je gezien, waar de Indianen leven?*
A: Oh, nee! Ze wonen in het bos. Ik zou bang zijn. Ik zou nooit zo ver van huis gaan. Ze staan erom bekend, dat ze kinderen pakken. Dat hebben ze gedaan; we hebben er over gehoord. Mijn papa zegt, we zijn vrienden met hen zo lang als zij vrienden willen zijn, maar je moet altijd oppassen. Ze kunnen veranderen.
J: *Ik begrijp het. Hoelang woon je daar nu al?*
A: We wonen hier nu twee jaar. Tijd gaat zo snel! Dingen veranderen altijd. Mam huilt nu niet meer vanwege heimwee. De dingen die we brachten, zijn van ons, we houden ze. We zullen dit ons thuis maken. We gaan niet meer terug.
J: *Waarom, praten sommige mensen over teruggaan?*
A: Sommigen zouden dat wel willen. Wij zijn trotse mensen, we zullen blijven. Als de tijden hard zijn, halen we onze broekriem aan en werken we harder, zegt papa.
J: *Nou, dat klinkt goed. Ik ga tot drie tellen, Sarah en dan zal dit het jaar 1707 ... wat ben je aan het doen?*
A: Niets.

J: *Niets? Waar ben je?*
A: Ik weet het niet zeker.
J: *Wat kun je zien?*
A: Ik zie vreemde dingen ... nieuwe dingen die plaatsvinden ... die de geest nog nooit eerder heeft geweten ... deze dingen zouden gebeuren.
J: *Welke dingen?*
A: Een nieuw land om in te wonen, om te laten groeien! Nieuwe ideeën ... mensen zullen veranderen en niet langer bang zijn, voor wat ze niet kennen. Dingen die je niet kunt verdragen, die laat je.

Ze was duidelijk een geest, maar dit klonk vaag en verwarrend. Zag ze de eerste kolonisten naar het nieuwe land komen, naar Amerika? Johnny verplaatste haar snel voorwaarts naar het jaar 1715, wanneer ze levend zou zijn en vijf jaar oud, als Sarah.

J: *Het is 1715. Wat ben je aan het doen?*
A: Dingen aan het bekijken.
J: *Wat ben je aan het bekijken?*
A: Families. Families die zich klaarmaken.
J: *Hoe oud ben je?*
A: Ik heb geen leeftijd. Ik ga iets heel vreemds doen!
J: *Wat ga je doen?*
A: Ik zal een lichaam binnengaan, dat nu leeft.
J: *(Verbaasd) WAT ... ga je doen?*
A: Een lichaam binnentreden, dat nu leeft. De geest is ziek en moet rusten, maar het kind moet blijven leven.

Anita had een totaal andere, serene stem in een kalme trant.

Johnny was een moment lang sprakeloos. Toen vroeg hij: "Hoe oud is dit kind?"

A: Het is zeer jong ... ik bekijk het ... ik kan het zien ... Ik zal nu een meisje zijn. Ik zal een klein meisje zijn.
J: *Heeft iemand je verteld, om dit te doen?*
A: Altijd, we volgen wat we voelen. De stem vertelt het ons.
J: *Hoor je deze stem, of voel je hem alleen maar?*

A: Geesten hebben geen oren. We horen doormiddel van gevoel. Zien door gevoel.

Johnny probeerde mee te gaan in deze vreemde ontwikkeling.

J: En het kind... is het kind ziek, wanneer je overneemt?
A: Het lichaam is ziek. Maar belangrijker, de geest... de geest moet nu rusten.
J: Oh. Verlaat die geest het lichaam en dan kom jij erin?
A: De geest zal vertrekken en ik zal erin gaan, en ... het kind zal onmiddellijk beter worden. De koorts zal breken ... en ze zullen geen verandering opmerken... omdat ik het kind zal zijn. Ik zal rustig zijn en leren hoe dit kind zich gedraagt. Niemand zal een grote verandering opmerken. Alleen dat ze na haar koorts een tijdje erg stil was, alsof ze rust.
J: En op deze manier, kan de andere geest nu een kans krijgen om te rusten?
A: Het moet teruggaan om te rusten. Het was nog niet klaar, toen het werd geroepen. Af en toe gebeurt dit en het kan gemakkelijk worden rechtgezet.
J: Ja. En wat is de naam van het kleine meisje?
A: De naam van het kleine meisje is Sarah.
J: Sarah. En hoe oud is ze?
A: Ik geloof dat ze tussen de vijf en tien is. Het is moeilijk om te zeggen, totdat ik dichterbij ben. Ik zal er snel zijn.

Op dit moment besloot Johnny drie jaar vooruit te gaan in de hoop om een duidelijker beeld te krijgen van deze vreemde situatie.

J: Het is nu het jaar 1718. Wat ben je aan het doen?
A: Mijn moeder aan het helpen.
J: Wat voor dag is het?
A: Het is een zonnige dag.
J: Fijn en zonnig. Wat is je naam?
A: Mijn naam is Sarah.
J: Hoe oud ben je, Sarah?
A: Ik ben zeven. Ik word al snel acht.
J: Waar woon je?

A: ik... Ik woon nu niet bij mijn echte familie. Ik blijf hier, totdat we vertrekken. Bij deze mensen. Zij gaan ook. Het is verwarrend.
J: *Je verblijft bij... wie... vrienden?*
A: Ja, we zullen samen vertrekken... verhuizen naar het land.
J: *Oh. Woon je nu in de stad dan?*
A: In een stad.
J: *En je gaat verhuizen naar de boerderij?*
A: Het zal waarschijnlijk een boerderij zijn.
J: *En ben je op de boot geweest?*
A: Jawel. Jawel.
J: *Hoe noem je deze plaats, weet je dat?*
A: Nieuw... Nieuw Engeland.
J: *Oh, ben je hier net pas aangekomen dan?*
A: Niet lang.
J: *En je verblijft bij vrienden. Zijn je ouders weg om een huis te bouwen voor jullie, om in te wonen?*
A: Dat hebben ze mij niet verteld... Ik moet mij gedragen. Ze zullen snel terugkomen voor mij. Ik ben van slag, zeggen ze. Het is niet goed voor mij, om het huis te vaak te verlaten... totdat ik wat meer helemaal mijzelf ben.
J: *Ben je ziek geweest?*
A: Ja, een tijdje terug, heel erg ziek. Ik ben goed hersteld. Nu ben ik gezond – mijn geest dwaalt af. En ik vertel hen dingen, die ze niet geloven.
J: *Wat vertel je hen, dat ze niet geloven?*
A: Ik vertel ze dingen, die ik kan zien. Dingen die zullen gebeuren in de toekomst. Maar ze zeggen, dat ik die dingen niet kan zien. Mijn moeder zegt: "Stil! Het is gevaarlijk om zo te praten!".
J: *Oh... nou ja, ik geloof deze dingen. Wat heb je gezien, dat snel zal gaan gebeuren?*
A: Terwijl we de stad inreden, keek ik en plotseling was het een stad van... enorme afmeting. Mijn ogen konden de grootte niet bevatten! De stad was overal om ons heen en gebouwen waren anders dan nu. En mensen kleedden zich anders in de straten. De straten waren verhard, niet geplaveid. Egaal, glad gerold.
J: *Kon je vertellen, wanneer dit allemaal zou gaan gebeuren?*
A: Alleen dat het in de toekomst zou zijn, ver weg, want er hadden heel veel veranderingen plaatsgevonden. En de stad, zoals ik het zag – mijn moeder wreef over mijn voorhoofd en ze zei: "Arm

kind, ze is nooit meer hetzelfde geworden sinds de koorts." En ze huilde.

J: *Maar jij zag die werkelijk grote stad?*

A: Enorm, gigantisch.

J: *Heel veel mensen? Hoe waren de mensen gekleed, Sarah?*

A: Misschien als ik haar dat niet had verteld, had ze mij misschien geloofd. Ze kon mij niet geloven.

J: *Vertel het me!*

A: Zul jij mij geloven?

J: *Ik zal je geloven!*

A: Nou, de jurken die vrouwen dragen, komen boven de grond... bijna tot aan de knieën, maar niet helemaal, misschien in het midden. En ze dragen doorzichtige kousen, pijpen waar je doorheen kunt kijken... en hakken die hoog zijn om op te lopen. Ze moeten erg slim zijn om zo te kunnen lopen. De mannen dragen vreemde hoeden en hun broeken zijn strakker en toch passen ze soepel, helemaal tot aan de grond.

J: *Heb je andere dingen gezien in de toekomst?*

A: Oh, ik heb andere dingen gezien, maar mijn moeder zegt dat er niks van klopt en ze maakt zich zorgen om mij. Ze zegt dat mijn geest van slag is.

J: *Nee, ik denk niet dat je geest van slag is. Ik denk dat je gewoon ziet, wat er zal gaan gebeuren.*

A: Geloof jij, dat het precies zo zal gaan gebeuren?

J: *Ik geloof dat. En ik wil graag dat je mij wat van die andere dingen vertelt, die je hebt gezien.*

A: Nou, ik keek een keer naar mijn moeder en zag ziekte rondom haar. Ik vertelde het haar en ze lachte. Maar twee dagen later, verloor ze de baby die ze droeg. Ze was erg ziek.

J: *Geloofde ze je daarna niet?*

A: Nee, nee, ze zei 't was maar een kind en kon zich niet herinneren wat ik had gezegd. Misschien had ik iets gezegd. Ik, heel vaak heb ik kleine dingen verteld, die ik zie. Ik weet nu, dat ik ze niet de grote dingen moet vertellen die ik zie. Dan zullen ze denken, dat ik te veel van slag ben.

J: *Welke andere grote dingen heb je gezien?*

A: Ik keek naar het dok en vertelde hen, dat schepen zullen worden gemaakt van het materiaal waar we de lopen van onze geweren mee maken. Het zouden grote, grote schepen worden en ze zouden de oceaan kunnen oversteken in enkele dagen. Iedereen om ons heen lachte. "Arm kind", zie mijn moeder, "Ze heeft de koorts gehad, hersenkoorts." Ik ben een curiositeit voor de vrouwen.

J: *Ik denk, dat ze naar je zouden moeten luisteren.*

A: Ik zou ze heel veel dingen kunnen vertellen, door naar ze te kijken. Als ik een persoon zie, zie ik goed en kwaad om hen heen en soms, kan ik vertellen wat er gaat gebeuren. Ik kijk naar ze en ze veranderen en ze zien eruit, zoals ik denk dat ze er in de komende jaren zullen uitzien. Eén keer zag ik een man, hij... hij verdween voor mijn ogen en ik wist dat hij snel een geest zou worden.

J: *En je zegt dat je naar mensen kijkt en dat je goed en kwaad om hen heen kan zien. Hoe ziet kwaad eruit?*

A: Kwaad ziet eruit als zwart. Het geeft een schaduw. Soms zie je een persoon en ze zijn deels bedekt, alsof ze in een wolk staan of gedeeltelijk in de mist. En je weet dat die persoon slechte dingen heeft gedaan of zal doen, of dat iets slechts zal gebeuren. Als je naar hen kijkt en je denkt, dan kun je vertellen wat het is. Ik kijk heel aandachtig naar ze, en ik sluit mijn ogen en ik kan vertellen of er iets slechts gaat gebeuren. Misschien hebben ze een ziekte, zelfs in het verleden. Soms kijk ik in het verleden, of ze erg slechte dingen hebben gedaan.

J: *En hoe ziet het goede eruit?*

A: Het gloeit, alsof de persoon in helder zonlicht staat. Een prachtig gezicht.

J: *Zijn er verschillende kleuren?*

A: Heel veel kleuren. Zoveel kleuren als de regenboog en meer. Prachtig gezicht.

J: *Weet je of de verschillende kleuren, verschillende betekenissen hebben?*

A: Er zijn momenten, dat ik zie dat ze verschillende dingen betekenen. Soms kan ik precies zeggen wat het is. Andere momenten twijfel ik, nieuwsgierig. En dan kan ik kijken en het afwachten.

J: *Nou, je moeder en die andere dames zouden naar je moeten luisteren. Ze zouden nog wat kunnen leren.*

A: Ze bidden allemaal voor mij. Ze bidden dat ik snel deze vloek op mijn geest kwijtraak.

J: *Okay, Sarah en dit is het jaar 1718?*

A: Dit is het jaar 1718.

J: *Ik ga tot drie tellen en dan gaan we terug naar het jaar 1700.*

Toen ze was teruggebracht naar dat jaar, werd ze weer een geest. Deze episodes zullen in een apart hoofdstuk worden behandeld. In een opvolgende sessie, raakt Johnny weer even kort de jaren 1770 aan. Deze techniek werd diverse keren gebruikt, min of meer om te controleren op inconsistenties. Maar elke persoonlijkheid kwam altijd zeer duidelijk door. Anita wisselde direct van de ene naar de andere, alsof er geen interruptie was geweest, zelfs na enkele weken. Dit volgende deel was van de jaren 1770, toen haar werd gevraagd: "Wat ben je aan het doen?"

A: Nou... ik sliep!
J: Ben je net wakker geworden?
A: Dat moet wel... ik voel me raar... net wakker geworden... het zal een mooie dag worden.
J: Is de zon al op?
A: Ja de zon staat daar. Ziet er mooi uit... ik hou van de ochtend.
J: Welke tijd van het jaar is het?
A: Het is in de lente. Het zal een mooie, heldere dag worden. Ik zet mijn bed altijd naar het westen, zodat ik uit mijn oostelijke raam kan kijken.
J: Hoe heet je?
A: Ik heet Sarah.
J: Wat is je achternaam, Sarah?
A: Breadwell. Sarah Breadwell.
J: En hoe oud ben je, Sarah?
A: Oh, ik begin al daar te komen nu, daar te komen... ziek.
J: Ben je getrouwd?
A: Ja, getrouwd.
J: Waar is je echtgenoot?
A: Nou, hij kwam niet thuis gisteren. Hij is gaan dokteren.
J: Was iemand ziek?
A: Kregen een baby. Hadden het er moeilijk mee. Vroedvrouw kwam achter hem aan. Gok dat hij de nacht daar heeft doorgebracht. Hij houdt er niet van om in het donker terug te rijden. Zijn ogen zijn niet meer, wat ze geweest zijn.
J: En natuurlijk zou het paard kunnen struikelen en vallen.
A: Ja, dat is waar. Tuurlijk kent hij de wegen verschrikkelijk goed en het paard inmiddels ook.

J: *Hoe lang is je man al weg?*
A: Oh, hij vertrok gisteravond rond... oh, net voor het donker. Zat daar op de veranda te praten en ze kwamen aanrijden en vroegen naar hem. Hij gaat altijd, hij krijgt zelden met contant geld betaald. Maar hij houdt ervan mensen te helpen. Soms geven ze hem wat mais, of wat ze maar hebben. Dit jonge meisje, we kenden haar familie en ik weet dat hij het rot vindt voor haar.
J: *Wat ga je vandaag doen?*
A: Ik denk dat ik een tijdje buiten ga zitten. Ik zal al snel weer makkelijker kunnen opstaan en rondlopen. Heup kan je niet altijd tegenhouden.
J: *Heb jij je heup bezeerd?*
A: Nou, ik ben die ene keer gevallen, weet je, daar bij de kelder. Heb het verdomde ding gebroken. Het duurt al een lange tijd om goed te helen. Moet in bed blijven liggen. Zou er wel gek van kunnen worden, zo lang in dat bed te moeten liggen.
J: *Ja, dat is het moeilijkste deel van ziek zien, in bed liggen.*
A: Nu het gestopt is met zo hevig steken en pijn doen, wil ik eruit. Maar wanneer je beweegt, doet het pijn. Ik ben er bang voor, dat het nu stijf gaat worden voor me. Ik wil opstaan en meer bewegen en het niet stijf laten worden.
J: *Natuurlijk. Heb je kinderen, Sarah?*
A: Heb er twee.
J: *Waar zijn ze?*
A: Oh, ze zijn weg. Weet je, ze zijn getrouwd en blijven hier niet de hele tijd.
J: *Wonen ze ver weg?*
A: Nee, niet wijd. [fur]
J: *Hoe heet de stad, Sarah?*
A: Ik geloof dat ze het Bostonia noemen. Dat is wat ze het willen noemen, geloof ik.
J: *Hoe noemde je het, toen je hier voor het eerst kwam?*
A: Nou, toen we hier voor het eerst kwamen, noemden we het niet zo. In het begin was het alleen maar een kruising op Post Road. Die weg liep helemaal van... ik geloof dat ze zeggen dat het helemaal tot in New York loopt, waar de Nederlanders [Dutchies] wonen.
J: *Dutchies?*
A: Ja, Duits, Nederlands, wonen daar in New York. En ze hebben deze weg aangelegd, hoop verkeer en zo. Jeetje, soms kijk ik uit op de

weg daar en dan zie ik wel zoveel als vier of vijf vreemdelingen op een dag. Dingen zijn aan het groeien. Ze gaan hem door laten lopen tot Philadelphia. Deze weg zal in Philadelphia beginnen en dan helemaal door New York lopen en tot hier. Ik schat zo, dat we aan het staartstuk ervan zitten. Ik heb er nooit over gehoord, dat hij nog verder noord gaat. Ik denk dat ie gewoon tot hier zal komen.

Toen ik probeerde sommige van deze feiten te controleren, liep ik wederom tegen problemen aan. Ik schreef diverse historische verenigingen aan in Boston en kreeg min of meer van elk hetzelfde antwoord. Ze ontvangen te veel informatieverzoeken; daarom konden ze niet per post antwoorden. Hun archieven waren alleen beschikbaar voor onderzoek voor professionele genealogen, die, uiteraard moesten worden betaald. Eén vereniging liet wel weten, dat de term "Bostonia" erg dicht in de buurt kwam van de Latijnse spelling van het woord "Boston" en dat er jarenlang een hoofdweg naar het westen leidde, die bekend stond als de Boston Post Road.

Sommige data kwam van een verrassende bron: één van onze geschiedenisboeken voor kinderen. Een citaat van History of Our United States [Geschiedenis van onze Verenigde Staten], hoofdstuk12, "Oplossen van Transportproblemen": "Paden Werden Wegen. In de vroege koloniale dagen, leken de wouden wel eindeloos. Een persoon die reisde over land, liep op de Indianenpaden. Geleidelijk aan, maakte men deze paden meer toegankelijk of hakte nieuwe paden uit, wijd genoeg voor een persoon om op een paard over te rijden. Aan het einde van de koloniale periode, waren sommige van deze paden wijd genoeg gemaakt voor een ossenwagen of huifkar. Wanneer een reiziger bij een stroom aankwam, moest hij een plek vinden, waar het water ondiep genoeg was om over te steken. In de buurt van steden was er soms iemand ondernemend genoeg om een veerpoint te bedienen. Ook werden soms in de buurt van steden, wegen gebouwd.

Zodoende was in 1760 die ene lange weg, waarover postkoetsen en privékoetsen konden reizen van kolonie naar kolonie, degene die Boston, New York en Philadelphia verbond. In de zomer kon je per postkoets van Boston naar New York reizen, in ongeveer een week en drie dagen later kon je Philadelphia bereiken. Een reis in de winter zou langer duren.

"Als je in 1760 zuidelijk wilde reizen van Philadelphia, dan nam je een kustschip naar Savannah of Charleston. Als je over land ging, dan reed je per paard, want op sommige punten was de 'weg' langs de kust onbegaanbaar."

Je ziet maar, dat de beste informatie van de meest ongebruikelijke bronnen kan komen.

De sessie ging verder, toen Johnny Sarah meenam naar het jaar 1790 en vroeg: "Wat zie je?"

A: Familie.
J: Wat ben je aan het doen?
A: (Haar stem fluisterend) Ik lig in bed.
J: Ben je ziek?
A: Heel erg ziek.

Het leek erop dat Sarah stierf op de rijpe, oude leeftijd van 80, wat behoorlijk oud was voor die periode.

De vreemde gebeurtenis van haar intrede in dit leven en de resulterende psychische begaafdheden, vervaagden klaarblijkelijk na een paar jaar; het werd overduidelijk niet aangemoedigd. In latere jaren, leek haar leven tamelijk normaal.

Zou het kunnen, dat Sarah zulke psychische begaafdheden had, omdat ze geen normale geboorte had gehad, maar het lichaam van het kind was binnengekomen, direct vanuit de geestenwereld? Het lijkt erop, dat een normale geboorte de herinnering aan een vorig leven en de geestwereld afstompt en onderdrukt. Terwijl de focus van het ontwikkelende kind is gericht, op het leren besturen van het lichaam, lopen, praten etc., vervagen de herinneringen verder en komen in de meeste gevallen nooit meer terug, uitgezonderd misschien onder hypnose. Dit geval laat een uitzondering op die regel zien. Het lijkt erop, dat de geestwereld en ons fysieke leven veel complexer zijn, dan we ons ooit kunnen voorstellen.

Het zou nog jaren duren (in de 70-er jaren), voordat Ruth Montgomery de term "inloper" [walk-in] zou bedenken, in haar boek Vreemdelingen Onder Ons [Strangers Among Us]. Deze term is toepasbaar in het geval dat twee zielen van plaats verruilen, om een divers aantal redenen. Maar ten tijde van ons experiment was dit idee nog totaal ongehoord en het hele concept verbaasde ons. "Inlopers" (tezamen met het corresponderende concept van "In Beeld Brengen" [Imaging]) wordt meer in diepte besproken in mijn boek Tussen Dood en Leven [Between Death and Life].

Hoofdstuk 8

Mary in Engeland

Tot aan dit moment was Anita opmerkelijk consistent geweest over haar data en tijden, van June/Carol, Jane tot en met Sarah. Maar door de rest van haar levens heen, begon ze het tijdselement te verwarren. We hebben alleen kunnen inschatten, door de dingen die ze zei, over welk tijdperk ze sprak.

Toen de vierde persoonlijkheid naar voren kwam, waren we schijnbaar de oceaan overgestoken en bevonden we ons nu in Engeland. Ze verscheen ten tonele als een oude vrouw sprekend met een heerlijk Ierse tongval. We stelden vast dat haar naam Mary was en dat ze vlakbij de Schotse grens woonde. Maar opnieuw is het beter om de zaak helder te houden dat we beginnen met de vroegste gebeurtenis die wij hebben van haar leven.

Johnny had haar teruggebracht naar ongeveer tien jaar oud. Onmiddellijk werden haar stem en taalgebruik kinderlijk.

J: *Wat ben je aan het doen, Mary?*
A: Ik rijd in de koets... bekijk mijn patronen... en ben benieuwd waar we gauw zullen aankomen. Het is een lange rit.
J: *Waar ga je heen?*
A: 't Is de stad van... de stad van... Papa! Papa, jij hebt gezegd welke stad, maar ik ben het vergeten. (Pauze, alsof ze luisterde.) Ja hoor? Papa vertelde me 't is Loch. Daar gaan we wonen. Onze spullen zijn meegenomen in de huifkar, en nu komen we zelf.
J: *Waar hebben jullie gewoond?*
A: We woonden in een klein dorp daar aan de kust. Bijna niemand anders daar, dan wij!
J: *Was het ver weg van Loch?*

A: Oh, nee. Misschien als je de lange weg zou nemen. Ik vraag altijd aan mijn papa, mogen we de lange weg nemen? Maar als je er direct naartoe gaat in de koets, dan ben je er in twee uur tijd.
J: *Wat is de naam van dat andere dorp?*
A: Crew.

Ik wist dat Loch de Schotse benaming was voor een meer. Ik keek naar landkaarten om te proberen enige vermelding te vinden van een dorp genaamd Crew. Het enige dat wij konden vinden, was een Crewe in centraal Engeland, wat nog niet zou worden gebouwd tot de jaren 1800 door het ontstaan van de treinrails. Maar bij stom toeval was er een Marine vrouw die in Beeville woonde, die uit Schotland kwam. Ik vroeg haar naar Crew. Ze zei dat er een dorp genaamd Crew bestond aan de Schotse kant en het was zo klein, dat het waarschijnlijk niet op landkaarten zou voorkomen. Ze zei dat het altijd al een klein plaatsje was geweest.

J: *En wat deed je papa in Crew?*
A: Niet best, vrees ik. Maar hier zal hij beter zaken kunnen doen.
J: *Wat voor zaken doet hij?*
A: Een schoenmakerswinkel is wat we zullen hebben.
J: *Was hij een schoenmaker in Crew?*
A: Hij werkt voor een schoenmaker, als leerling.
J: *Ben jij naar school gegaan?*
A: Neen. Mijn moeder, ze leert mij wat ze kan. 't Is niet passend voor een vrouw om te veel te weten. Mijn papa zegt dat ze ontevreden worden met het lot van een vrouw als ze net als een man met hun brein leren. Het is onnatuurlijk.

Hier maakte Johnny even een onverwachte uiting van chauvinisme, door op te merken (zelfvoldaan, vond ik): "Je papa is heel erg slim!" Mary ging verder:

A: Papa leerde zijn vak en ik vroeg of ik naar school mocht gaan om een vak te leren en hij lachte naar me. Hij zei dat hij genoeg geld zou verdienen voor ons allemaal. Ik zou moeten leren om een dame te worden en dingen te leren die een dame doet. Jawel, en ik zou niet moeten proberen, om een man te zijn. Het bederft het brein, het gaat tegen de natuur in. De man moet leren en de vrouw moet thuisblijven. Jawel, 't is veel om te leren, koken en naaien en het huis aan kant te houden. 't Is een zonde en een schande om het niet juist te doen.

De volgende keer dat we Mary aantroffen, was ze ouder en getrouwd.

J: *Wat ben je aan het doen?*
A: Ik wacht op de zon.
J: *Oh, is de zon nog niet op?*
A: Nee.
J: *Hoe lang ben je al wakker?*
A: Al veel vroeger. Ik hou ervan als het is zoals nu, niet donker, niet licht. Gewoon wachten.
J: *Hou je ervan om de zon te zien opkomen 's ochtends? Dat is erg mooi.*
A: Ik hou er echt van.
J: *Wat is je naam?*
A: Mary.
J: *Wat is je achternaam, Mary?*
A: (Lach) Het is Riley.
J: *Ben je getrouwd, Mary?*
A: Dat ben ik.
J: *Hoe lang ben je al getrouwd?*
A: Al een hele tijd ... vele jaren.
J: *En wat doet je echtgenoot?*
A: Hij maakt schoenen. En laarzen en slippers.
J: *Hoe oud ben je, Mary?*
A: Ik ... me dunkt dat ik bijna 40 ben ... Ik denk dat ik 40 ben.
J: *Hoeveel kinderen heb je?*
A: Eén; ik heb een dochter.
J: *Hoe heet zij?*
A: Ik heb haar Mary genoemd.
J: *Naar jou?*
A: Naar de Heilige Mary [Maria] – moge de Maagd haar altijd beschermen.
J: *Eens kijken, je huis ... in welke stad is het?*
A: Loch.
J: *Hoelang woon je al in Loch?*

A: Bijna mijn hele leven. Ik kwam hier als een klein meisje.
J: (Hij wist dat Loch 'meer' betekende) Woon je vlakbij het water?
A: Redelijk dichtbij. Je kunt het zien vanuit het dorp. Het dorp is vlakbij het water gebouwd.
J: Oh dus je woont echt in het dorp.
A: Een beetje aan de rand, maar in het dorp.
J: Eens kijken, je bent in Engeland, toch?
A: Jawel, Engeland.
J: Wie is de koning?
A: We hebben een koningin.
J: Wat is haar naam?
A: Mary.

Dit was het enig feit dat ze opnoemde, dat een mogelijke datering kon opleveren. Onderzoek wees uit dat er een Koningin Mary de Eerste was (Mary Tudor) ook wel genaamd Bloody Mary, welke regeerde van 1553 tot 1558. Deze Mary was de dochter van Henry de 8e; derhalve de halfzuster van Elizabeth de Eerste. De naam "bloody" [bloederig] was aan haar gegeven door de Protestanten, omdat Mary had geprobeerd de Romeins Katholieke (Pauselijke) kerk opnieuw in te stellen als de Engelse staatskerk, zelfs als dat een oorlog zou betekenen. Ongeveer 300 Protestanten werden 'gemarteld' gedurende deze tijd. Er was ook een gezamenlijke regering door Willem de 3e en Mary de 2e van 1689 tot 1694. Het zou één van deze beide heersers geweest kunnen zijn.

J: Heb je Koningin Mary ooit gezien?
A: Ik ben er nooit geweest; het is te ver.
J: Waar woont ze?
A: In het zuiden van het land. Ik heb gehoord, dat ze hier soms naartoe komt, naar een kasteel in de buurt van hier. Maar ik heb haar nooit gezien.

Onderzoek wees uit dat Balmoral Castle [Kasteel van Balmoral] in de bossen van Aberdeenshire in de Schotse Hooglanden, de Schotse residentie is van de regerende monarch van Groot-Brittannië. Zou dit het kasteel kunnen zijn, waar ze over sprak?

J: Ze komt waarschijnlijk langs voor een soort zomervakantie?

A: Jawel, het is hier beter dan daar. Ze houdt van het water.
J: *Waar is je echtgenoot vandaag?*
A: Hij is aan het werk.
J: *Heeft hij zijn eigen winkel?*
A: Dat heeft hij, dat heeft hij. Hij moet hard werken, een speciaal paar laarzen. Het moet vandaag af.
J: *Oh, heeft hij de hele nacht doorgewerkt, of is hij vroeg opgestaan en naar zijn werk gegaan?*
A: Hij is kortgeleden vertrokken. Ik heb zijn ontbijt voor hem gemaakt.
J: *Wat had hij voor ontbijt?*
A: Zijn favoriete Schotse pannenkoek, een scone [klein, plat broodje] noemt hij ze. Een klein cakeje dat hij eet en ik maak extra cakes voor de lunch. En je doet er boter, honing, jam op. Ze zijn lekker koud, of warm. Een heel zoete cake. Ik ben een erg goede kok, weet je.
J: *Ja. Slaapt je dochter nog?*
A: Jawel. Ze ziet eruit als een engel. Haar haren – zijn erg zwart. Een mooi kind, mooi. (Ze had een enorme trots in haar stem.)
J: *Hou oud is ze?*
A: Ze zal al snel negen worden, al snel.

We kwamen Mary nog een keer tegen rond dezelfde leeftijd, tijdens een andere sessie.

J: *Wat ben je aan het doen, Mary?*
A: Vegen en schoonmaken en dingen helder aan het oppoetsen. Ik geef een feest.

(Ze klonk gelukkig en opgewonden.)

J: *Echt waar!*
A: Mijn dochters verjaardag.
J: *Hoe oud is ze?*
A: Ze wordt tien.
J: *Hou oud ben jij, Mary?*
A: Oh... (giechelend) ... Ik ben 40. Bijna 40.
J: *Wie komt er op het verjaardagsfeest?*
A: Al haar vrienden die ze kent.

J: *Gaat ze naar school?*
A: Ze gaat naar de school in het dorp hier, een klein dorp, de school is klein. En ze leert goed. Ze is een slim kind. Niet zoals haar moeder! Scherpe blik.
J: *Wat is de naam van haar school?*
A: (Lachend) Loch school. We noemen het niet anders. De priester zegt, ja, soms noemen we het de naam van de kerk, weet je. Ze onderrichten haar daar goed.
J: *Wat is de naam van de kerk?*
A: St. Joseph. Genoemd naar de heilige vader.

Dit was het enige leven, waarin ze sprak als een Katholiek.

J: *Wat ben je aan het maken voor het feest?*
A: IJdelheidjes! Mijn dochter houdt er zoveel van.
J: *(Verwonderd) Wat zijn IJdelheidjes?*
A: Het is een toefje deeg. Het ziet er licht en luchtig uit en je denkt dat het er aan de binnenkant ook zo mooi uitziet. Maar wanneer je het opent het is bijna leeg, hol vanbinnen. Dus noemen we het IJdelheid, opgeblazen met ijdelheid.

Onderzoek in oude kookboeken liet niets zien met deze naam. Persoonlijk denk ik, dat het erg veel wegheeft van een soesje.

A: En ik schenk thee in voor hen, als dames. Ze wil graag, dat het als een damesfeest is.
J: *Ik gok dat alle kleine meisjes graag net doen, alsof ze dames zijn.*
A: Oh, ja. En zij zal de lieftalligste zijn van allemaal. Mooi. Maar als je het niet erg vindt, ik werk graag door, zodat ik niet te laat klaar ben.
J: *Ja, ga vooral verder. Ze zal dit feest de rest van haar leven blijven herinneren.*
A: Jawel, dat hoop ik ook. We hebben zolang op haar gewacht!
J: *Wat ga je haar geven voor haar verjaardag?*
A: Haar vader heeft de mooiste schoenen voor haar gemaakt, en ik heb haar een jurk gemaakt … van fluweel! Ze zal zo trots zijn.
J: *Dat zal ze zeker.*

De laatste keer dat we Mary ontmoetten, was ze een oude vrouw en zei ze dat ze een sjaal aan het breien was.

J: *Dat is een prachtige sjaal, die je daar aan het breien bent.*
A: Jawel, 't is een heldere kleur, het zal mij opfleuren.
J: *Dat is mooi. Mary, je hebt mij je achternaam nog niet verteld.*
A: Ah! Ben je vriendelijk en geïnteresseerd in mij? Zul je mij een wijl bezoeken?
J: *Ja, dat zal ik.*
A: Da's goed. Da's goed. M'n naam is Smythe-Riley. (Haar meisjesnaam was schijnbaar Smythe).
J: *Raak je hier wel eens eenzaam?*
A: Mensen komen langs om mijn breiwerk te kopen. Kleinkinderen komen soms.
J: *Heb je veel kleinkinderen?*
A: Nee, slechts twee. Lief. De bruintjes [brownies] zijn lief.

Er wordt beweerd, dat de Brownies divisie van de Girl Scouts (Padvindsters) zo worden genoemd, omdat oude, Ierse grootmoeders hun kleinkinderen zo noemden.

J: *Eens kijken. Je zei dat je 70 was?*
A: Jawel. 't Is oud, maar een goed leven dat ik heb gehad. Ik wacht nu, mijn gezondheid is niet best. Als ik niet te veel beweeg, dan doen mijn voeten geen pijn. Mijn vingers masseer ik. Ik kan goed breien. 't Is fijn om iets goeds te doen. De geest, de geest is waar we oud worden.
J: *En waar is dit huisje, Mary? In welke plaats zijn we?*
A: (Lachend), Wat, we zijn in Engeland! Ge kunt de Schotse kust zien.
J: *Wat is de naam van het dorp?*
A: We wonen aan de rand van het dorp; het is genaamd Loch.
J: *Is het een groot dorp?*
A: Oh… wat noem je groot? Niet zoals Londen. Ik heb gehoord dat Londen groot is.
J: *Ben je wel eens in Londen geweest?*
A: Nee, nooit. Ik ben wel eens het water overgestoken naar Schotland, ik ben het water eens overgestoken naar Ierland, maar ik ben nog nooit naar Londen geweest, of een andere grote stad. Ik ben een simpel meisje, simpel leven.

J: Ben je Engels, Schots, Iers, of wat?
A: Ik ben hier geboren. Ik spreek net als mijn echtgenoot, na jarenlang met hem te hebben samengewoond. Hij was half... half Iers was ie; half Schots was ie. Een goede man. (Dat verklaart de Ierse tongval).
J: Wat voor soort werk deed je man?
A: Hij werkte hier in het dorp; hij maakte schoenen; hij was een schoenmaker. Hij maakte laarzen en ook schoenen voor dames. De beste. Hij maakte dit paar dat ik nu draag. Ik zorg er goed voor. Het is het laatst paar, dat hij ooit heeft gemaakt.
J: Hoe heette je echtgenoot?
A: Thomas. Thomas Riley. Een goede man.
J: Hoe lang geleden is Thomas overleden?
A: Bijna 20 jaar nu.

Ze moeten wel veel betere schoenen hebben gemaakt in die dagen, dat ze 20 jaar meegingen. Maar ze was ook een vrouw, die duidelijk niet veel meer bewoog.

J: Hoeveel kinderen heb je gehad, Mary?
A: Eén heeft het maar overleefd. Het heeft arme Thomas veel verdriet veroorzaakt; hij had graag een grotere familie gehad. Mijn baby's zijn gestorven, voordat ze begonnen. Slechts één keer heb ik een kind gedragen. De volledige termijn. Ik heb haar Mary genoemd.

Het leek erop dat Mary een lange tijd in dit Engelse leven heeft geleefd en blijkbaar gelukkig was. Er leek geen verband te bestaan met Anita's huidige leven, behalve het feit dat ze nu Katholiek was en dat haar kinderen naar een Katholieke school gingen.

Hoofdstuk 9

Sterke Gretchen

Ik ging ervan uit dat tegen de tijd dat we zo diep in de regressies kwamen, dat er niks meer over zou blijven, om ons te verrassen. Maar elke sessie bevatte iets fris en nieuws om onze geest te stimuleren.

Het volgende deel vond plaats, toen Anita werd teruggebracht naar een tijd, vlak voordat ze was geboren in het leven als de lieve en milde Mary in Engeland. Dit was natuurlijk een geest-staat, maar wat ze ons vertelde was verwarrend. Ze sprak over een vreemde, nieuwe plaats die ze nog niet eerder had vermeld, een plaats die anders klonk dan de geestenwereld waar we haar normaal gesproken aantroffen.

J: *Okay, Mary: het is ver terug daar. Wat zie je?*
A: Het is zwart, zwart. Het zal gauw lichter worden.
J: *Wat is het ... nacht?*
A: Het was nacht, het is het ochtendgloren.
J: *Wat ben je aan het doen?*
A: Ik ben voor de allereerste keer op deze plek. Mijn geest heeft gerust – honderden jaren.
J: *Welke plaats is dit?*
A: Engeland, denk ik. En ik ben nu klaar – om mijn reeks te beginnen.
J: *Welke reeks?*
A: Mijn lessen. Mijn ziel moet worden gereinigd en ik moet leren. Ik zal de stappen doorlopen, als ik mijn stem het mij zal horen vertellen. En elke keer zal ik iets anders leren, iets nieuws. Ieder zal leren. Ik zal beginnen: ik zal observeren en toekijken.
J: *Waar ben je geweest?*
A: Ik heb gerust, vele jaren... honderden, zo lijkt het. Rusten.
J: *Waar rust je?*
A: Boven de Aarde, boven alles. Geen gevoelens, vibraties, of kleur. Wanneer je rust, ben je volkomen vredig.

J: *Maar je bent niet op de Aarde?*
A: Weg. Ik heb gehoord, dat er hier problemen zijn.
J: *Op Aarde?*
A: Altijd problemen, arme zielen. Gezonden vanuit vrede naar de aarde. Voordat we terug kunnen komen, zullen we leren.
J: *Je gaat naar de Aarde om lessen te leren?*
A: Ja, ik moet leren.
J: *Heb je lang gerust?*
A: Een lange, lange tijd.
J: *Waarom? Was je geest moe?*
A: Het heeft veel geweld meegemaakt. Veel geweld en mijn geest was verscheurd en gewond. Ik moest rusten. 't Was hier, maar ik sprak niet deze taal. Maar nu spreek ik met jou. Ik herinner een deel ... maar om volledig uitgerust te zijn, zou ik niks moeten herinneren. De stem vertelt mij, dat als het tijdstip dichterbij komt, dat ik meer en meer zal vergeten. Ik mag niks herinneren. Het zou invloed hebben op mijn taal, mijn ... het zou alles beïnvloeden, mijn denken, mijn leren. Ik mag mijn verleden niet herinneren. De geest komt leeg binnen, zonder kennis. En uitgerust ga je het lichaam binnen ... en dan begin je. Je begint.

Dit was verwarrend. Om vragen te kunnen stellen en de sessie terug te brengen naar iets dat we zouden kunnen begrijpen, probeerde Johnny haar te oriënteren naar een tijd of jaar.

J: *Laten we eens kijken ... je zegt dat je honderden jaren hebt gerust. Ik ga tot drie tellen en dan gaan we 100 jaar terug. Je zult in staat zijn om met mij te spreken, in de taal die ik spreek. Vertel me, wat ben je aan het doen?*
A: Voorbereiden. Rusten.
J: *En waar ben je aan het rusten?*
A: Er is geen naam ... er is geen naam die we ervoor hebben. We zijn hier; we zijn samen.
J: *We? Zijn er veel van jullie?*
A: Vele geesten, velen en we rusten. Soms mag je even heel snel terug, vertellen ze mij. Als iets wat je gedaan hebt, heel erg slecht is, wil je teruggaan voordat de herinnering volledig is uitgewist. En je probeert om niet dezelfde fouten te maken, anders ben je gedoemd

om vaker en vaker terug te komen. Het is beter om te rusten en te vergeten.

J: Okay. Ik ga tot drie tellen en dan gaan we nog 100 jaar verder terug. Wat ben je nu aan het doen?
A: Ik begin te rusten.

Ze was net met haar rusttijd begonnen in deze mysterieuze rustplaats? Hoever terug was het leven hiervoor? We zouden terug blijven gaan totdat we erachter zouden komen.

J: Okay. Ik ga tot drie tellen en dan gaan we terug naar het jaar 1300. Je zult in staat zijn om met mij te praten in de taal die ik spreek. Wat ben je aan het doen?
A: Ik tref voorbereidingen voor het feestmaal.
J: Waar is het feestmaal voor?
A: Het feestmaal is voor de grote vakantie. Er zal een feestmaal zijn, wanneer de mannen terugkeren.
J: Waar zijn de mannen?
A: Vertrokken naar de oorlog. We zijn overwinnend – wij verliezen niet.

Deze persoonlijkheid was zeer dominant en wilskrachtig.

J: Wie ben je?
A: Neem mij niet kwalijk? Ik begrijp … je vraag … niet

Iedereen die een buitenlandse taal heeft geleerd, zal begrijpen wat hier gebeurt. Johnny vroeg haar, om in het Engels te spreken. Om te vertalen van de ene taal naar de andere, moet je de woordvolgorde omdraaien in je hoofd. Klaarblijkelijk, begreep zij de vraag niet, omdat ze in een andere taal dacht.

J: Oh… wat is je naam?
A: Mijn naam? Gretchen.
J: Gretchen. En heb je een achternaam?
A: Ik word genoemd bij mijn vadersnaam – Müller.
J: Gretchen Müller. En waar ben je? In welk land ben je?
A: Je kent mijn land als Duitsland. Het zal Duitsland worden.
J: Hoe noem jij het?

A: In de taal die je mij vraagt te spreken, noem ik het Germany.
J: *Vertel mij, hoe je jouw land noemt in je eigen taal?*
A: Deutschland. (Ze sprak het anders uit – Do-sch-land). Het accent lag op de laatste lettergreep.) Ik ben je moederland.

Ik dacht dat het altijd vaderland werd genoemd, of is dat alleen in moderne tijden?

J: *En de mannen zijn ten strijde getrokken? Waar zijn ze aan het vechten?*
A: Zij vechten tegen het kasteel beneden aan de Rijn. En we winnen; onze mannen zijn sterk en talrijk.
J: *Hoeveel mannen heb je daar in jullie kasteel?*
A: Zijn er ... bijna honderd, zou ik denken. Veel mannen.
J: *En jouw vader, is hij ook vertrokken, aan het vechten nu?*
A: Mijn vader is vertrokken. Mijn oom, alle mannen, de bedienden, de kamerheer, zij vechten voor gemeenschappelijke bescherming. We zullen niet worden verslagen; wij zijn sterk.
J: *Gretchen, wat doet je vader in het kasteel wanneer hij hier is en niet aan het vechten is?*
A: Hij doet de dingen die alle mannen doen. Hij helpt zijn broer. Zijn broer is eigenaar van dit kasteel en het is van de familie. We wonen hier allemaal – de familie.
J: *En het is het kasteel van de broer van je vader ...*
A: Mijn oom. Wilhelm. Sterke Wilhelm Müller.
J: *En ze zijn vertrokken naar dat andere kasteel om te vechten. Zijn ze hier naartoe gekomen, om een gevecht te beginnen?*
A: (Verontwaardigd) Ze probeerden land af te pakken, dat van ons was! Al ons land is natuurlijk niet binnen ons kasteel. We leven weliswaar samen, dicht bij elkaar, maar ons land is rondom ons. Ze hebben geprobeerd wat van ons land af te pakken! Eerst waren zij er aan het jagen, daarna probeerden ze zelfs een paar dingen te planten op ons land. En dat ging te ver. Hiervoor, moet er oorlog worden gevoerd, zegt mijn oom.
J: *Vertel eens, hoe oud ben je Gretchen?*
A: Bijna de leeftijd om te trouwen.
J: *Zul je gaan trouwen?*

A: Wanneer mijn oom en mijn vader instemmen, en er een geschikte man is gevonden in ons land, met geschikte bezittingen, zal ik trouwen.
J: *Kijk je ernaar uit om te gaan trouwen?*
A: Alle vrouwen zullen moeten trouwen, sterke zoons krijgen. We zijn een sterk volk, we zullen nooit worden overwonnen, wij zijn het sterkst. Wij zijn sterk van geest, lichaam en verstand en zulke kinderen zal ik krijgen wanneer ik trouw. De sterksten. Wij vechten met andere kastelen in de buurt, maar we winnen altijd. Geen kasteel zal het onze krijgen.

Het leek erop dat het idee van een sterk Duits ras vele eeuwen terug te voeren was. Het moet aangeboren zijn bij de mensen.

J: *En dat van jullie is een groot kasteel?*
A: Dat is het, voor een kasteel is het groot. We bevatten vele families; er zijn veel stallen. Het is een groot terrein. De muren zijn dik en hoog.
J: *En jouw leeftijd nu, hoeveel jaren zijn voorbijgegaan, sinds je bent geboren?*
A: Achttien, vertellen ze mij, geloof ik. Het is niet hetzelfde, zie je; een moeder zou dit soort dingen bijhouden. Mijn vader kan niet met zulks worden lastiggevallen. Hij is druk, hij werkt hard.

Johnny hoopte, dat hij haar wat Duits kon laten spreken. Ook al zouden we haar niet kunnen verstaan, dan zouden we tenminste iets hebben opgenomen. Hij dacht, dat iemand anders het misschien zou kunnen vertalen.

J: *Wat ik graag van jou zou willen, Gretchen, is dat je tegen mij praat in je eigen taal. Vertel mij van alles over het kasteel. Beschrijf hoe groot het is, hoeveel mensen er leven, en gewoon wat jullie daar doen – in je eigen taal.*
A: Hoe zou je mij kunnen begrijpen?
J: *Nou... ik ga jouw taal leren.*
A: (Boos) Ik heb geen tijd om het je te leren. Ik moet mij bezighouden met het feestmaal. Ik kan wel een tijdje met je praten, maar ik heb geen tijd, om je de taal te leren.

J: *(Verbaasd) Oh, nou, ik ... iemand anders zal het mij leren. Ik wil alleen maar, dat je mij een paar woorden geeft in jouw taal.*
A: Ik zal je de vriendelijkste woorden geven in heel mijn taal, in elke taal, woorden die je al kent. Ich liebe dich (ik hou van jou). Je kunt ze in elke taal zeggen, ze zijn altijd aardig.
J: *En hoe noem je in jouw taal het kasteel?*
A: (Ongeduldig) Mijn kasteel? Het kasteel van mijn oom. Het heet Müller, het kasteel van Sterke Müller.
J: *En in jouw taal, heet het dan ook "kasteel"?*
A: (Scherp) Je wilt dat ik het je leer, en ik heb geen tijd, dat zeg ik je! (Ze had nogal een humeur.)
J: *Het spijt mij, Gertrude ... Gretchen.*

Dat maakte haar echt kwaad. Ze begon te schreeuwen.

A: Je kunt mijn naam niet onthouden; je kunt de taal niet onthouden. Kun je mij nu herhalen wat ik tegen je heb gezegd in mijn taal?

Johnny deed een armzalige poging om "Ich liebe dich" uit te spreken.

A: (Ze kalmeerde.) Jouw accent is slechter dan het mijne en ik heb een boers accent.
J: *(Lachte) Nou, we moeten het allemaal leren, het kost tijd. (Hij besloot om het onderwerp te veranderen.) Wat ben je aan het maken voor het feestmaal?*
A: Het hert aan het bereiden. Hertenvlees.
J: *Hou je van hert?*
A: De mannen houden van vlees, we serveren vlees. Sterke mannen, sterk voedsel. We eten wat we verbouwen, we eten wat we vangen en we zullen allemaal sterk zijn. Sterk zijn, is alles. Belangrijkste van alles. Je moet erg sterk zijn, om te overleven, te leven.

We waren dus voorgesteld aan een andere persoonlijkheid, één die duidelijk het exacte tegenovergestelde was van de schuchtere, milde Mary. Deze Duitse meid had pit.

We besloten om in de sessie van de week erop na te gaan, of we konden ontdekken wat haar was overkomen, dat zo gewelddadig was, dat ze zo lang in de rustplaats had moeten verblijven. Het idee was een beetje verontrustend voor Anita, omdat ze een grote afkeer had van elke soort van geweld. Ze was er bang voor, dat het geweld iets persoonlijks zou kunnen zijn en maakte zich er druk om dat het traumatisch zou kunnen zijn, om er doorheen te gaan. Ze was bereid de regressie te ondergaan, maar het zat haar nog steeds dwars.

Toen Johnny de hypnose begon, werd Anita geïrriteerd en stribbelde tegen. Dit was de enige keer, dat ze ertegen vocht om te worden gehypnotiseerd. Het was alsof een deel van haar wist, dat we in de buurt kwamen van iets ondragelijks, dat al lange tijd was onderdrukt. Maar ze was geconditioneerd door vele weken werken onder hypnose, zodat ze na een kort moment ontspande en in de bekende diepe staat van trans gleed.

Johnny had haar verteld, dat hij zijn best zou doen om haar door de ervaring heen te loodsen met zo min mogelijk trauma. Anita had een groot vertrouwen in hem ontwikkeld, zoals duidelijk zal worden gedurende deze sessie.

Aangezien alles erop wees, dat Gretchen leefde in de vroege jaren van 1300, bracht Johnny haar naar die tijdsperiode en vroeg: "Wat ben je aan het doen?"

A: Naaien. Ik maak een sjaal.
J: *Hoe oud ben je?*
A: Ik weet het niet zeker.
J: *Wat is je naam?*
A: Gretchen.
J: *Waar woon je, Gretchen?*
A: Bij mijn vader.
J: *Is het een mooie dag buiten?*
A: Nee, het regent ... het regent erg hard.
J: *Waar is je moeder?*
A: Ze is al heel lang dood.

Dit verklaarde de reden, dat zij in een andere sessie had gezegd dat ze niet wist hoe oud ze was, omdat een moeder dat soort dingen bijhield.

J: *Oh, dus je hebt voor jezelf gezorgd dan?*
A: Mijn vader, hij zorgt voor me.
J: *Ga je naar school, Gretchen?*

A: Wat?
J: *Ik vroeg, ga je naar school?*
A: Nee ... wat is dat?
J: *Oh, je weet, waar je ze nieuwe dingen leren en hoe je verschillende dingen moet doen.*
A: (Verdedigend) Ik krijg dingen geleerd. Mijn tante, mijn vader, de vrouwen hier, leren me dingen. Ik weet hoe ik dingen moet doen.
J: *En waar woon je, Gretchen?*
A: Bij mijn oom, mijn tante, mijn vader, wat er over is van onze familie.
J: *Heb je een groot huis?*
A: Een huis? Een kasteel, een thuis, een plaats om te wonen.
J: *Heb je een kasteel?*

Zoals altijd was enige herhaling noodzakelijk, om te controleren of ze dezelfde dingen zou zeggen.

A: Zo noemen we dat. Heel groot.
J: *Hoeveel mensen wonen er in jullie kasteel, Gretchen?*
A: Binnen de muren?
J: *Ja. Er zijn er toch wel meer dan alleen jijzelf, je tante en oom en je vader?*
A: Oh ja, ja. De familie van mijn oom, bedienden, mensen die op het land werken. Ze komen hier; we hebben er ongeveer honderd, alles bij elkaar. Sommigen zijn niet de hele tijd hier.
J: *Verbouwen jullie je voedsel buiten de kasteelmuren?*
A: Degenen die eten, werken, degenen die niet werken, eten niet!
J: *Werk je buiten in de [moes-]tuin?*
A: Nee! Ik kook, ik naai. Ik werk niet buiten.
J: *Wie doet al het werk op het land?*
A: De boeren. Een deel van het voedsel verbouwen we hier, maar niet alles. Het is niet veilig buiten de muren.
J: *Waarom is het niet veilig, Gretchen?*
A: Ze nemen je mee, als ze je zien.
J: *Wie neemt je mee?*
A: Van het volgende kasteel. Langs de Rijn, het volgende kasteel. We vechten de hele tijd, de hele tijd.
J: *In welk land leef je?*
A: Duitsland. Het is Duitsland.

J: *Is dat hoe je het noemt?*
A: Het zal Duitsland worden.
J: *Is het nu niet Duitsland, dan?*
A: Mijn vader zegt dat het een goede naam is. We zijn geen barbaren. We doden alleen maar om te overleven. We zullen een land zijn, we zullen niet iemand anders' land zijn.
J: *Wie is nu de heerser over jullie land?*
A: Ik weet het niet zeker. De kerk heeft autoriteit over wat we doen. De mannen houden hier niet van – mannen zullen mannen blijven.
J: *Ze houden er niet van dat de kerk hen vertelt wat ze moeten doen?*
A: Niemand zou een man moeten vertellen, wat hij moet doen op zijn eigen land; het is van hemzelf.

Onderzoek wees later uit, dat Duitsland in die tijd nog niet bekend stond onder die naam. Het maakte onderdeel uit van het Heilige Romaanse Rijk. Dus technisch gezien, had de kerk autoriteit over het gehele gebied.

J: *Is er een koning?*
A: Nee – Ik begrijp niet, wat je bedoelt.
J: *Misschien een… wat dacht je van een heerser – een keizer?*
A: Een heerser? We hebben een heerser. Zijn naam is Earl [graaf]. Hij zal de heerser zijn.
J: *Earl. Is dat zijn hele naam?*
A: Dat is het enige, dat ik hem heb horen noemen.
J: *Heerst hij over alle kastelen rondom jullie?*
A: Nee, maar dat gaat wel gebeuren. Hij is een vriend.
J: *Oh, hij zal de heerser worden.*
A: Dat zal hij. Als alle mannen hem willen helpen, dan kan hij de heerser worden. Sommige kastelen verzetten zich hiertegen.
J: *Willen ze hem niet als heerser?*
A: Om sterk te zijn, moeten we één leider hebben. Elk kasteel wil zijn eigen leider zijn. We zullen een sterk land zijn, wanneer we één leider hebben.
J: *Okay, Gretchen, laten we eens kijken. Is dit het jaar 1300?*
A: Als jij dat zegt, dan is dat zo. Ik hou de data niet bij.
J: *Oh, hou je de tijd niet bij?*

A: Ik heb er geen belang bij. Alleen wanneer het lente is of herfst. Ik weet welke werkzaamheden we moeten doen in de lente en herfst. Ik hou het meest van de winter.
J: Winter, waarom?
A: Dan is er minder werk. En de mannen blijven thuis.
J: Zijn ze dan niet aan het boeren en jagen?
A: Ze vermoorden elkaar misschien als idioten in de zomer, maar in de winter is het waarschijnlijker dat ze thuisblijven.
J: Okay, Gretchen, ik ga tot drie tellen en dan gaan we vele zomers vooruit, vele winters. (Telt) Wat ben je nu aan het doen?

Zodra Johnny bij het getal "drie" was aangekomen, verstijfde Anita in de stoel, en greep ze de leuning stevig vast. Haar mond was stijf gesloten en haar gezicht uitdagend. Toen ze sprak, was het met opeengeklemde tanden.

A: (Lange pauze) Ik weet niets, ik kan niets vertellen. Ik zal niks vertellen. Het heeft geen zin om het te vragen - Ik zal jullie niet vertellen waar ze zijn!
J: (Verbaasd) Waar is wie?
A: Mijn vader, mijn oom en de mannen.
J: Oh! Wie vraagt je dat?
A: IK GEEF GEEN ANTWOORD!

Dit was een onverwachte wending. Het was duidelijk dat we waren aangekomen bij het deel van haar leven, waar we meer over wilden weten, maar hoe moesten we verder gaan? Hoe moesten we deze blokkade omzeilen? Dit zou enige takt en strategie vergen.

J: Gretchen, is iemand op zoek naar je vader?
A: Je weet waar hij is!
J: Is je vader al lang weg?
A: IK VERTEL HET NIET.   Ik ben niet bang. Ik ben niet bang!
J: Het is in orde, Gretchen. Je kunt het mij vertellen. Wie vraagt jou, waar je vader is?
A: (Opstandig) Hoe weet ik, dat je het niet zult doorvertellen?

Hij probeerde een manier te bedenken, om door te breken en haar vertrouwen terug te winnen.

J: Ik ben je vriend geweest door vele van deze reizen.

Anita kalmeerde zichtbaar een beetje, maar bleef gespannen.

A: Zul je mij helpen hen te zoeken?
J: Ja, ik zal je helpen.

Dit lijkt misschien vreemd om te doen, maar Johnny was bezig zijn eigen richtlijnen uit te vinden. Hij concludeerde dat de enige manier om haar te laten praten, was als hij zou deelnemen in het verhaal. En daarnaast, misschien onbewust, was ze bang om hier alleen doorheen te gaan.

A: Als ze hen vinden, worden ze vermoord!
J: Misschien kunnen we hen waarschuwen.
A: Ik wil het kasteel verlaten, maar mijn tante zegt nee. Iedereen zegt, nee. Maar ik weet waar ze zijn. Ik moet ze waarschuwen. (Ze was erg van streek.)
J: Wie is hier in het kasteel?
A: De mannen van het andere kasteel. Ze kwamen.
J: Hoe zijn ze binnengekomen?
A: We wisten niet wie ze waren, ze kleedden zich anders. De voorste reed op mijn vaders paard. En we lieten hen binnen; en toen ze binnen waren, wisten we dat het niet onze eigen mensen waren. Niet onze mannen die terugkwamen. En ze zijn hier nu al, bijna drie dagen. En ik zal het ze niet vertellen!
J: Nee. Houden ze de poorten in de gaten, zodat we er niet uit kunnen?
A: Ze houden het in de gaten. Ze hebben gezocht, alles overhoopgehaald. Alles, kijken ... maar ze weten niet dat mijn vader hulp is gaan halen. We zullen hulp krijgen uit het noorden. Ik ken het pad. Ik weet het, tussen de bomen. Ik ben er nooit geweest, maar ik weet het; ik heb geluisterd.
J: Hoe snel denk je, dat deze hulp hier kan zijn?
A: Als mijn vader onderweg is, als hij in leven is, kan het hier snel zijn, misschien in één dag. We kunnen snel rijden, we kunnen vannacht uitrijden.
J: Denk je dat we langs hen kunnen komen?

A: We zullen het niet weten, als we het niet proberen. Moeten niet bang zijn; angst tonen is zwak. Ik ben niet bang voor ze, ik zal niet bang zijn.
J: *Hoeveel zijn er naar binnen gereden drie dagen geleden?*
A: Ongeveer … ongeveer … ik kan niet tellen … een paar. Niet genoeg, niet zoveel als al onze mannen, zelfs niet een deel van wat we hebben.
J: *Als al jullie mannen daar zouden zijn, waren ze niet eens binnengekomen.*
A: Niemand zou kunnen komen, als ze hier allemaal waren geweest. Niemand zou binnen kunnen komen. We dachten dat het mijn vader was.
J: *Ik vraag mij af, waar ze zijn paard hebben te pakken hebben gekregen. Misschien was hij afgedwaald.*
A: (Zacht) Dat is waarom ik … vanbinnen… bang ben. Hij hield van dat paard, hij zou het niet laten gaan. Ze moeten het hebben afgepakt. ... Ik ben bang, vanbinnen. (Schreeuwde) Ik ben niet bang … van deze mensen!
J: *Nee. Maar weet je, als ze je vader te pakken hadden gekregen, dan zouden ze nu niet hier zijn om te vragen waar hij is; dan zouden ze dat al weten. Dus ze kunnen het niet weten.*
A: Dat is wat ik mezelf vertel.
J: *Hij moet nog ergens in leven zijn en hulp aan het halen.*
A: Misschien … misschien is hij gewond.
J: *Dat zou kunnen.*
A: Ik moet hem zoeken. Mijn oom kan erdoor zijn gekomen.
J: *Ging je oom samen met je vader?*
A: Hij is kort erna achter hem aangereden. Het zou het veiligst zijn om. Niet samen te reizen. Als één het niet zou halen, dan zou de ander het wel kunnen. (Lange pauze) Zodra het donker is, dan zal ik gaan.
J: *Nou, misschien kun je langs hen heen glippen en zien ze niks.*
A: Ik denk dat ik het kan. Ik kan door de muur gaan.
J: *Hebben jullie een deur waar ze niks van afweten?*
A: Het is niet echt een deur. Er zitten een paar stenen los in de muur. En ik denk dat als ik daarin kan komen… net aan de andere kant van de muur, daar zit het ook los. De muur is niet te dik. Ik kan erdoorheen. Ik heb ze erover horen praten. Het is in de noordelijke hoek.

J: *Misschien kun je buiten een paard vinden, zodat je naar het noorden kunt rijden.*
A: Weet het niet. Ik zal lopen als het moet. Misschien kan ik mijn weg makkelijker vinden als ik loop. Ik weet niet hoelang het mij zal duren. ... ik probeer te denken ... bang. Ze hebben land rondom ons, ze zijn daar misschien. Als ik loop, zou ik kunnen schuilen. Ik zou er doorheen kunnen komen.
J: *Wat hebben die mensen gedaan? Hebben ze dat land rondom het kasteel ingenomen en zijn zo eindelijk in het kasteel gekomen?*
A: Ze hebben de mensen die voor ons werkten, vermoord; hun land afgebrand, hun huis – buiten de muren. En we hebben met ze gevochten, we hebben lang met ze gevochten. Ze zijn sterker geworden dan wij.
J: *Krijgen ze steeds meer hulp?*
A: Dat krijgen ze.
J: *Nou, we zullen hier gewoon blijven wachten, tot het donker wordt buiten.*
A: Je gaat met mij mee!
J: *Ja. (Pauze) Is het al donker aan het worden?*
A: Bijna donker.
J: *Misschien als we het samen doen, krijgen we die stenen eruit.*
A: We moeten het proberen, we moeten het proberen. Ik weet waar ze hier los zitten. Wees voorzichtig om ze terug te leggen, zodat ze niet weten dat we er vandoor zijn.
J: *Ja.*
A: De lucht stinkt ... Het is hier ook donker. Erg donker. ... Schiet op, laten het proberen te vinden aan de andere kant. Duw hard! (Fluisterend) Luister!
J: *(Lange pauze) Wat hoor je?*
A: Ze zijn hierbuiten!

Ik kon haar bijna zien in mijn gedachten, tegen de muur aangedrukt, haar adem inhoudend.

J: *Oh-oh. We zullen moeten wachten.*
A: Kun je ademhalen?
J: *Ik denk het wel; het ruikt behoorlijk slecht hier anders. Denk je dat ze hebben gehoord, dat je probeerde die steen eruit te duwen?*

A: SHHH! (Anita hield letterlijk haar adem enige seconden in.) ... Daar ... ze zijn weg ... Wees voorzichtig. ... Wees heel erg stil. (Fluisterend) Laat het niet vallen!
J: *Jonge, het is pikdonker.*
A: Shhh! Werk ... ik kan er doorheen.
J: *Ga vast vooruit, dan kom ik eraan.*
A: Ik wil niet wachten. ... Ik ga vast vooruit.
J: *Ik kom vlak achter je aan. (Pauze) Kun je het pad vinden?*
A: Moet het halen naar de bomen. ... Ik vertel mijzelf, ik ben niet bang. (Zielig) Ik ben niet bang; Ik ben niet bang. ... Dit moet de weg zijn, de enige plek. (Plotseling) Daar is iemand!

Je kon de angst voelen. Dan duwt Anita zich plotseling terug tegen de rugleuning, grijpt de armleuningen, snakt naar adem alsof ze ineens hevig schrikt.

J: *Wat is er aan de hand?*
A: Ze hebben me gezien. ... Ik dacht dat ze me niet zouden zien, maar dat deden ze wel. Ik moet verder gaan.
J: *Ga maar door.*
A: Ze denken dat ik dood ben.
J: *Wat? ... Hebben ze je te pakken?*
A: Ze sloegen me!
J: *Sloegen je? Waar sloegen ze je mee?*

Onnodig om te zeggen dat we verbaasd waren.

A: Een steen. ... ik bloed, maar ik kan gaan.
J: *Bloed je hevig?*
A: Ik kruip. ... ik zal verder gaan. ... Kijken ze?
J: *Volgens mij niet.*
A: Ik bloed.
J: *Denk je dat je het zult halen?*
A: Mijn lichaam blijft hier. (Lange pauze) Mijn lichaam blijft hier.
J: *Je lichaam blijft daar? Wat ben je aan het doen?*
A: Ik ga gewoon verder.
J: *Je vader zoeken?*
A: Ik moet ze waarschuwen. Dit is vreemd. Ik kijk naar mezelf ... Hoe kan ik op twee plaatsen tegelijk zijn?

J: Dat heb je nog nooit gedaan.
A: Nee, ik heb dit nog nooit gedaan. Ze slepen mijn lichaam terug.
J: Oh, zijn ze gekomen en hebben het meegenomen? Ik dacht dat ze vertrokken waren.
A: Ze hebben gewacht; ze hebben gewoon gewacht.
J: Wat zijn ze nu aan het doen?
A: Ze binden het aan het paard. Ze nemen het mee terug – slepen het terug. Ze gaan ... mij in stukken snijden (Walgend). Recht voor de andere mensen, om ze aan het praten te krijgen. Ik kan het niet voelen ... ik zie het ... (Met afschuw vervuld). ...
J: Maar je bent niet daar.
A: Ik ben het, maar ik ben er niet. Ik ben in de war – heel erg in de war. Ik voel, dat ik verder kan gaan. Ik moet mijn vader waarschuwen. Er moet hier snel hulp komen. Alles is nu licht. Ik kan zien. Ik kan zien.
J: Je weet, dat ze je nu niet kunnen zien.
A: Nee, ze hebben me niet gezien, of wel? Ik stond erbij en keek naar hen. Ik ... Ik weet niet wat dit is. Ze hadden mij verteld, dat als je doodgaat, dat je in de grond blijft, totdat God je laat opstaan.
J: Nu weet je dat het anders gaat.
A: Het is heel verwarrend. Ik beweeg sneller nu, zie je wel? We komen bij het kasteel. ... Ik heb mijn vader nergens gezien.
J: Is dit het kasteel waar hij naartoe ging?
A: Zijn vriend, zijn bondgenoot, een ridder.
J: Wat is zijn naam?
A: Earl. [Graaf]
J: Oh, dit is Earl, degene die de heerser zou worden?
A: Ik denk niet dat hij dat ooit nog zal worden.
J: Waarom?
A: Ze zullen een tijd lang gaan verliezen. Het zal een lange tijd duren voordat... ze horen mij niet kloppen!
J: Je kunt gewoon zo naar binnen gaan.
A: Door de poort?
J: Recht door de muur. Heb je dat geprobeerd?
A: Nee, dat heb ik nog nooit geprobeerd.
J: Kijk maar hoe het werkt. (Pauze) Heeft de muur je tegengehouden?
A: Nee. Het heeft jou ook niet tegengehouden, toch? Laten we gaan! Er is hier niemand binnen de poort, die mij kan horen. We gaan gewoon van de ene kamer naar de andere. Ze antwoorden niet.

Het lijkt alsof ik ren ... maar zo beweeg ik niet. Heel snel. Ik denk dat dit hem is.

J: *Zie je hem?*
A: Ja. Hij slaapt. Hij is gewond.
J: *Zo moeten ze zijn paard te pakken hebben gekregen.*
A: Hij is gewond, en ze proberen hem hier te helpen. Hij hoort mij ook niet. (Gefrustreerd) Hoe kan ik hem wakker maken? Hoe kan ik hem wakker maken/ Wat? ... Ik kan hem niet wakker schudden. Ik probeer hem aan te raken en ik beweeg hem niet als ik hem aanraak. Hij kan mij niet voelen. Ik zal iets naar hem gooien. Hier is zijn laars.
J: *Kun je die oppakken?*
A: Ja.
J: *Is er iemand anders in de kamer?*
A: Nee. Hij is hier alleen. Daar! Hij beweegt! Hij roept.
J: *Wat zie hij?*
A: Hij schreeuwt om hulp.
J: *Hij weet waarschijnlijk niet, wat hem wakker heeft gemaakt.*
A: Ik gooi meer dingen. Dingen vliegen overal in het rond, en hij weet niet wat het is.
J: *Nou, ik denk dat hij in de war is.*
A: Hier komen ze. Ik zal het nog een keer proberen. Ze vertellen hem dat het een duivel is, die deze dingen doet.
J: *Kun je zien, hoe erg hij verwond is?*
A: Hij is niet zo erg gewond als ze denken. Daar! Dat is goed; dat is goed! Denk ... Denk ... Ja.
J: *Heb je de gedachte aan hem kunnen overbrengen?*
A: Ja. Hij vertelt hen dat hij terug moet gaan, maar ze zijn bang om hem te laten gaan. Hij zegt hen, dat ze met hem mee moeten komen. Ze zijn bang om te gaan.
J: *Ze willen hem niet helpen?*
A: Ze zeggen hem te wachten tot de ochtend. Ze denken dat het door zijn koorts komt. Hij heeft nu het gevoel, dat ik probeer hem te bereiken. Hij denkt aan mij; hij is bezorgd om mij. En terwijl hij aan mij denkt, kan ik het hem vertellen. Hij hoort mijn stem niet, maar hij kan mij horen in zijn gedachten. Hij zegt, dat hij moet gaan. Ze zullen met hem meegaan. Wanneer hij opstaat om te gaan, zullen ze met hem meegaan. Ik ben nu zwakker. Ik weet niet ...

J: *Wat denk je dat je nu zult doen?*
A: Ik heb hem gewaarschuwd. ... Ik wil teruggaan en kijken.
J: *Kijken wat er gebeurd is in het kasteel? Ga je terug?*
A: Ik ga terug. Ik wil weten wat er met mij is gebeurd.
J: *Wat ze gedaan hebben toen we weggingen?*
A: Ze gingen mij in stukken hakken. Ze spraken erover – ik hoorde ze. Ze zouden mijn hoofd afhakken en het op de poort plaatsen, binnen, om iedereen te laten zien. Een deel van mij in elk deel van het kasteel. Ze laten hen mij niet begraven. (Met afschuw vervuld) Dit is niet juist! (Haar hoofdschuddend) Nee, dit is niet juist ... ik zie dat ze het doen!
J: *Ben je nu in het kasteel?*
A: Mijn arme tante wordt gek. Een vrouw schreeuwt, huilt ... ze vermoorden haar! (Snikkend) Wees moedig, vertel het niet! Ik heb mijn vader bang gemaakt, misschien kan ik hen ook bang maken! Ik wacht tot de leider in de kamer is en daar gaat hij. Ik zal zijn zwaard oppakken en het weggooien. Ha! Hij is nu niet zo dapper meer.
J: *Heeft dat hen afgeschrikt?*
A: Hij is geschokt, hij is heel erg geschokt hierdoor. Ik raap het op en gooi het telkens opnieuw weg. Hij probeert ze te vertellen, dat het kasteel behekst is. Ik gooide zijn zwaard zo hard, dat het een deuk in zijn helm maakte. Hij is aan het huilen; hij is zo bang!
J: *Waarom gaan ze niet weg?*
A: Wat moet ik doen? De mannen luisteren niet naar hem. Wanneer zij komen, ligt het zwaard op de vloer en hou ik mij heel erg stil. Zodra ze vertrekken, laat ik het weer bewegen. Ik hoef het niet te gooien. Ik kan zeggen dat het moet bewegen en dan doet het dat. Het danst nu voor hem en hij reikt ernaar uit. (Lach) Nu, ik zal het hem laten grijpen. Ik zal hem geen pijn doen... ik hem zichzelf pijn doen. Zie! Ze denken dat hij het zichzelf heeft aangedaan. Hij greep zo hard, bang dat het zou bewegen. Het sneed door zijn hand. De leiders – ze zullen de leiders worden – ze denken dat hij gek is geworden. Ze laten hem gewoon bloeden. Ze gaan niet eens proberen hem te helpen. Ze brengen hem weg van hier. Ze willen niet dat de mensen weten dat hij dit heeft gedaan.
J: *Waar brengen ze hem heen?*
A: De muur! Ze wisten hier de hele tijd al van!
J: *Oh, de opening in de muur?*

A: Ze gaan hem daar inmetselen, levend. Ze metselen hem daarin.
J: *Misschien kan hij de opening vinden aan de andere kant.*
A: Hij is zwak ... hij zal stikken. Ik ga hem niet helpen. Ik heb één taak te doen – ik moet dit kasteel redden.
J: *Wie is nu de leider?*
A: De twee die hem zagen ruzie maken. Ze zijn allebei bang. Ze zijn geen leiders zoals hij dat was.
J: *Misschien denken zij nog steeds dat het kasteel behekst is.*
A: Ze weten het niet zeker. Het lijkt vreemd. Hij was gewoon normaal en ineens werd hij zomaar gek. En ze zeggen dat het zijn zwakte was, omdat hij de vrouwen hoorde schreeuwen.
J: *Misschien als jij hen overtuigd, nemen ze iedereen mee en vertrekken ze.*
A: Nee, ik ga niet met hen praten. Ze hebben hem geholpen met mij. Ze hebben mijn lichaamsdelen overal in dit kasteel verspreid. En zal ik gaan – Ik ga voor het vuur staan. Ze zien me, ze kijken mij recht aan. Ze zijn met stomheid geslagen. Ze slaan elkaar bijna, om de kamer te verlaten. Waar ze ook gaan, ik volg hen. Niemand kan mij zien, behalve zij – zelfs niet op de binnenplaats. De paarden voelen, dat ik hier ben. De paarden weten, dat er iets vreemds gaande is. Ik aai ze en kalmeer ze. De mannen vertellen de anderen, dat ze zullen uitrijden om mijn vader te gaan zoeken, hen achterlatend zonder leiders. Ze zoeken niet naar mijn vader; ze willen gewoon weg uit het kasteel. Ik ga gewoon met ze mee. Als ik ze naar het noorden kan laten gaan, dan zullen recht naar mijn vaders groep toerijden. Ik sta op de weg die naar het zuiden gaat. ... ze galopperen nu naar het noorden. Waar ze ook maar kijken, zien ze mij. Ik kan ze elke kant op laten gaan, die ik maar wil. Dit is leuk! Het is leuk om dit te doen! Mijn vader, hij zou trots op me zijn, als hij dit wist. (Pauze) Kijk naar ze! Kijk ze daar nou liggen.
J: *Wat is er gebeurd?*
A: Ze zijn van de klif gevallen. Ze galoppeerden de paarden regelrecht van de klif af. Ik heb geen tijd om nu met ze te praten. Ik weet niet of ze dood zijn. Ik ga terug naar het kasteel. Ik ga het kasteel redden, tot mijn vader daar komt. Ik weet niet precies hoe ik dat ga doen; er zijn er nog steeds een paar binnen. Drie zijn er weg. Hé, ik weet het nu. Hiervoor wist ik niet hoeveel mannen hier waren. (Trots) Nu weet ik het!

J: *Hoeveel?*
A: Er zijn hier 14 mannen.
J: *Nog veertien om kwijt te raken?*
A: Ja. Ze hebben alle vrouwen in de grote hal opgesloten. Eén voor één halen ze hen eruit en doden ze hen. Ik praat nu met de eerste, maar ik heb geen tijd om te blijven. Ik vraag dat aan haar. Ze is nieuw, ze weet niet wat het is om een geest te zijn. Ze is bang, net als ik was en ik vertel haar dat ze het wel door zal krijgen. Ik vraag haar om hier te blijven, te praten tegen elke andere vrouw die ze doden. Ik zal in het kasteel blijven. Ik zal in dit kasteel blijven, totdat ze allemaal weg zijn. Ik zal één voor één wegjagen, of allemaal samen. Dit is het kasteel van mijn oom!
J: *Waarom willen ze de vrouwen doden?*
A: Ze willen dat ze hen vertellen waar dingen zijn, wie de hulp is, wie de mannen zijn die aan de kant staan van Earl. Sommige van deze vrouwen weten het niet eens, maar ze vermoorden ze hoe dan ook. (Walgend) Oh, het zijn beesten! Dit zijn slechte, slechte mannen.
J: *Is er een leider van deze 14 mannen?*
A: Ze doen gewoon wat hen verteld is, voordat de anderen weggingen. Sommigen van hen weten niet, dat de anderen weg zijn gegaan. Als ze dat zouden weten, zouden ze elkaar daaruit wegdrijven, elkaar vermoordend om vast te stellen wie de baas zou worden.
J: *Misschien is er een manier waarop je hen kunt laten zien, dat ze zijn vertrokken.*
A: Ik wil ze bang maken ... maar niet deze vrouwen, deze arme vrouwen. Ze zijn doosbang.
J: *Hoe vermoorden ze de vrouwen/*
A: Ze hakken een hand af ... dan een arm ... ze slaan sommigen gewoon. Oh, het is verschrikkelijk! Ik moet ze stoppen. Als ik voor ze ga staan, misschien worden ze dan bang. Ze proberen net te doen alsof ze mij niet zien. Ieder kijkt naar de ander. Grappig!
J: *Denk je, dat ze je kunnen zien?*
A: Ze zien me! Ze proberen niet te zeggen dat ze mij zien. Ze besluiten om die kamer te verlaten. Eén voor één gaan ze weg ... iedereen. Eén moet blijven om de vrouwen te bewaken. Ze vertellen hem: "Vermoord geen enkele vrouw meer. Wacht! Er is iets geks gaande in dit kasteel." Er is iets vreemds. Ze begrijpen het niet. Niemand wil het hardop zeggen. Ze zijn bang, heel erg bang. (Luider) Nou, nu moeten ze ook bang zijn. Mijn vader komt eraan.

Het is weer bijna nacht. Hij rijdt binnen ... ze klimmen over de muren, en de mannen staan in het poortgebouw. Ze kunnen niet winnen, ze zijn omsingeld. Mijn vader heeft mijn hoofd gezien ... hij weet wat er is gebeurd. Waarom hij werd teruggeroepen. Ze hebben de anderen gevangengenomen.

J: *Zullen ze hen doden?*
A: Ze gaan hen in de muur inmetselen. Dat doen ze met gevangenen. En onder de vloer. Deze plek ... oh, zo velen zijn hier gestorven. Het was mijn kasteel; het was van mij en ik hield ervan.
J: *Tja, je vader is nu teruggekomen en ...*
A: Ik praat nu met hem.
J: *Kan hij je horen?*
A: Hij doet heel erg zijn best. Het doet hem zoveel pijn, dat ik dood ben. Ik probeer hem te troosten. Hij denkt dat de stem een herinnering aan mij is, maar hij luistert. Ik vertel hem dat ik zal blijven en het kasteel zal beschermen.
J: *Hoelang zul je blijven?*
A: Totdat dit gevecht over is. Ik denk dat ik zolang kan blijven, ik hoop het maar. Niemand mag dit kasteel innemen. Misschien mag ik niet zo lang blijven. Ik vertel hem dat hij niet bang moet zijn, maar mij moet zoeken voor de openhaard. Ik vertel hem dat hij naar mij moet luisteren. Ik hoop dat hij naar mij luistert. Hij kan me nu horen, onze geesten kunnen elkaar volledig ontmoeten. Ze kloppen op de deur, onderbreken zijn gedachten, hij glijdt weg. Probeer het hen niet te vertellen. Ze zullen je niet geloven!
J: *Nee, ze zullen hem niet geloven.*

Johnny besloot dat het tijd was om hieruit te komen. Genoeg was genoeg.

J: *Je zult nu vooruit drijven, Gretchen. Drijven...*
A: Ik zal in dit kasteel blijven! Ik moet hier blijven! (Schreeuwde) Roep me niet terug! Ik wil niet gaan. Ik wil niet gaan! Mijn taak is nog niet vervuld! Ik zal hier blijven!

Dit had een probleem kunnen opleveren, als het niet goed zou worden afgehandeld. Maar Johnny bleef kalm en controle uitoefenen.

J: *We drijven nu verder, Gretchen, drijven verder. (Hij gebruikte een heel geruststellend stemgeluid.) Het vechten in dit kasteel is helemaal voorbij. Je taak is vervuld. Het kasteel is goed beschermd.*

A: Ze noemen het nu "behekst".

J: *Het behekste kasteel.*

A: Ze hebben zoveel verbrand. Daar zijn de stenen. Sommige zijn uiteengevallen, toen de steunbalken werden verbrand. Het is mijn kasteel!

J: *Wat ga je nu doen, Gretchen?*

A: Ik moet rusten. Ik was te sterk. Waarom moest ik zo zijn? Ik werd verondersteld om een goede vechter te zijn, maar niet zo sterk. Mijn stem vertelt me … ik was erg dapper. Ik had goede kwaliteiten, maar ik mag de stem niet weerstaan. Ik ben hier te lang gebleven en heb wat dingen gedaan die niet goed waren, terwijl ik hier verbleef. Ik zei dat ik het niet wist … maar misschien wist ik het wel. Het is niet goed voor mij om hier te blijven en ik probeer nu terug te glijden, om mensen bang te maken die ernaar kijken. Ik wil gewoon niet, dat ze het lastig vallen. Het had van mij zullen zijn. En ik wil Gretchen zijn. Ik kan het niet loslaten, ik kan haar niet loslaten. Ik moet een lange tijd wachten en dan zal ik het vergeten.

J: *Heeft de stem je dit verteld?*

A: Ja. En om niet terug te gaan. Hij is heel erg geduldig, wanneer ik terug blijf gaan.

J: *Waar ben je aan het rusten?*

A: Nou, hij wil dat ik terugga … helemaal terug. Ik was nog niet klaar om uitgezonden te worden, misschien. Hij zei dat ik te sterk was. Ik moet helemaal teruggaan om te rusten. Ik begon te huilen … en hij belooft mij, dat het kasteel er altijd zal zijn. Hij zal de herinnering uitwissen, ik zal rusten. Ik zal terugkomen. Als ik terugga, ik kan teruggaan, maar niet als Gretchen. Ik zal weer levend worden, maar ik mag niet zo sterk zijn. Mijn geest was te sterk.

J: *Heeft de stem je verteld, wanneer je terug zult gaan?*

A: Wanneer ik uitgerust ben. En hij vertelt mij, dat ik werkelijk een perfecte geest ben. Die persoon, de tijd, maakten mij te sterk. Dat is het hele probleem, je raakt betrokken. Je wordt die persoon. Mijn geest was zo sterk. Ze vertelden me, dat ik sterk was en dat

ik alles kon doen, omdat ik Gretchen was. En dat was ik – mijn geest geloofde hen. De meeste geesten zijn niet zo sterk. Ik zal een ander persoon zijn, veel milder, zachter.
J: *Zijn we al dichterbij de tijd dat je terug zal gaan naar de Aarde?*
A: Ik moet rusten.
J: *Weet je wie je zult zijn, als je teruggaat?*
A: Een tedere vrouw, rustig, vredelievend. Ik zal ver weg zijn van dit land en dat vind ik jammer. Ik hield van dit land.
J: *In welk land zul je zijn, wanneer je teruggaat?*
A: Ik zal in Engeland zijn. Dat is mij beloofd; ooit zal ik teruggaan naar Duitsland. Ik zal daarnaar teruggaan. Nee... ik zal ooit Duits zijn. (Let op dat Anita nu van Duitse afkomst is.) Maar nu, moet ik weggaan van al het geweld – weg van waar dit allemaal is gebeurd. (Pauze) Ik herinner heel vaag... (Ze werd matter.) ... ik herinner... nou... niet erg veel. Ik kan even een tijdje in vrede zijn en gewoon een geest zijn.

Verrassend als het lijkt, toen Anita wakker werd, had ze geen helemaal geen nadelige gevolgen. Wanneer mensen naar de tape luisterden, gingen ze ervan uit dat het heel erg zwaar voor haar moet zijn geweest, maar ze had er geen herinnering aan en we moesten haar vertellen, wat ze had gezegd. Later, toen ze de tape beluisterde, zei ze dat het leek alsof ze naar een verhaal luisterde, maar ze had een mentaal beeld van een meisje met lange blonde vlechten. Ze zei dat ze zich erg verbonden voelde met deze zogenaamde andere levens, zoals je je verbonden zou voelen met een zus, en ze wilde niet dat hen iets zou overkomen. Dus kwamen we overeen, dat we er alles aan zouden doen, om haar alter ego's te beschermen.

Als mensen tegen Johnny zeiden: "Je klonk alsof je er echt bij was." (Gedurende de kasteel sequens), dan zei hij altijd, met een twinkeling in zijn ogen: "Misschien was ik dat ook!"

De volgende sequens is nogal ingewikkeld en we hebben overwogen om deze weg te laten uit het verhaal. Zoveel dingen waar Anita over sprak waren in het begin vreemd en moeilijk om te accepteren. Daarna besloten we echter, dat ons onvermogen om iets te begrijpen niet noodzakelijkerwijs betekent, dat het geen nuttige informatie is. Het geeft ook weer, hoe verward we regelmatig waren.

We hadden zojuist het traumatische leven als Gretchen beëindigd en brachten haar terug naar haar huidige leven. We stopten in het leven van Mary in Engeland om te oriënteren en vroegen wat ze aan het doen was.

A: (Klonk verbaasd) Ik ben aan het kijken, veel dingen. Iets vreemds. ... Zal ik altijd zo zijn? ... Ik ben anders.
J: *Wat ben je aan het bekijken?*
A: Ik heb een leven ... maar ik bekijk het!
J: *Wat doe je?*
A: Ik bekijk het ... ik kom en ga ... ik zie dingen ... ik zie mijzelf, maar ik ben ...
J: *Wat ben je?*
A: Heel vreemd! Ik begrijp dit niet!
J: *Ben je teruggekeerd op de Aarde?*
A: Ik weet niet zeker of ik haar aan het bekijken ben, of dat ik haar ben. ... (Verward) Misschien kun je dat voor mij vragen.
J: *(Hij probeerde haar gerust te stellen.) Ik denk dat je haar bent. Ja, je bent haar. Je bent teruggekomen naar de Aarde. Je hebt een ander leven aangenomen.*
A: Ik observeer haar van een afstand. ... ik voel haar blijdschap.
J: *Wat is haar naam?*
A: Ik weet het nu niet zeker. ... Ik bekijk haar van heel dichtbij ... ik moet erg voorzichtig zijn ... kijken.
J: *Wat is de vrouw nu aan het doen?*
A: Ze is een heel aardig persoon. Ik ben haar aan het observeren, en ... ze is knap. Ze is haar haren aan het borstelen. Ze is bang vanwege mij. Ze voelt dit ook, zoals ik het voel ... ik praat met haar en ze praat met mij. Het is heel ... ze zou willen, dat ik dit niet zou doen.
J: *Wat doen?*
A: Met haar praten, en ze zou willen dat ze mij niet zou kunnen horen, maar haar geest is sterk.
J: *Wat is haar naam?*
A: Ik zou willen, dat ik haar bij een andere naam zou kunnen noemen. Ik hou niet van haar naam.
J: *Wat is haar naam?*

A: Ik weet het niet zeker. Het is een mannelijke naam, zo klinkt het, zoals ze haar noemen. Ik hou er niet van. Ik zeg haar, dat ze het moet veranderen.
J: *Haar naam veranderen?*
A: Vertel ze gewoon, dat het iets anders is. Wees. Niet te sterk. Als ze je een sterke naam geven, dan word je misschien net als ... dat andere meisje. Te sterk. Ze was te sterk – doe het niet!

Dit schijnt misschien ook een licht, op een deel van een eerdere tape die verwarrend was. Ze was zogenaamd Mary in Engeland. Ze was het huis aan het schoonmaken, maar gedroeg zich alsof ze van streek was, duidelijk niet op haar gemak en angstig. Ze leek niet te weten waar ze bang voor was. Toen Johnny haar vroeg wat haar naam was, antwoordde ze: "Het is Mary. Ik hou van die naam. Het is een fijne naam om te zijn." Maar later ontkende ze dat, door te zeggen: "Ik ben niet echt Mary. Dat is de naam van mijn zuster. Ik weet niet waarom ik dat zei. ... Ik ben ziek geweest ... Ik was ziek deze winter. Ik wil opstaan en nooit meer terug naar bed gaan. ... Ik ben zo bang vandaag. Ik begrijp niet wat er aan de hand is."

Zoals ik al zei, het is verwarrend en complex. Als het mogelijk is voor de eeuwige geest om met zichzelf te praten – misschien de onbewuste tegen de bewuste geest – dan hebben we misschien beide kanten van de conversatie aangeboord. We waren intussen al zoveel vreemde dingen tegengekomen, dat het lijkt alsof niets te ver gaat om te speculeren. Kan het zijn, dat haar geest haar probeerde over te halen haar echte naam te veranderen, omdat het mannelijk klonk, terwijl ze zachtmoedig en mild moest zijn in dit leven als Mary? Omdat ze het volledig tegenovergestelde moest zijn van Gretchen? (Zie volgende hoofdstuk.) Elke ander keer tijdens haar leven in Engeland, refereerde ze altijd aan zichzelf als Mary. Toen we met haar spraken als kind, vroegen we niet naar haar naam, we namen het als vanzelfsprekend aan.

Wat het antwoord ook was, schijnbaar werkte alles zichzelf uit en ondervond ze er niet langer problemen van.

Eén unieke kwestie die duidelijk was omtrent de vijf levens waar Anita doorheen was gegaan, was dat ze alle vrouwelijk waren. Toen ik dit met Anita besprak, zei ze: "Maar natuurlijk! Ik ben vrouwelijk. Ik zou niets anders kunnen zijn." Op dat moment toen we nog weinig wisten over reïncarnatie, leek dat een logische verklaring. Maar in de hierop volgende jaren en duizenden gevallen later, realiseerde ik mij dat we vele, vele malen zowel mannelijk als vrouwelijk moeten zijn. We moeten gebalanceerd zijn, derhalve kunnen we niet terug blijven komen, om onze lessen te leren als hetzelfde geslacht. We moeten leren, hoe het voelt om beide standpunten te ervaren. Dus waarom waren al Anita's levens vrouwelijk?

Terwijl ik ze bestudeerde, vond ik, wat ik denk dat het antwoord is. Ze zei, dat haar leven als Gretchen haar eerste leven op Aarde was, en er werd ontdekt dat ze waarschijnlijk te vroeg was uitgezonden. Ze was nog niet helemaal klaar om leven als een mens te ervaren. Het leven van Gretchen was als een zeer wilskrachtige vrouw. Het tijdperk en de cultuur maakten haar te sterk, zodat zelfs de dood haar niet kon stoppen. Zelfs in haar staat als geest deed ze dingen, die tegen de regels in waren. Er werd uiteindelijk besloten, om haar naar de rustplaats te sturen, om haar herinneringen uit te wissen, zodat ze zou kunnen functioneren als een normaal mens. En het duurde honderden van (onze) jaren, om de herinneringen weg te halen. Toen ze dus eindelijk terug mocht keren, moest dat als een zachtmoedige en mild gemanierde vrouw zijn. Het volledige tegenbeeld van de sterke Gretchen. Elk leven daarna, waren verschillende typen vrouwen. Ik kan nu inzien, dat als ze haar hadden toegestaan om te reïncarneren als een man, dat de sterke eigenschappen dan zouden worden vermeerderd en dit kon niet worden toegestaan. Het zou moeilijker zijn geweest, om dat te neutraliseren en uitbalanceren. Misschien zou ze in een toekomstig leven klaar zijn, om te ervaren om een man te zijn, nadat haar geest zou zijn geconditioneerd en voorbereid, om zulke eigenschappen op een controleerbare manier te kunnen verwerken.

Hoofdstuk 10

Een Geest Gecreëerd

Gedurende de volgende sessie vond een nog vreemder incident plaats, toen er een vreemde entiteit naar voren kwam. We hadden besloten, om te proberen te zien hoever terug in de tijd Anita zou gaan. We wilden proberen te ontdekken, hoeveel levens ze had geleefd. We verwachtten veel verder terug te gaan in de tijd, dan we deden. Anita's eerste leven leek te hebben plaatsgevonden in de 1300-er jaren, de vroege 14e eeuw, als Gretchen in Duitsland.

We hadden haar daarvoor gesproken, als een geestvorm toen ze tussen twee levens in was, maar dit keer was het anders. Vanaf het moment dat deze entiteit begon te spreken, wisten we dat er iets ongewoons mee aan de hand was. We noemden dit de Perfecte Geest. Het had iets, dat heel moeilijk te omschrijven is: een etherisch, spookachtig, ander-wereldse eigenschap, die tegelijkertijd ontzagwekkend en verontrustend was. De volledige impact hiervan kan alleen worden gevoeld, door naar de opnamen te luisteren. De stem heeft een geheel eigen kwaliteit, met perfect, zorgvuldig uitgesproken Engels, met een klank die koninklijkheid suggereert. Anderen hebben dit ook gevoeld, dat er iets was, dat duidelijk niet van deze wereld was. Het gaf ons een gevoel, dat we iemand aanspraken die zo geavanceerd was, dat ze overal een antwoord op had. Zij leek alle kennis te bezitten.

Na reflectie en waarschijnlijk met consultatie van anderen, die meer geleerd zijn dan wijzelf, hadden we misschien vragen met meer diepgang kunnen bedenken. Maar ze kwam als een complete verrassing en we konden alleen vragen, wat we op dat moment konden bedenken. Wat we ook kunnen bedenken in zo'n situatie, het zal waarschijnlijk allemaal onbeduidend lijken. Dit is één van de problemen met regressieve hypnose, wanneer je iemand terugbrengt, weet je nooit in welk tijdsperk iemand terechtkomt. Alleen achteraf ben je voorbereid om diepgaande vragen te stellen, na uitvoerig onderzoek.

Maar helaas, wij hebben deze prachtige geest nooit meer ontmoet. Werd ons voor een paar korte momenten toegestaan, om een glimp op te vangen van een geest in wording, in de ontwikkelingsfase? We weten niet wat we destijds ontmoetten, en we weten het nog steeds niet. Maar wat we zagen, was prachtig en wonderbaarlijk.

Ik kan alleen maar hopen, dat sommige gevoelens die zij in ons opwekte, door kunnen schijnen via zo'n armzalig medium als het geschreven woord.

J: Okay, Gretchen, Ik ga tot drie tellen en dan gaan we terug naar het jaar 1250. (Telde) Het is het jaar 1250. Wat ben je aan het doen?
A: Ik ben een geest.
J: Wat zie je?
A: Ik zie alleen hier, wat goed is. Ik ben nog nooit naar de Aarde geweest.

Johnny had klaarblijkelijk niet door wat ze zei, of was onvoorbereid op haar antwoord.

J: Oh, je bent net naar de Aarde gekomen?
A: Ik ben daar nog nooit geweest. Vraag wat je wilt. Wat ik weet, kan ik je vertellen. Wat ik niet weet, wordt niet onthuld, heb ik nog niet geleerd. Ik kan je niet helpen, mijn zoon. Als geest ben ik hier gelukkig.

De stem vulde zich met autoriteit, het Engels puur en precies. Deze persoonlijkheid leek exact te weten, wat het zei en leek zeer superieur. Maar Johnny leek het nog steeds niet te begrijpen.

J: Je bent net teruggekeerd naar de Aarde?
A: Ik ben nog nooit naar de Aarde geweest, mijn zoon. Jij moet er wel heen zijn gegaan, want ze vertellen mij dat als je gaat, dat je je kennis kwijtraakt. Ik zal geduldig met je zijn.
J: Dank je.

Johnny aarzelde, terwijl hij probeerde te begrijpen wat er gebeurde.

A: Ik ben vriendelijk en ik ben goed. Ik heb alle deugd.
J: *Hoe lang ben je hier al als geest?*
A: Sinds ik ben gecreëerd. Ik nummer niet in jaren. Ik ben gecreëerd.
J: *En weet je, waar je bent gecreëerd?*
A: Ik weet – je bedoelt een naam? Een naam voor deze plek?
J: *Hoe noem je deze plaats?*
A: Ik hoef het niks te noemen. Ik weet simpelweg dat ik hier ben; dat alles goed en wel is. Ik heb, wat ik nodig heb. Ik weet wat ik weet, en ik zal doen wat mij wordt verteld. Maar jij mag het elk woord noemen, dat goed is. Dat is acceptabel voor mij.
J: *Okay. Ik ga tot drie tellen en dan gaan we terug naar het jaar 1150. (Telde) Het is het jaar 1150. Wat ben je aan het doen?*

Johnny realiseerde zich niet, dat zij wat haar betreft het begin had bereikt, en niet verder terug zou gaan.

A: Ik ben gecreëerd en ik wacht. Ik ken de goedheid nu. Ik ben gecreëerd om de schepper te behagen en mijn geest is goed, alle goedheid. Er is geen kwaad in mij.
J: *Hoelang geleden ben je gecreëerd?*
A: Tijd is hier niet. Tijd is hier niet. Ik ben gecreëerd sinds het begin van de tijd.
J: *En heb je hier gewacht, sinds je bent gecreëerd?*
A: Ik heb hier genoten van veel gelukzaligheid.
J: *Je bent nooit uitgezonden of geroepen naar de Aarde of een andere plaats, in de vorm van een lichaam?*
A: Nee, nee.
J: *Maar denk je, dat dat ooit zal gebeuren?*
A: Wij allen, wij zijn gecreëerd om de schepper te behagen en we gaan en helpen. De arme, arme Vader is teleurgesteld in de familie, die hij zelf heeft gecreëerd.
J: *Heb je de Vader gezien?*
A: Ik heb mijn schepper gezien.
J: *Heb je jouw schepper gesproken?*
A: Hij heeft ons allen toegesproken.
J: *Kun je hem mij beschrijven?*
A: Kun je een geest begrijpen?
J: *Ik zal het proberen.*

A: Het is lichtheid. Het is het aura van goedheid. Het kan op elk moment materialiseren, in elke vorm dat het wenst. En de schepper kan iets aanraken en het is wat, hij zegt dat het is. Dit is, hoe ik ben gecreëerd. Hij nam een beetje goedheid en ik was gecreëerd. En ik ben volledig goed en ik behaag hem nu. En op een dag zal ik gaan en zal ik leren en zal ik de mensen op Aarde helpen – de familie. Ik zal daar vele malen zijn; hij heeft mij dit verteld. We moeten allemaal gaan, want er is slechts een bepaald aantal geesten gecreëerd en we leven telkens weer opnieuw. Je leert slechte dingen op Aarde en je leert ze af. Je komt puur en goed terug.

J: Heeft de Vader, de schepper alles op Aarde gecreëerd?

A: Hij heeft de Aarde zelf gecreëerd.

J: En heeft hij er alles op geplaatst?

A: Alles dat op Aarde is, heeft hij gecreëerd. Hij heeft de Aarde gecreëerd en meer.

J: Vertel mij, heeft hij andere werelden dan de Aarde gecreëerd?

A: Natuurlijk, natuurlijk; hij heeft onze zon gecreëerd. Hij heeft de maan gecreëerd. Hij heft alle planeten eromheen gecreëerd. Aarde heeft zijn eigen levensvorm, zijn eigen geesten. Alleen is de Aarde zo in de problemen, dat hij ons heeft gevraagd om te gaan helpen en we moeten de mensen hier helpen. Hij heeft hen gecreëerd. Hij wist terwijl hij creëerde, dat zij niet zouden doen zoals hij hen vroeg, maar hij voelde zich gedwongen in zijn goedheid, om de mooiste planeet van alle, mensen te geven. Een dier met kennis. En hij wist, dat zij de kennis niet correct zouden gebruiken. Ook al probeert hij hen te helpen, wijzen mensen het geloof af.

J: En hij creëerde en plaatste mensen op deze planeet Aarde. Creëerde hij en zette hij ook mensen op andere planeten?

A: Niet mensen zoals wij deze kennen in menselijk lichaam, zoals ik zal aannemen op Aarde. Maar voor elke planeet het meest geschikte, voor wat hij daar heeft gecreëerd. Voor planeten die dicht bij de zon zijn, heeft hij geesten van vuur gecreëerd, die kunnen leven in hitte en hun lichamen zijn anders dan die van mensen. Voor degene verder van de zon, lichamen die kunnen leven zonder hitte. Aarde is zijn favoriet.

J: En de Vader – heeft hij ooit een zoon op Aarde geplaatst?

A: De Vader, zoals ik je vertelde, materialiseert naar believen wat hij wenst, dat wordt gematerialiseerd. En zo was het; hij probeerde Aarde te helpen.
J: *Hijzelf, ging naar Aarde als Jezus?*
A: Een deel van hemzelf. Hij was één, maar hij werd twee en hij probeerde te helpen. 't Was vele jaren geleden. En mensen toen, net als altijd daarvoor en zoals ze altijd zullen doen, wezen de hulp af. Het ongeduld van de schepper is oneindig klein, zo klein is zijn ongeduld, dat hij blijft proberen. Hij zal blijven proberen totdat ... tot het allerlaatste eind zal hij blijven proberen.
J: *Tot het allerlaatste eind? Wanneer is het allerlaatste eind?*
A: Oh, ver, ver weg in de toekomst. Als de dag aanbreekt, dat hij zelf op Aarde moet leven, of anders alle mensen van Aarde weg moet brengen. Ik weet het niet zeker. Hij heeft het hen op elke manier geprobeerd te onthullen, maar ze willen zijn onthulling niet accepteren. Op een dag zal het allemaal eindigen, maar dat zal vele miljoenen jaren duren. Niet snel. Hij zal blijven proberen. En hij zal op een dag zelf terugkeren, zoals hij de eerste keer heeft gedaan.
J: *Maar je weet niet, wanneer hij terug zal komen?*
A: Ik weet niet de exacte tijd.
J: *Weet je ongeveer, wanneer hij van plan is om terug te komen?*
A: Ik weet de eeuw. Het zal gebeuren in de 21e eeuw, dat hij zichzelf zal sturen – niet op dezelfde manier als hiervoor. Maar hij zal verschijnen en zeggen: "Ik ben God!" En hij zal worden afgewezen als hiervoor.
J: *Je bedoelt, dat mensen hem gewoon niet zullen accepteren?*
A: Sommigen, zoals sommigen hem hiervoor hebben geaccepteerd.
J: *Zal hij in menselijke vorm verschijnen?*
A: Hij zal eerst als geest verschijnen, geloof ik. En hij zal recht voor hun ogen materialiseren.
J: *Hij zal materialiseren en dan vanuit de geest een menselijke vorm aannemen?*
A: Correct, correct.
J: *Zal hij een andere naam hebben dan God?*
A: Hij zal God zijn. Hij zal zichzelf zo noemen, omdat dat is wat mensen hem hebben genoemd en dat zullen ze herkennen in hun religie.

J: Zal hij er hetzelfde uitzien in menselijke vorm, als dat hij de eerste keer deed toen hij hier was?

A: Nee. Hij verscheen toen voor mensen zoals mensen er in die tijd uitzagen. Hij zal niet komen als een oude man met een golvende baard, zoals mensen God afbeelden. Hij zal aan hen verschijnen als een heel normaal mens. En ze zullen zijn grootsheid wegwuiven, zoals ze eerder hebben gedaan.

J: En hij zal hier neerdalen... maar dat is niet het einde van de wereld.

A: Het is niet het eind waarvan zij spreken, nee. Hij probeert vele malen. Zoals ik je vertelde, zijn geduld is groot. Hij heeft geen ongeduld met de geesten. Wanneer we fout zitten, laat hij ons doen wat fout is. En wanneer we terugkomen, spreekt hij tegen ons en vertelt ons, dat we fout zaten. We zijn goed geschapen, en we moeten leren om goed te zijn. We zullen goed zijn. We zullen zijn zoals hij is – zoals ik nu ben.

J: Ik begrijp het. Heeft God ooit gesproken over de duivel, of het kwaad?

A: Ik weet dat mensen op Aarde bang zijn voor een kwaad. Ze noemen het de duivel – Satan. Wat ze horen, is uitsluitend egoïsme en elke man, elke vrouw, heeft dat in hun harten. Dit is de duivel en elk mens ziet hem anders. De kerk heeft heel veel gedaan, om deze illusie te creëren, maar dat is slechts een illusie.

J: Maar de kerk is daar, om God te vertegenwoordigen.

A: Het moet de mensen aanspreken in termen die de mensen kunnen bevatten en begrijpen. Ze kunnen niet begrijpen hoe ze God en de duivel tegelijkertijd kunnen zijn. Menselijk conflict is heel erg moeilijk om te accepteren met hun verstand. Dus, als het eenvoudig wordt uitgelegd: Er is een God die wil dat je goed doet, en hij zal je helpen. En als ze je vertellen: Er is een duivel en hij laat je slechte dingen doen. Dat is veel gemakkelijker, veel gemakkelijker.

J: Zijn er dan geen dingen zoals kwade geesten?

A: Er zijn geesten die egoïstisch zijn – dit is slecht. Er zijn geesten die jaloers zijn – dit is slecht. De meeste van deze geesten, wanneer de Vader hen terugkrijgt en ze komen terug naar onze rustplaats, als ze niet kunnen worden gezuiverd, dan stuurt hij hen naar een andere plaats. Hij houdt ze uit de buurt van de mensen, die hij zo hard probeert goed te maken.

J: Weet je waar hij zulke geesten naartoe stuurt?

A: Ik kan het niet aan je uitleggen in termen die jij begrijpt. Het is ver; het is in de ruimte. Een plaats waar ze niemand kwaad kunnen doen – hun slechtheid kan alleen elkaar kwaad doen.

Zou dit het equivalent kunnen zijn voor de Bijbelse hel?

J: Maar het is ver weg in de ruimte?
A: Het is anders dan ons zonnestelsel, zoals jij het hier nu met mij observeert.

Waar zou ze het over kunnen hebben, welke positie?

J: Ons zonnestelsel is een onderdeel van vele zonnestelsels, toch?
A: Oh ja. Je begrijpt het en je leert snel. Dit is er één.
J: Heeft God... ehm ... alle zonnestelsels?
A: Nee, nee.
J: Alleen dit zonnestelsel?
A: Nee. Hij bestiert zoveel, de menselijke geest, zelfs mijn geest, vertelde hij mij, zelfs nu kan ik nauwelijks de grote uitgestrektheid accepteren, zijn grootsheid.
J: Dan zijn er in andere zonnestelsel onder andere goden ... dan zijn daar waarschijnlijk ook mensen, net als op Aarde?
A: Onze God heeft mensen geschapen, maar ik ben er heel erg zeker van, dat andere goden andere mensen zouden kunnen creëren in hun evenbeeld in aangepaste omstandigheden. Je moet begrijpen dat de Aarde uniek is, omdat de Aarde een bepaald type mens vereist, een bepaald type geest. Elke planeet heeft zijn eigen leven, elk wat het nodig heeft. Alleen God in zijn grootheid kent elke behoefte. Hij weet het – hij zal voor alles zorgen.

Dit alles was niet alleen verontrustend, het was ook verwarrend. Johnny en ik werden gebombardeerd met informatie waaraan we nog nooit eerder waren blootgesteld. Het werd tijd om terug te keren naar comfortabeler terrein, zoals de verschillende vorige levens. Johnny besloot om zich terug te trekken.

J: Okay... Ik ga tellen. Even kijken, we zijn heel ver terug in de tijd. Wat is dit: 1250, 1150?

A: Je mag dit het jaar noemen dat je wenst. Voor mij is er geen tijd. Er is geen tijd. Tijd is voor mensen.

J: Maar, enige tijd in de toekomst, zul je dan worden teruggeroepen naar de Aarde?

A: Ik ben er zeker van dat dit zal gebeuren. Voor nu, in mijn vorm is het goed voor mij. En elke nieuwe geest die naar de Aarde komt is alleen goedheid en moet alle dingen leren, die daar zijn. Ik ben een geest, die is gecreëerd voor de Aarde.

Het is begrijpelijk dat wij ons, na deze nogal schokkende ervaring, afvroegen hoe Anita zou reageren, wanneer ze terug zou worden gebracht naar de huidige tijd en zou worden wakker gemaakt. Het eerste dat ze deed was gapen en zich uitrekken en vragen: "Wat dachten jullie van een kop koffie? Ik heb dorst." Het contrast was zo dramatisch, dat we uitbarstten in lachen. Natuurlijk had Anita geen enkel idee, wat er zo grappig was. Ze had geen enkele herinnering en zei dat ze had genoten van een fijn dutje. Tijdens een kop koffie aan de keukentafel, begonnen we haar te vertellen wat zich zojuist had afgespeeld. Ze was compleet verbaasd. Dit was duidelijk niet de leer van de Katholieke kerk waarmee ze was opgegroeid en het was te veel voor haar, om tot zich te nemen. Het was te moeilijk voor haar, om te accepteren dat ze dat allemaal had gezegd. Ze zei dat het haar allemaal te veel was ineens en dat ze tijd nodig had, om er beetje bij beetje aan te wennen. Dus vroeg ze aan Johnny of hij haar weer wilde hypnotiseren en de herinnering aan wat we haar hadden verteld, wilde uitwissen, zodat ze zich er geen zorgen over zou maken. Dit werd gedaan, voordat ze vertrok.

Maar toen Anita de week erop arriveerde voor de gebruikelijke sessie, vertelde ze ons dat het haar de hele week had beziggehouden. Ze wist dat de herinnering aan de laatste opname was uitgewist om de één of andere reden. Ze bleef maar denken dat het iets heel erg slechts of verschrikkelijks moest hebben bevat, als ze het niet had willen herinneren. Ze had zich de hele week afgevraagd, wat het was. Ik vertelde haar, dat ze de volgende avond terug kon komen, om de tape te beluisteren die haar had dwarsgezeten. Op die manier kon ze zelf zien, dat er niets was om bang voor te zijn, dat er niets slechts was. Het was uitsluitend een andere vorm van theologie, die haar van streek had gemaakt.

Dus kwam ze de volgende avond langs en speelde ik de opname voor haar af, zodat ze zichzelf gerust kon stellen. Toen accepteerde ze zonder verwarring wat ze had gezegd en ze was nooit meer zo van streek tijdens andere sessies.

Hoofdstuk 11

Leven als een Geest

Elke keer dat Johnny Anita terugbracht door haar verscheidene levens, kwam ze langs diverse incidenten wanneer ze een geest was in de zogenaamde "dood" fase. In deze fase "tussen levens", zei ze regelmatig dat er tijden waren, waarin je wordt opgeroepen om dingen te doen. Dat de stem je vertelt om naar plaatsen te gaan en dat je niet kunt weigeren, om dat te doen. Natuurlijk waren we benieuwd naar wat voor soort dingen ze moest doen. Dus lieten we haar van tijd tot tijd vertellen, wat deze taken waren. Het leek mij gemakkelijker om te lezen, als deze samengevoegd zouden zijn in één hoofdstuk, in plaats van verspreid door het gehele verhaal.

We hebben ons hele leven lang gehoord over beschermengelen. Persoonlijk heb ik altijd het idee gehad, dat we er elk één hebben die speciaal aan ons is toegewezen. Misschien is dat waar, maar het lijkt er door ons onderzoek ook op, dat elke geest die niet bezig is op een bepaald moment van nood, door de "stem" kan worden opgetrommeld om dienst te doen. De taken waarvoor Anita zei, dat ze werd opgeroepen om te doen, deden zeer zeker denken aan die, welke we normaal gesproken associëren met beschermengelen. Wat het antwoord ook zij, ik denk dat het heel geruststellend is, om te weten dat deze entiteiten in de buurt zijn.

Het nu volgende zijn dan ook een paar voorbeelden van hoe het volgens Anita is, om een geest te zijn. Persoonlijk geloof ik, dat het veel meer voldoening geeft om zoiets te doen, nadat je bent overleden, dan voor eeuwig rond te drijven op een wolk, terwijl je op een harp speelt.

J: Het is het jaar 1810. Wat ben je aan het doen?
A: Ik drijf gewoon, doe wat ik kan. Ik ben naar verschillende plekken geweest in dit land. Ik vind het hier het leukst.
J: Waar ben je nu?

A: In de buurt van New York en Boston – soort van heen en weer. Ik vind het hier prettig.

J: *En je zegt, dat je naar andere delen van dit land bent geweest?*

A: Ja, ik ga overal heen en bekijk verschillende, vreemde mensen die hier wonen.

J: *In welke delen van het land bevinden die vreemde mensen zich?*

A: Ik denk dat ik bijna in het midden van dit land was, toen ik een geest werd. Ik weet het niet zeker. Ik ben een heel eind naar het westen gegaan. Al snel stak ik een rivier over. Ik weet niet of ze dit hetzelfde land noemen, of niet. Als ze dat niet zo doen, dan zullen ze dat wel snel gaan doen. En daar wonen mensen die heel erg anders zijn. Ze zijn in principe goed, maar ze zijn primitief. Ze begrijpen een heleboel dingen niet. Ik heb daar een tijdje rondgekeken.

J: *Je bekeek waar ze woonden?*

A: Ja.

J: *Waar woonden ze in?*

A: Het zijn vreemd uitziende gebouwen. Pueblos worden ze, denk ik, genoemd. Erg vreemde mensen.

J: *Zijn die van hout gemaakt?*

A: Nee. Er wordt wat hout gebruikt als steun, maar ze zijn van een soort aarde gemaakt, en sterk, bijna als baksteen. Glad gemaakt.

J: *Je zei, dat deze mensen primitief zijn?*

A: Nou, sommige dingen die ze doen, zijn anders dan de mensen die daar leven, aan de andere kant van die rivier.

Ze refereerde duidelijk aan de Mississippi. Ze sprak erover, alsof het bijna een grens was.

J: *Vertel me eens, welke dingen anders zijn.*

A: Nou, ze zien er anders uit, kleden zich anders, ze spreken een andere taal.

J: *Hoe kleden ze zich?*

A: Nou, ze dragen amper iets.

J: *Hebben ze geen kleren aan?*

A: Oh, nou, weet je. Ze bedekken sommige delen. Maar ze dragen geen kleren zoals daar. Natuurlijk, het is verschrikkelijk heet. En ze jagen en doden dieren. Het was een vreemde ervaring, om deze mensen te observeren. Ik heb nog nooit zoiets als dat eerder begrepen. Ik ben daar heen gezonden en toen ik ze een tijdje had bekeken, werd ik bang. Ik wilde niet daar geboren worden.

J: Je bent daar heen gezonden. Denk je dat het de bedoeling was, dat je daar zou worden geboren?

A: Nee. Ik werd erheen gestuurd om te helpen. Daar kwam ik achter, maar ik was er eerst bang voor. Ik zou er bang voor zijn, om te zijn zoals die mensen. Ze zijn soms gewelddadig. (Merk de oude angst voor geweld op.) Maar ik moest iemand helpen. Deze man – hij was aan het jagen en hij raakte gewond. Hij probeerde een dier te doden en het rende recht op hem af. En ik verplaatste hem achteruit, uit de weg. Toen stopte ik dat dier. Het was gewond; het zou spoedig sterven. Het viel hem nog een laatste maal aan, en ik stopte dat. Hij was verrast en hij ... één van de dingen met deze mensen; ze geloven in geesten.

J: Dus dan weet hij eigenlijk, wat het dier heeft gestopt?

A: Ik denk het. Hij vertelde zijn volk, dat de Grote Geest het heeft gestopt. Ik ben natuurlijk geen grote geest, maar hij vertelde hen, dat de Grote Geest een hand uitstrekte en het dier stopte, en dat is precies hoe ik het deed. Ik strekte mijn hand uit en zond het de boodschap om te stoppen en het stopte en viel dood neer, voordat het mij bereikte. Wat ik denk, dat hem werkelijk deed geloven dat het de Grote Geest was, was omdat ik hem achteruit moest verplaatsen. Ik veroorzaakte dat hij achteruitsprong. Hij was gewond en hij kon niet lopen en plotseling sprong hij achteruit. Het beangstigde hem eerst. En ik hielp hem. En ik vertelde hem, wat hij kon doen aan zijn been.

J: Begreep hij je?

A: Nou, toen hij terugging, vonden ze de manier waarop hij zijn been had verbonden en alles, vreemd. Maar hij zei, dat een stem hem had verteld, hoe hij het moest doen. Ik denk, dat hij mij heeft gehoord. Hij deed gewoon, wat ik hem vertelde. Hij zei, dat het de Grote Geest was, die hem had geholpen en nu denken ze, dat hij misschien gezegend is. Ze denken, dat de geest tegen hem zal spreken.

J: Was dit een oudere man?

A: Nee, dat is één reden waarom ik hem heb geholpen. Hij is te jong; hij moet nog andere dingen doen. Hij kan nu niet sterven.

J: En een stem vertelde jou, dat je hem moest gaan helpen?

A: Ja, dit doen we. Soms worden situaties heel gecompliceerd en maken mensen er een flinke puinhoop van. Ze moeten dan hulp krijgen. Soms is er niets wat welke sterveling dan ook kan doen, om hen uit de situatie te krijgen waarin ze zichzelf hebben gebracht. Dan moeten we gewoon ingrijpen.
J: *Wanneer je mensen helpt en tegen ze spreekt, luisteren ze dan altijd naar je?*
A: Nee, nee. Heel vaak willen ze niet luisteren. Zelfs niet wanneer ze zich enorm hard concentreren op een probleem en zo hun best doen om een oplossing te vinden. Je probeert met hen te praten en ze kunnen het gewoon niet geloven. En soms, zoals met die inheemse Amerikaan, moest ik hem gewoon verplaatsen. Soms doen ze gewoon dingen en kunnen ze zichzelf niet helpen of denken ze, dat ze dat niet kunnen.
J: *Maar jou wordt verteld, om dit te doen?*
A: Ons wordt verteld wat te doen. We weten het gewoon.

* * *

J: *Het is het jaar 1933. Wat heb je recentelijk gedaan, June?*
A: Nou, ik heb voor een jongen gezorgd, hem geholpen.
J: *Waarom, was hij ziek?*
A: Hij was ziek en hij was weggelopen van huis. Ik moest hem natuurlijk naar huis brengen.
J: *Waar woonde hij, daar in Chicago?*
A: Oh nee. Dit was in Tennessee. Het was een klein dorp in de heuvels. De kleine jongen ging er vandoor en werd verkouden, doordat hij buiten was. Ik hielp hem.
J: *Kon hij de weg naar huis niet meer vinden?*
A: Nee, hij was erg bang. Een heel aardig, klein jongetje. Het was erg koud, sneeuwde niet, maar bijna. Hij zou een longontsteking hebben opgelopen.
J: *Had hij geen dikke kleren, om warm te blijven?*
A: Nee, hij liep die dag weg van huis en het was aardig warm. Hij liep in de richting van de bossen, zodat ze hem niet zouden vinden en hij raakte de weg kwijt.
J: *Heb je de jongen goed teruggebracht?*
A: Oh, ja.
J: *Waren zijn ouders blij hem te zien?*

A: Ja.
J: *Ik durf erop te wedden, dat hij niet meer van huis zal weglopen.*
A: Niet voordat het warm weer is. Ik denk dat hij weer zal weglopen. Het is een kind met een erg sterke wil.
J: *Wat is de naam van de jongen?*
A: Jimmy. Ik weet zijn achternaam niet. Toen ik daar aankwam, was zijn moeder aan het huilen om Jimmy, dus ik wist dat dit zijn naam was.

* * *

J: *Het is het jaar 1930. Wat ben je aan het doen?*
A: Ik wacht tot er iets gaat gebeuren.
J: *Weet je wat er gaat gebeuren?*
A: Over een paar minuten gaat er iets gebeuren. Ik moet hier zijn.
J: *Wordt er van je verwacht dat je iets doet?*
A: Ja, ik moet deze kinderen helpen.
J: *Waar ben je?*
A: Ik sta bij de rivier. De Missouri rivier, denk ik dat het is.
J: *Ben je in een stad?*
A: Nee, het is op het platteland.
J: *Ben je in de buurt van een stad?*
A: Ja. Ik denk… Atchinson. Dat is de naam.
J: *Wat gaat er gebeuren, daar bij de rivier?*
A: Een jongetje zal erin vallen … en het andere jongetje zal hem moeten redden. Ik moet hem helpen. De rivier is hier heel diep en er staat een sterke stroming. Deze kleine jongen is niet erg sterk. Ik ga hem helpen, om zijn vriend te redden.
J: *Wat doen die kinderen daar bij de rivier?*
A: Ze zijn aan het vissen.
J: *Alleen zij twee?*
A: Ja. Ze zouden hier niet mogen zijn. Ze zouden op school moeten zijn. Ze hadden honger, wilden iets eten en dachten dat ze een vis zouden kunnen vangen voor het avondeten.
J: *Zijn het broers?*
A: Nee, ik denk dat ze neefjes zijn. Hele goede vrienden – maar familie.
J: *Wonen ze in hetzelfde huis?*
A: Ja, dat doen ze.

J: *En de ene jongen zal erin vallen. Wat doet hij – vangt hij een vis die hem erin trekt?*
A: De oever is steil. Hij glijdt uit. De andere jongen is bang. Ik zal hem helpen om niet bang te zijn.
J: *Weet hij hoe hij moet zwemmen?*
A: Nee. Daarom moet ik hem helpen. Hij weet niet hoe hij dit moet doen.
J: *Hoe oud zijn deze jongens?*
A: Ik denk dat ze erg jong zijn, misschien tien of twaalf, hele jonge kinderen. Ik ga hem helpen. Zie je hoe goed hij zwemt? Ze zullen het nooit weten.
J: *Al dat hij zal weten, is dat hij het gewoon deed.*
A: Het is erg grappig. Ik vind deze jongen leuk.
J: *Weet je wat hij gaat doen als hij opgroeit?*
A: Nee. Ik denk dat hij gewoon zal opgroeien om een boer te worden. Ik vind het leuk om iets voor hem te doen. Ik denk, dat ik hem voor altijd zal laten weten, hoe hij moet zwemmen. Vanaf nu zal hij het altijd kunnen. Dat zal hij leuk vinden.
J: *Ik gok dat die andere jongen echt heel bang was.*
A: Hij wist dat die andere jongen niet kon zwemmen en hij sprong er gewoon in en zwom. En dat hij daarna altijd prachtig zou kunnen zwemmen, zullen ze zeggen. Het zijn aardige jongens. Dit is erg moeilijk voor hun families – ze zijn arm. Ze probeerden te helpen. Daarom waren ze aan het vissen. Hun families hebben honger.
J: *Woont hun familie hier in de buurt op een boerderij?*
A: Ja. Ze wilden iets te eten hebben. Dat is alles, wat ze wilden doen.
J: *Laat eens kijken. Dat is Atchinson, de volgende grote stad aan de rivier?*
A: Dat is hem; het ligt aan de rivier.
J: *En we zijn in ... welke staat is dit – Missouri?*
A: Nee, we zijn in Kansas. Het is hier erg vlak.
J: *Veel boerenland in de buurt?*
A: Een boel hier.

Ik keek op de kaart om te zien of Atchinson, Kansas aan de rivier was gelegen. Ze had gelijk – het ligt aan de Missouri Rivier.

* * *

J: *Ik neem aan dat je niet bent geroepen, om slechte mensen te helpen, of wel?*
A: Oh, ja.
J: *Help je iedereen?*
A: Nou, soms gaan mensen door een moeilijke periode in hun leven. Soms gaan ze door een periode waarin ze erg slecht zijn en dan veranderen ze. Soms zijn ze erg goed geweest, dan veranderen ze en doen ze slechte dingen. Maar als het nodig is, dan helpen we hen, als het nog niet hun tijd is. Soms helpen we hen door ziekte, helpen we hen om dingen gedaan te krijgen. Ik heb ooit een man geholpen die slecht was.
J: *Hoe heb je hem geholpen?*
A: Nou, hij was een erg slechte man, gemeen, maar ... hij moet een hoop goedheid in zich hebben gehad. Want een paard was weggerend en het zou dit kleine meisje raken op straat. Hij gooide zichzelf ervoor om haar achteruit te werpen. En toen hij haar greep en teruggooide, viel hij en de hoef van het paard schopte hem tegen zijn hoofd. De mensen dachten, dat hij dood zou gaan en velen waren daar blij om. Maar ik was gezonden om hem te helpen. Omdat hij iets goeds had gedaan, zou dit zijn leven veranderen. En daarna veranderde zijn hele leven. Hij wist dat het als een wonder was, zo noemde hij het, dat hij beter werd. En hij veranderde, hij begon te voelen dat er misschien een reden was, dat hij beter werd. De enige keer dat hem iets fortuinlijks overkwam, was net nadat hij iets goeds had gedaan, dus begon hij te veranderen.
J: *Je zegt dat hij een slechte, valse man was? Wat deed hij, dat vals was?*
A: Nou, hij had geld gestolen. Hij had zelfs enkele mensen gedood en hij was ermee weggekomen. De wet had hem nog niet achterhaald om iets te bewijzen. Hij bedroog een heleboel mensen. Met kaartspelen, ik denk dat het dat is, want hij speelt en hij speelt vals. Eén keer pakte hij geld en alles van een man af. En de man zei, dat het spel niet goed was gespeeld. Hij schoot de man neer – schoot hem gewoon neer. Maar later, nadat hij was geholpen, begon hij te veranderen en had hij erg veel spijt van wat hij had gedaan. Hij verhuisde, maar voordat hij vertrok, gaf hij zijn geld aan de predikant hier in het dorp, om een kerk te bouwen. Het kleine dorp had nog geen kerk. Mensen dachten, dat de schop

tegen zijn hoofd hem gek had gemaakt. Ze vonden het heel vreemd, dat een man die zo'n slechte reputatie had en die zoveel slechte dingen had gedaan, ineens zou veranderen. Ik sprak met hem toen hij ziek was. Soms doen we dat, wanneer een persoon ziek is. We proberen hen te helpen. Ze praten dan met ons. Het lijkt wel alsof het dan makkelijker voor een persoon is. Soms herinneren zij het dan niet als ze beter zijn, soms wel. Maar we kunnen hen vertellen, hoe ze zichzelf kunnen helpen. Zelfs als ze zich later soms niet herinneren met ons te hebben gesproken, herinneren zij zich wel wat wij hen hebben gezegd. Dat is het belangrijkste.

J: *Je zegt, dat ze ziek zijn en je vertelt hen, hoe ze zichzelf moeten helpen? Hoe ging dit? Je zegt, dat deze man tegen zijn hoofd was geschopt. Hoe kon hij zichzelf helpen met zijn wond?*

A: Zijn hoofd was gewond en ik kon gewoon mijn handen op hem leggen ...

J: *Dan heb jij zijn hoofd beter gemaakt. Ik bedoel, je hebt hem niet verteld, hoe hij het zelf beter kon maken.*

A: Nee. Ik sprak tegen hem. Hij was helemaal gek toen ik daarheen ging. Mensen dachten dat hij ijlde en toen ze de kamer verlieten, sprak ik tegen hem. En ik legde mijn handen op hem ... nam de druk van zijn brein weg. Het bot was een beetje gebroken en er vormde zich daar een klein bloedstolsel. Ik nam het weg. En toen vertelde ik hem, dat hij moest rusten en bijna 48 uur moest slapen. En als hij wakker zou worden, zou hij helemaal in orde zijn. En ik sprak met hem, over dingen die hij had gedaan. Hij luisterde.

J: *Je liet hem terugkijken op wat hij had gedaan?*

A: Ja. Ik zette hem daar, naast zichzelf en naast mij en we keken terug naar sommige van de dingen, die hij had gedaan. En hij huilde en had erg veel spijt. Daarna stopte ik zijn geest terug in zijn lichaam en herstelde zijn gedachten. Hij zou verder kunnen gaan; dat is, wat hem veranderde. Het was niet iets dat de dokter deed, want daar kunnen ze niks aan doen. Er vormde zich daar een bloedstolsel en ze wisten niet, wat ze eraan moesten doen. Ze kunnen het niet eens zien. Heel vaak weten deze doctoren niet eens, dat het er is.

J: *Maar zie jij het wel, of wordt het jou verteld?*

A: Nou, er was mij verteld dat hij gewond was en hulp nodig had.

J: *Ik bedoel, dat bloedstolsel.*

A: En toen ik naar hem keek, kon ik zien wat er aan de hand was. Ik wist dat als ik mijn hand erop zou leggen, dat dit het zou helen. Zoiets had ik nog nooit eerder gedaan, maar ...
J: Is jou verteld, dat je dit kunt doen?
A: Ja, dat kan ik. Bijna elke dag ontdek ik iets anders, dat ik kan doen.
J: Tjonge, er is een hoop te leren.
A: Er is heel veel te leren, dat klopt zeker. Je zult het zien.
J: Zijn alle geesten in staat om dit te doen?
A: Wanneer het nodig voor hen is ... ik zou denken, dat ze het dan zouden kunnen. Ik denk, dat ze het allemaal kunnen. Iedereen die ik heb gesproken, kan het. Iedereen die zij hebben gesproken, kan het. Het is gewoon een heel ... ik denk dat het de aard van geesten is, om deze dingen te doen. Het wordt van ons verwacht.

* * *

Het volgende incident was ongebruikelijk, omdat ondanks dat haar nooit was verteld om dit te doen, Anita op drie verschillende gelegenheden terugkeerde naar dezelfde gebeurtenis.

J: Het is het jaar 1810. Wat zie je?
A: Een stad. Enkele gebouwen.
J: Wat ben je aan het doen?
A: Ik ben op iets aan het wachten.
J: Hoe lang wacht je al?
A: Ik dat weet ik echt niet. Ik weet de tijd niet meer, zoals ik dat vroeger deed.
J: Waar ben je?
A: Ik ben hier, in New York. Ik wacht, tot er iets gaat gebeuren. Er zal snel iets gaan gebeuren. Iets slechts. Wanneer het gebeurt, zal ik helpen.
J: Dit is het jaar 1810? En welke maand en dag is het?
A: Dit is in maart ... de 18e.
J: En je weet niet wat er gaat gebeuren?
A: Het zal gauw gaan sneeuwen. En het zal slechter en slechter worden. En een kind zal heel erg bang worden, heel erg bang. Ja, ik ga een klein meisje helpen, ik denk dat het dat is. Ik heb haar nu een tijdje geobserveerd. Het is een erg leuk, klein meisje, heel erg aardig.

J: *Wat is ze aan het doen?*
A: Nou, ze woont op een boerderij. Het gaat er niet zozeer om, wat ze nu aan het doen is. Ze is ... voordat ze sterft, zal ze erg belangrijk zijn. Ze zal bepaalde dingen doen en een hoop mensen hier in deze stad helpen. Dit is allemaal gepland. Ze zal in gevaar zijn. Ik zal haar leven moeten redden, zodat ze niet sterft. Ze zal bang zijn, heel erg bang. En ik zal haar helpen thuis te komen.
J: *Hoe weet je, dat dit gevaar staat te gebeuren?*
A: We weten wanneer dingen zullen gaan gebeuren. Soms, wanneer we voor de eerste keer op een plek aankomen en we observeren een tijdje, dan weten we het. En ik wist toen ik dit kleine meisje zag, dat zij degene was, die ik zou moeten redden. En toen ik naar haar keek, zag ik alle dingen die ze in haar leven zou gaan doen.
J: *Weet je hoe dit kleine meisje heet?*
A: Nee, dat weet ik niet. Ik denk, dat ik daar wel achter zou kunnen komen. Ik ...
J: *Nou, dat is niet heel erg belangrijk, of wel?*
A: Nee, het is niet belangrijk wat de namen zijn. Ze zal heel veel mensen in deze stad gaan helpen. Ik denk ... oh, ja ... ze zal met iemand trouwen die heel rijk is. En ze zal heel veel arme mensen gaan helpen en dit is hel erg belangrijk. En ik denk, dat ze sommige mensen zal gaan helpen, die zijn weggelopen, sommige donkere mensen.

Ik nam aan, dat ze misschien refereerde aan de 'ondergrondse spoorweg' [underground railroad] naar Canada, welke weggelopen slaven hielp hun meesters te ontsnappen, vóór en gedurende de jaren van de Burgeroorlog (1860-er jaren).

A: En ze zal de arme mensen hier in deze stad helpen. Het is dus belangrijk, dat ze blijft leven. Ze was bang om naar buiten te gaan vanmorgen. Soms voelen kinderen meer dan ouders.
J: *Oh, ze weet dat er iets gaat gebeuren?*
A: Ja. Ze is een beetje bang, en haar moeder stuurt haar naar ... school? Ja. Het is school. Ze gaat naar school.
J: *Zal haar iets overkomen onderweg naar school?*
A: Ja. Het zal ongeveer gaan sneeuwen, wanneer ze de school bereikt en het zal heel hard gaan sneeuwen. Ze hebben een paar hele mooie dagen gehad en beginnen te denken dat het lente is, en dat

het niet meer zal gaan sneeuwen. Maar het zal gaan gebeuren en ze zullen de kinderen die een lange weg terug hebben, eerder naar huis laten gaan. Ze zal daarbuiten zijn in al die sneeuw. Als ik haar niet zou helpen, zou ze kunnen vallen in de sneeuw, of de weg kwijtraken of doodvriezen. Ze is heel erg bang en alleen, dus ik zal haar gaan helpen.

J: *Goed! Je zult haar naar huis begeleiden?*
A: Ja. Ik zal haar bij de hand nemen en ze zal een uitbarsting van kracht voelen, als een tweede wind en haar tred zal lichter zijn. Ik zal haar een beetje voortrekken en haar helpen. Haar wat extra kracht geven, die ze nodig heeft, zodat ze thuis zal komen.

J: *Heeft ze een lange weg te gaan?*
A: Ja, ze moet ongeveer twee mijl gaan, ik wil niet, dat haar nu iets overkomt. Later zullen mensen haar vragen, hoe ze het ooit heeft gehaald. En ze zal hen vertellen: "Ik weet het niet, ik liep gewoon." Voordat we haar huis bereiken, zal de sneeuw tot haar middel komen. Het waait erg hard. Het laatste stukje tot aan het huis, zijn de paarden niet eens doorgekomen.

J: *Is ze nu veilig thuisgekomen?*
A: Ja, ze is veilig. Ze waren zelfs bang om haar te gaan zoeken in die sneeuwstorm.

J: *Weet ze, hoe ze het heeft gedaan?*
A: Nee, ze zal het nooit weten. Ze deed het gewoon, is alles wat ze zal zeggen. Haar moeder voelt, dat het een gebed was, dat werd beantwoord ... en ze heeft gelijk.

Aangezien we een datum hadden gekregen: 18 maart, 1810, schreef ik het weerbureau aan in de staat New York, om na te gaan of ze enige gegevens hadden, met betrekking tot een zware sneeuwstorm op die datum, die ongebruikelijk was voor het seizoen. Opnieuw liep ik vast. Ze antwoordden, dat ze mij niet konden helpen, omdat hun weerrapporten niet zo ver teruggingen.

* * *

J: *Het is het jaar 1934. Wat ben je nu aan het doen?*
A: Ik heb overal wat rondgekeken.
J: *Wat heb je bekeken?*

A: Ik wil dingen zien. Ik hou ervan om naar het oosten te gaan. Ik hou van het oosten. Het is daar erg mooi. Ik zou daar ooit graag willen wonen.
J: *Aan het water?*
A: Ja, ik kijk vaak naar het water.
J: *Ben je daar ooit wel eens eerder geweest?*
A: Ik denk, dat ik hier heel lang geleden ben geweest. Ik voel mij heel erg verbonden aan deze plaats.

Ze woonde vlakbij die streek als Sarah. Ze was ook verhuisd van Beeville, Texas naar Maine in de jaren 1970. Dit zou haar wens kunnen hebben vervuld, om ooit in het oosten te wonen.

J: *In welk deel van het oosten ben je nu?*
A: In het noorden. Ik hou van de bergen, bomen en het water. Het is hier erg mooi. Ik moest hier komen rond ... ik weet niet zeker rond welke tijd. Het is erg moeilijk om de tijd vast te stellen. Maar ik kwam hier om iemand te helpen die was gevallen, de weg was kwijtgeraakt.
J: *Ze waren gevallen?*
A: Ja, in de sneeuw. En ik hielp hen om terug te komen bij de groep, waarmee ze reisden. En daarna dacht ik, dat ik daar zo lang zou blijven als ik zou kunnen.
J: *Daar blijven totdat je weer zou worden geroepen?*
A: Ja, het is hier heel mooi en ik hou ervan om de mensen te bekijken.
J: *Wat zijn de mensen aan het doen?*
A: Nou, ik hou ervan om deze hier te bekijken. Ze komen naar deze plek en doen grappige dingen aan hun voeten en glijden dan van een heuvel af. Ze lachen en het zijn erg gelukkige mensen.
J: *Ze doen iets aan hun voeten en glijden dan van een heuvel af?*
A: Ja. Ik hou ervan om daarnaar te kijken. Dat zou ik ook graag doen, denk ik, maar ik kan niets aan mijzelf bevestigen op die manier. Ik heb het geprobeerd.
J: *Heb je geprobeerd, ze aan je voeten vast te maken?*
A: Het was heel grappig. Mensen waren heel erg bang, toen het gebeurde.
J: *Wat gebeurde er?*
A: Ik zag een man die dingen afdoen en ik ging er naartoe en legde ze op de vloer. Iedereen was erdoor verrast – ze dachten dat ze

omvielen. Het was erg moeilijk voor me, om ze uit de deur te krijgen. Ik weet niet, hoe deze mensen dat doen. Ik denk dat zij ze buiten aandoen. Als ik niet door de deur was gekomen, was het mij nooit gelukt. Ik moest ze afdoen, de deur opendoen en teruggaan om ze aan te doen. Ik kon die dingen niet door de deur krijgen, zonder een enorme commotie te veroorzaken. Ik probeerde niet op te vallen, maar het leek alsof iedereen mij zag. Toen ze die ski's door de deur zagen gaan, waren ze heel erg bang. Alle vier zaten ze daar maar, doodsbang. En toen ik buiten kwam, begonnen ze verschrikkelijk te glibberen en glijden. De arme man had een verschrikkelijke moeite om ze terug te vinden.

J: *(Grote lach) Moest hij er overal naar zoeken?*

A: Nou, eentje was vlakbij, gestopt tegen een boom. Maar hij lachte en lachte daarna. Hij zei, dat hij even had gedacht dat er een geest was geweest, maar een geest zou in staat moeten zijn geweest, om ze aan te houden.

J: *Hij weet niet erg veel, of wel soms?*

A: Nee, ik denk dat hij nog nooit een geest heeft gezien. Hij lijkt het niet te weten. Het was erg moeilijk, maar het was leuk. Dat ga ik ooit nog een keer proberen. Deze mensen zullen niet meer terugkomen op deze plaats.

J: *Niet?*

A: Het was een klein huisje, eigendom van een man. Ze hadden de sleutel gekregen voor een weekend. Ze zijn vast en zeker bang geworden.

J: *Ze hadden niet gedacht, dat die ski's dat konden doen.*

A: Nee. Ze begrepen niet wat er gebeurde. Ik dacht, dat ze allemaal bezig waren. Dat ik er gewoon mee naar buiten zou kunnen gaan en dat niemand het zou merken. Maar ze hoorden het. Heel grappig, daar moesten ze om lachen. Hun meisjes waren zo geschrokken, zo bang. Ze zijn meteen erna vertrokken. Ze vertrokken in het donker, smeerden hem. Hij wilde daar blijven, maar ze vertrokken allemaal meteen, zodra ze hun spullen hadden gevonden. Pakten hun kleren in en vertrokken.

J: *Hoe kwamen ze daarboven; hadden ze gereden?*

A: Ze kwamen in een auto en een trein. Ze kwamen van ... van een grote stad. Ik observeerde dat meisje daarna nog een tijdje. Ze ging naar huis en ze was zo bang. Ze wist, dat ze daar niet had moeten komen. Ze dacht dat het daarom was gebeurd. Ze ging naar een behekste plaats. Ze was een jong meisje, erg mooi meisje, ongeveer 18, 19.

J: *Je zei dat ze wist, dat ze daar niet heen had moeten gaan?*
A: Nee. Ze ging met iemand, waarmee ze daar niet heen had moeten gaan. Ze dacht dat ze werd gestraft. Dus volgde ik haar. Ik zou haar vertellen wat er was gebeurd, maar ik kreeg niet meer de kans om met haar te praten. Ik observeerde haar een tijdje en één keer probeerde ik met haar te praten, maar ik kan haar mij niet laten horen. Ze was heel erg bang. Alles leek haar heel erg bang te maken. Maar dat was een tijd geleden. Soms ga ik terug naar die plek en bekijk de mensen die daar komen. Ze noemen het nog steeds behekst. Ze denken, dat het een geest was.

Dit incident toonde aan, dat zelfs een geest een gevoel voor humor kan hebben en soms de tijd kan nemen, om wat plezier te hebben. Het klonk niet heel erg als de enge geesten, waar we ons hele leven aan gewend zijn, om over te horen.

J: *Vertel me eens, zijn er geesten voor de verschillende dieren?*
A: Niet zoals ik. Ze zijn geen geesten; ze zijn een totaal verschillend wezen. Ze voelen dingen, ze hebben een intelligentie, die mensen totaal niet begrijpen.
J: *Hebben ze geen geest?*
A: Niet zoals mensen. Mensen zijn heel erg dom, als het om dieren gaat. Ze denken dat als een dier intelligent zou zijn, dat het dan doet, wat een mens wil dat het doet. Soms zijn dieren intelligenter. Als ze gevaar kunnen voelen, doen ze geen dingen, die mensen hen willen laten doen.

* * *

J: *Het is het jaar 1930. Wat ben je aan het doen?*
A: Nou, ik ben hier net een tijdje.
J: *Waar ben je?*
A: Ze vertelden mij dat de naam van deze stad Seattle is.
J: *Is het een grote stad?*
A: Oh, redelijk groot. Veel mooie bloemen.
J: *Wat doe je hier?*

A: Nou ... zie je die vrouw daar? Ze zal worden geraakt door een auto. Ik kan de auto niet tegenhouden, zodat ze niet wordt geraakt. Dat kan ik niet stoppen. Wanneer ze wordt geraakt, zal ik voor haar zorgen.

J: Oh, zodat ze niet doodgaat?

A: Dat klopt.

J: Maar je kunt niet zorgen, dat de auto haar niet raakt?

A: Nee, dat kan ik niet doen. De jongeman die de auto bestuurt, het is een deel van zijn leven. Hij zal die vrouw raken en voor een tijdje zal hij denken, dat ze zal sterven.

J: Oh, dit is iets wat hem zal overkomen. Het moet plaatsvinden?

A: Het moet gebeuren. Hij zal ervoor wegrennen. Hij zal doodsbang zijn, dat de vrouw is overleden. Maar ik ga haar helpen, ervoor zorgen dat de pijn niet zo erg is, haar terugbrengen naar haar huis. Ze zal zich maar een tijdje slecht voelen, en zal haar in slaap laten vallen. En wanneer ze wakker wordt, zal ze helemaal niet meer gewond zijn. Er zal nooit iets over in de kranten verschijnen, maar die jongen zal zich een tijd lang zorgen moeten maken. Het zal hem zijn leven laten overdenken.

J: Hoe heeft hij geleefd?

A: Het kan hem niks schelen wat hij doet, of wie hij pijn doet. Dit zal hem afschrikken.

J: De vrouw wordt geraakt... maar dan gok ik, dat ze niet te hard zal worden geraakt, of wel?

A: Oh, ze zal heel erg hard worden geraakt. Het moet hard genoeg zijn zodat hij denkt dat hij haar heeft gedood. Hij moet in zijn gedachten geloven dat hij haar heeft gedood. Hij zal een tijd later naar deze weg terugkeren als hij er niks over ziet in de krant. Hij zal deze weg op en neer blijven rijden, om deze vrouw te zoeken. Maar ze zal hier niet zijn. Ze zal haar dochter gaan bezoeken. Ze zal een lange tijd wegblijven en een fijn bezoek hebben. Deze jongen, hij zal zich heel erg druk maken. Hij zal zijn hele verdere leven besteden aan het goedmaken, dat hij die arme vrouw heeft gedood.

Het is verbazingwekkend om te realiseren, wat een geweldig complexe serie van gebeurtenissen constant achter onze rug om wordt geweven, zonder dat wij daar weet van hebben. Het lijkt erop, dat alles een betekenis heeft, zo niet in onze levens, dan in dat van iemand anders. Het is ook geruststellend, dat een hogere intelligentie alles in de gaten houdt.

Hoofdstuk 12

Een Geest kijkt naar de Toekomst

In sommige van de eerste sessies, terwijl zij in de geestenwereld verblijft, refereert Anita eraan, dat zij in staat is om naar mensen te kijken en dingen over hen kan zien. Toen zij bijvoorbeeld stierf in haar leven in Chicago en wachtte totdat Al dood zou gaan, zei ze dat ze naar hem kon kijken en kon zien, wat er met hem zou gaan gebeuren. We waren geïntrigeerd door het idee, dat ze dit misschien zou kunnen doen op een experimentele basis. Het zou zeker interessant zijn, om dit te proberen. Aangezien het een eigenschap was, die ze alleen leek te hebben in de geestvorm, zou ze naar een periode tussen de levens in moeten worden gebracht. De eerste keer dat we dit probeerden, was ze teruggebracht door de levens van June en Jane, terug naar 1810. Hier stopten we en vertelde ze ons over haar leven als een geest, waarvan we enkele dingen hebben bericht in het vorige hoofdstuk.

J: Hoeveel geesten zijn er in de buurt?
A: Hier? Er zijn er hier enkele.
J: Kunnen jullie elkaar zien?
A: Oh, ja ... We praten.
J: Waar praten jullie over?
A: Soms over dingen die we hebben gedaan, of waar we naartoe gaan, of plaatsen waar we zijn geweest.
J: Kun je mij één zo'n geest beschrijven?
A: Nou ... kies er maar één uit!

Johnny speelde met haar mee, want overduidelijk kon hij niet zien, wat zij zag.

J: Nou, die ene, die daar staat.
A: Hij? Oh, hij is aardig. Hij is een aangename man. Hij is nu al een paar jaar een geest. Hij ziet er net zo uit, zou ik denken, als toen

hij nog leefde. Natuurlijk is een geest niet, weet je ... nou, kijk mij. Ik ben ... nou, ik geloof dat het juiste woord "dun" is. Je kunt gewoon door mij heen kijken. Ik kan door hem heen kijken. Ik kan door andere geesten heen kijken. Het is grappig, dat we zo kunnen zijn en kracht hebben en dingen kunnen doen. We veranderen enorm. Ben jij al lang een geest?

J: *(Verrast door haar vraag.) Nee, dat ben ik zeker niet.*

A: Nou, je moet eraan wennen.

J: *Dat is zeker zo. Dit is heel vreemd.*

A: (Ze klonk heel geruststellend.) Nou ja, je hoeft niet bang te zijn.

J: *Dat zal ik proberen. Heeft die man verteld, waarom hij hierheen was geroepen?*

A: Nou, hij is hier al geruime tijd en hij heeft wat mensen geholpen. Ik denk dat hij nu wacht om opnieuw geboren te worden. Hij weet nu, waar hij heen zal gaan. Het zal nog een tijdje duren, maar zal weer opnieuw geboren worden.

J: *Hoe weet hij dat?*

A: Nou, het is hem verteld; hij voelt het. Ik kan dit gevoel niet beschrijven. Je zult er wel aan gewend raken. Het is niet, zoals toen je nog levend was en iemand zei iets en je hoorde het met je oren. Of als iemand ver weg was van je en hun stem klonk zacht. Je hoort deze stem, net alsof hij hier bij jou is. Je hoort de stem, voelt het voornamelijk. Maar het is altijd heel exact, het is niet vaag. Je weet precies, wat er van je verlangd wordt. En we kunnen soms zelfs met elkaar praten, zonder ook maar een woord te zeggen, zoals ik nu met jou praat. Soms doen we dat ook. Het hangt er gewoon vanaf.

J: *(Hij besloot dat het tijd was om het experiment uit te proberen.) Vertel me eens, kun je vooruitkijken [in de tijd]?*

A: Nou, ja, als we het proberen, concentreren. Als we het echt moeten weten, of als we het willen weten, kunnen we het zien. Soms vertel ik mensen wat er gaat gebeuren, om hen gerust te stellen.

J: *Kun je vooruitkijken en iets zien dat gaat gebeuren en het mij vertellen?*

A: Nou ... over jou of over het land, of ...

Johnny was van plan om eerst iets te weten te komen over het land, maar toen ze dat zei, werd zijn nieuwsgierigheid te groot.

J: *Over mij. Kun je iets over mij zien, dat zal gaan gebeuren?*
A: Laat me even concentreren. (Pauze) Ik kan je wat dingen vertellen. Ik kan je vertellen dat je geen geest bent. (Verrast) Ik weet niet wat dit is. Je bent geen geest!
J: *Ben ik dat niet?*
A: Nee, je bent in leven! Maar niet in deze tijd [1810]. Je zult nog heel veel meer levens gaan leiden, dan hetgeen waar je nu in bent.
J: *Ben ik in mijn eerste leven?*
A: Nee, oh nee! Je hebt heel veel levens gehad voor dit leven. En je zult er nog heel veel meer hebben.
J: *Kun je mij vertellen, wat ik in dit leven ga doen?*
A: Nou, het is heel vreemd, want je spreekt tegen mij vanuit een ander leven, een andere tijd. Ik denk dat je leeft … in de toekomst! Van mij. Ik weet niet hoe ver. Maar ik kan je zien, zoals ik denk dat je eruitziet. En ik kan je vertellen, in dat leven, zul je een heel, heel sterk leven leiden. Je bent in principe een heel goed persoon. Er zijn enkele dingen, die je niet helemaal goed doet. Er zijn dingen … maar in principe, zijn de lessen begonnen om daar te komen. Je hebt heel veel geleerd.
J: *En zeg je dat ik lang zal leven, in dat leven?*
A: Ja, ik denk dat je oud zult worden. Ik zie je, als ik nu naar je kijk, als een hele oude man. Je hebt kleinkinderen … nee, er zijn achterkleinkinderen. Je hebt achterkleinkinderen. Je zult veel langer leven, dan mensen die in deze tijd leven. Dat is één manier waarop ik wist, dat je in de toekomst was.

Hij vroeg haar waar hij zou leven, en ze ging verder met het beschrijven van de plek. Eén vreemd ding dat ze zei was, dat de staat waarin we ons zouden vestigen, in die tijd [1810] nog geen staat was. We vestigden ons uiteindelijk in Arkansas, wat nog geen staat was in de tijd waar we haar naar teruggebracht hadden. Ook wist niemand, waar we van plan waren om heen te gaan, zodra we met pensioen zouden gaan van de Marine. Op dat moment wisten we het zelf nog niet eens zeker en we dachten dat het nog enkele jaren zou duren, voordat we ons daar zorgen over zouden moeten maken. Ze ging verder met onze plek te beschrijven op het platteland. Aangezien Johnny op dat moment geïnteresseerd was in het parttime repareren van Tv's en radio's, naast zijn reguliere Marine baan als vliegtuigcontroller [radar operator], vroeg hij haar, wat voor soort werk hij zou gaan doen. Ze raakte van streek en werd erg ongemakkelijk. Ze zei, dat dit iets heel vreemds voor haar was.

A: Maar het is in die tijd. Het is met draden ... buizen. Het is vreemd ... beangstigend. Je bent een ander persoon. Ik heb dat nog nooit eerder gedaan ... zoals dat. Het is heel verwarrend, wanneer ik dingen zie die ik niet begrijp. Deze buizen zijn heel grappig. Het heeft te maken met de toekomst, veel later dan hier. Ze zullen hieraan gaan werken, denk ik, in een andere eeuw. Ik denk dat ze rond 1930 hieraan beginnen te werken. Hier ga je aan werken, als je levenswerk.

J: Dan gok ik, dat ik het leuk zal vinden, toch?

A: Je zult het heel leuk vinden. Ik heb het gevoel, dat je heel erg gelukkig bent in dit leven. Je hebt wat problemen, maar dat zijn geen ernstige problemen. Nou, weet je, voor iedereen die leeft, voor hen zijn hun problemen groot. Maar in verhouding tot de problemen die je kunt hebben, zijn deze klein. Dit leven is gemakkelijker dan je vorige levens.

J: Eens kijken, er wordt verondersteld dat we om de zoveel tijd opnieuw worden geboren en nieuwe lessen leren?

A: Er is geen bepaalde tijd voor. Ik dacht eerst dat dit er was. Maar het is er niet.

J: Maar ik begrijp, dat we lessen te leren hebben?

A: Ja, je moet elke keer iets leren. Je leert op dit moment, in dit leven, dingen die je de laatste keer had moeten leren. Ik zie goedheid om je heen, je bent aan het leren. Daarom zul je een lange tijd leven. Je zult veel bereiken in dit leven. En elke keer hierna, zal het leven een beetje gemakkelijker zijn. Je zult merken, dat je in je volgende levens andere problemen zult hebben, maar elke keer zal je levensduur gemakkelijker lijken en je lijkt meer te bereiken en belangrijkere dingen te doen. Dit is wat ik zie, wanneer ik naar je kijk. ... Maar het is verontrustend.

Omdat ze zo van streek leek, om naar dingen zo ver in de toekomst te kijken die ze niet begreep, liet Johnny haar dit nooit meer van zo ver achter in de tijd doen. Nadien, als we dit soort experimenten deden, bracht hij haar alleen maar naar de 1930-er jaren terug, haar meest recente geestvorm, en het leek haar minder van streek te maken. Op deze momenten vertelde ze ons wederom over onze toekomst en wilde ze ook meer ontdekken over die van haarzelf. Als ze sprak over haar eigen toekomst, zei ze dat ze haar geest maar met moeite kon volgen. Ze sprak erover, dat ze zichzelf observeerde, alsof ze naar een vreemde keek, heel objectief. Vanuit een persoonlijk perspectief was dit allemaal heel erg interessant voor ons. Echter, we vonden dat we moesten proberen dingen uit te vinden, die op meer mensen betrekking hadden. Wat er met ons land zou gaan gebeuren bijvoorbeeld. Onthoudt dat deze sessies plaatsvonden in medio 1968.

Anita was teruggebracht naar 1930 en ze was in de geestvorm tussen levens in.

J: Kun je je concentreren en vele jaren vooruitkijken en mij vertellen wat er gaat gebeuren?

A: Ik kan het proberen. Niemand heeft mij dat ooit eerder gevraagd. Soms, weet ik wat er gaat gebeuren. Soms, zie ik het heel erg duidelijk. Concentreer mij erg hard. Ik doe dat alleen als ik mensen probeer te helpen. Ik zoek naar iets specifieks, probeer iets te vinden dat hen moed zal geven, of om naar uit te kijken of om hen te helpen.

J: Daar zat ik ook aan te denken, of je vooruit zou kunnen kijken en kunt zien wat er met dit land gaat gebeuren, wat heel veel mensen zal beïnvloeden. Dat zouden ze waarschijnlijk willen weten. Eens kijken, dit is het jaar 1930? Kun je vooruitkijken naar 1968? Dat zou 38 jaar vooruit zijn.

A: Het is een heel slecht jaar. Veel slechte dingen gebeuren. Er zullen heel veel oorlogen zijn.

J: Zal dit land betrokken zijn bij de oorlogen?

A: Ja. Veel mensen gaan dood, families lijden pijn. Er zullen twee oorlogen zijn in 1968.

Dat was een verrassing. We vochten nog steeds in Vietnam, maar waar nog meer?

A: Ja, maar ze noemen het geen oorlogen. Ze gaan het geen oorlog noemen, maar het is een oorlog. Er zijn twee landen waartegen we gaan vechten.

J: Kun je mij vertellen welke twee landen oorlog voeren tegen dit land?

A: Nou, we vechten tegen één land, maar dat is niet degene, waartegen we echt vechten. We vechten in twee landen, maar hetzelfde land begon beide. We vechten tegen ... Rusland.
J: *We vechten tegen Rusland?*
A: Beide keren, maar op verschillende plaatsen, in verschillende landen. We vechten niet hier en we vechten niet in Rusland. We zullen in andere landen vechten dan die.
J: *In welke landen vechten we?*
A: Nou, ze hebben in één een lange tijd gevochten, langer dan iemand weet – Indochina ... Vietnam. We hebben een lange tijd gevochten vóór dit jaar 1968, zo'n ... tien jaar hebben ze daar gevochten.
J: *Dat is in Indochina?*
A: Het was ooit Indochina, ze hebben de naam veranderd. Het heet Vietnam.
J: *En het andere land?*
A: Het andere land zal later in datzelfde jaar zijn. We beginnen een oorlog in Korea.
J: *(Verrast) In Korea?*
A: Ja. We hebben eerder tegen dit land gevochten, ongeveer 20 jaar geleden en ze vechten opnieuw. Het zal beginnen in het jaar 1968. Ik zie het in '68, in de late herfst ... ik denk tegen november – op Thanksgiving. Veel mensen zullen van streek zijn, want de oorlog was net begonnen.
J: *Niet veel om dankbaar voor te zijn, of wel?*
A: Nee.

Zoals we nu weten, kregen we geen oorlog met Korea, maar het Pueblo Incident vond in dat jaar plaats. Werd een oorlog voorkomen, door de actie die toen werd ondernomen? Voor degenen die misschien niet kunnen herinneren wat er gebeurde, is een kleine verklaring op zijn plaats. Uit het Collier Encyclopediejaarboek van 1968:

Toen in januari Koreaanse strijdkrachten het Amerikaanse marine verkenningsschip Pueblo innamen, was de internationale aandacht gericht op Korea. Er werd beweerd, dat het schip de kustwateren was binnengedrongen (een aanklacht die door de Verenigde Staten werd ontkend), derhalve hield de Noord-Koreaanse regering het schip en de 82 opvarenden vast, ondanks pogingen van de Amerikaanse regering om hen vrij te pleiten. Dit voorval leidde tot een versterking van de Amerikaanse strijdmacht in Zuid-Korea. Ondertussen werd er gemeld, dat de Noord-Koreanen hun eigen militaire positie aan het versterken waren en er werd gevreesd, dat de ene of de andere kant in de verleiding zou komen om te provoceren, wat zou leiden tot hervatting van vijandige activiteiten op grote schaal. Maar de oorlogshysterie bekoelde, toen duidelijk werd dat de Verenigde Staten niet van plan waren om door middel van oorlogszuchtige actie, het schip en de bemanning te bevrijden. Noord-Korea liet de bemanning van de Pueblo vrij in december, na bereiken van een overeenkomst met de Verenigde Staten, waarin de V.S. een valse bekentenis van spionage ondertekenden, terwijl ze dit publiekelijk afwezen. Een dergelijk compromis was schijnbaar nog nooit eerder voorgekomen in internationale wetgeving.

J: Het jaar 1968 – dat is het jaar waarin dit land toe is aan een nieuwe president, nietwaar?
A: Dat zou kunnen, dat zou kunnen.
J: Kun je vooruitkijken naar het eind van 1968 en het begin van 1969. Kun je zien wie er nu is verkozen tot nieuwe president van dit land? Hij is verkozen in november, is het niet; en hij treedt aan in januari?
A: Ik weet het niet. Ik heb nog nooit politiek in de gaten gehouden. Ik hou er niet van.

In dit leven is Anita zeer geïnteresseerd in politiek en wilde ze, dat we zoveel mogelijk te weten zouden komen over de opkomende verkiezingen.

A: Maar ik zie de president. Dit is december. Dit zou de huidige, dienende president moeten zijn in 1968. Er zal snel een nieuwe aantreden, maar niet tot het volgende jaar. Ik vind deze niet leuk. Iemand anders is verkozen. Deze man, deze man is heel erg slecht ... veel zwart om hem heen.
J: (Dit was een verrassing.) Hoe heet hij?
A: Ik heb het over de man die nu in functie is. Zijn naam begint met een J (Johnson?).
J: En hij is degene met het kwaad om zich heen?

A: Ja, hij is verwikkeld in een heleboel dingen, waar hij niet bezig zou moeten zijn. Hij heeft erg veel problemen voor het land veroorzaakt.
J: Zal hij volgend jaar doorgaan als president?
A: Nee, volgend jaar zal er een andere man komen.
J: Kijk vooruit en stel je die man voor. Kun je de nieuwe president zien?

Dit was heel erg spannend. De spanning was onverdraaglijk voor mij.

A: Ik zie hem.
J: Hoe ziet hij eruit?
A: Hij is lang ... en donker.
J: Heeft hij zwart rondom zich?
A: Nee, zo is hij niet, maar hij is in de war. Hij is een zwakke man. Dit was een slechte keuze.
J: Hoe heet hij?
A: Nixon.

Dit was een grote verrassing, want Nixon had zijn kandidaatschap nog niet aangekondigd en ook niks gezegd over dat hij deze keer zich verkiesbaar zou stellen. Er werd aangenomen, dat Robert Kennedy met weinig tegenstand zou worden verkozen. Zijn succes was bijna gegarandeerd.

J: En je zegt dat er een oorlog wordt met Vietnam en Indochina. Kun je het einde van die oorlog zien?
A: Het einde is nabij. Er zullen onderhandelingen beginnen dat jaar. En de mensen willen dat onze mensen naar huis komen, maar ze zullen er nog steeds zijn. En er zal nog steeds gedurende geheel '68 worden gevochten. We zullen proberen om daar weg te komen, maar er zijn erg veel belangen, meer nog dan iemand weet. Meer dan de mensen van dit land weten. Er zullen vredesonderhandelingen plaatsvinden in dit jaar '68, maar het zal nog een hele tijd gaan duren voordat alle mensen dat land verlaten om naar huis te komen. De andere zal heel klein beginnen, onbelangrijke dingen. Ze noemen het geen oorlog, maar dat doe

ik wel. Het is een oorlog. Geheel '68 is er oorlog ... heel slecht jaar.

J: *En deze nieuwe man, die president zal worden, hij zal niet in staat zijn om de oorlogen te stoppen?*

A: Hij is een zwakke man, en ze proberen hem te helpen. Hebben hem erin geduwd – de minst verwerpelijke. Hij heeft niet veel macht. En hij kan niet doen, wat hij wil doen. En hij is soms verward, over naar wie hij moet luisteren. Hij zal heel erg zijn best doen en hij heeft wat goede hulp. Hij zou echter geen president moeten zijn geworden. Hij was een slechte keuze.

J: *Wie had er president moeten worden?*

A: De man die het had moeten worden, ziet er heel anders uit dan hij. Hij is kleiner ... blond. Hij had deze keer president moeten worden.

J: *Probeerde hij dan president te worden, maar deze man werd het?*

A: Hij hield zich te lang op de achtergrond. Hij had het moeten zijn, maar hij was niet zeker of hij er wel klaar voor was.

We wisten niet zeker of ze sprak over Robert Kennedy of misschien Gerald Ford. Dit werd nooit duidelijk gemaakt.

J: *Zie je een andere grote gebeurtenis? Iets dat veel mensen zal raken?*

A: Mensen die anderen pijn doen. Heel veel rellen. Ze zullen er heel veel hebben dat jaar.

J: *Is er één grote rel bij?*

A: De grootste zal zijn ... het lijkt erop dat het in Chicago is.

J: *Welk deel van het jaar zal dat gebeuren?*

A: Erg heet ... hete zomer.

J: *Is het een rel met donkere mensen?*

Er vonden er heel veel plaats gedurende de 1960-er jaren.

A: Er zijn ook ander mensen bij betrokken. Sommige blanken, donkeren ...

J: *De blanken veroorzaken de rellen?*

A: Sommigen van hen veroorzaken ze.

J: *Waarom denk je, dat ze dat doen? Kun je dat zien?*

A: Ik denk dat het is, om het land te verzwakken. Ze willen laten zien hoe sterk hun krachten kunnen zijn. Het zijn heel erg egoïstische mensen ... gebruiken de donkeren voor hun eigen voordeel.
J: *Zijn dat mensen van dit land?*
A: Sommige... sommige. Ze zijn hier al heel lang, zeer geïnfiltreerd in onze levens.
J: *Veroorzaken alleen maar een hoop onrust?*
A: Ja. Veel turbulentie... Ooo ... Ik hou niet van dat jaar. Heel weinig goede dingen in dat jaar. Zoveel mensen onnodig gedood. Negentienachtenzestig zal desastreus zijn – veel problemen, heel slecht jaar.

We dachten dat ze sprak over een rassenrel in Chicago, want dat leek de meest voor de hand liggende conclusie. We waren allemaal verbaasd, toen we rond de TV zaten in Augustus van 1968 en we de rellen zagen plaatsvinden in de straten buiten de Democratische Nationale Conventie in Chicago. Het werd zo erg, dat enkele duizenden mannen van de nationale garde en federale troepen werden opgeroepen, om de politie te helpen. De nieuwsmedia dachten, dat één van de factoren die de uitbarsting veroorzaakten was, dat Chicago één van de heetst genoteerde zomers doormaakte. Terwijl Anita bij ons zat te kijken naar de oproerpolitie die vocht tegen de betogers, zei ze dat het een heel vreemd gevoel was. "Ik heb al deze scenes al eerder gezien", zei ze.

Terwijl de verkiezingscampagnes doorliepen in de zomer en de herfst, leek het erg vreemd. Het was een gevoel van anticlimax. Alle opwinding was eruit verdwenen. Er was geen spanning. Per slot van rekening wisten we al, wie er zou worden genomineerd en wie de verkiezing zou winnen. En nadat de stemmen waren geteld en Nixon daar stond om de felicitaties in ontvangst te nemen, was het een gevoel van déja-vu. We hadden het al gezien; al ervaren in de maanden ervoor.

Negentienachtenzestig was een erg slecht jaar in meer dan één opzicht. De moordaanslag op Martin Luther King Jr. en Robert Kennedy vonden ook plaats in dat jaar. Men heeft diverse malen aan ons gevraagd waarom ze die gebeurtenissen niet heeft gezien en aan ons gemeld. Misschien deed ze dat, toen ze zei: "Ik hou niet van dat jaar. Weinig goede dingen in dat jaar. Zoveel mensen onnodig gedood.

Negentienachtenzestig zal desastreus zijn, veel problemen, erg slecht jaar."

Ik heb sindsdien geleerd, door verder te werken met hypnose, dat het de gehypnotiseerde vaak meer ziet, dan ze loslaten. Tenzij hen een directe vraag wordt gesteld, zullen ze het misschien nooit vermelden. Vaak komen de scenes te snel.

De sessie ging verder.

J: Vertel me, in het jaar 1968 sprak dit land, over het sturen van iemand naar de maan. Zullen ze daar aankomen?
A: Ze maken dingen die naar de maan gaan, maar nog niet zoals ze het plannen. Mensen zullen daar nog niet heengaan. Volgend jaar.
J: Negentiennegenenzestig?
A: Volgend jaar zullen mensen naar de maan gaan.
J: Zullen ze terugkomen?
A: Niet zonder ... tragedie. Het is allemaal heel erg donker, helemaal niet goed. Het is niet goed.
J: Is het dit land, dat deze mensen daarheen zal sturen?
A: We zullen daar zijn, maar niet dit jaar: 1968. In 1969 zullen we mensen naar de maan sturen.
J: En sommigen van hen zullen terugkomen?
A: Ik weet niet hoeveel er zullen gaan en ik weet niet hoeveel er terug zullen komen, maar de leider ervan zal worden gedood. Hij zal sterven.

Zoals we nu weten, zijn we inderdaad op de maan geland met de eerste bemande expeditie in 1969. We zaten voor onze TV en keken met ontzag, terwijl een andere voorspelling uitkwam. Waar hoe zat het met de tragedie? De enige waar we van weten, waren de Apollo vlucht die op de grond in brand vloog en alle inzittenden doodde en de Russische kosmonauten die stierven, terwijl ze de maan probeerden te bereiken. Zouden er andere sterfgevallen zijn geweest onder de astronauten die de regering nooit openbaar heeft gemaakt?

J: Dus, ze landen op de maan. Denk je, dat ze dit zouden moeten doen?
A: Nee, maar het zal niemand anders schaden dan henzelf. Het was niet de bedoeling dat ze dit zouden doen, maar het schaadt niks. Ze zullen niet doen, wat ze denken dat ze doen. Ze willen

ruimteplatforms. Ze willen de wereld overheersen. Dat zal nog lang niet plaatsvinden. Op een dag, nog heel ver weg, zullen er dat soort dingen in de ruimte zijn. Doordat ze er zijn gekomen, denken ze nu dat ze alles kunnen overwinnen, maar ze moeten nog veel, veel meer leren. Zoveel dat ze niet weten. Ze zullen nooit doen, wat ze denken dat ze nu aan het doen zijn.

J: *Zijn ze van plan om naar andere werelden te gaan?*
A: Ze willen ontdekken. Ze denken dat er daar dingen zijn.
J: *Zijn daar dingen?*
A: (Ze glimlachte alsof ze een geheim wist.) Oh, ja: oh, ja! Maar niet wat zij denken.
J: *Wat zijn die dingen dan, die daarginds zijn?*
A: Nou, er zijn heel veel andere planeten, elk met leven erop. Maar niet wat zij verwachten te vinden.
J: *Verwachten zij dit leven te vinden in een menselijke vorm, zoals zijzelf zijn?*
A: Nee, niet echt. Maar ze denken, dat ze direct in staat zullen zijn om te communiceren. Maar dat is niet waar. Dat kunnen ze niet; nog heel lang niet, misschien nooit. Ik zie ze dat nooit doen, zoals zij denken.
J: *Ze hebben dingen die in het hele land zijn waargenomen, die zij hebben gezien. Wat ze "ruimteschepen, vliegende schotels en vuurballen" noemen. Ze zeggen dat deze van een andere wereld komen, een andere planeet. Heb je die gezien?*
A: (Weer lachend.) Maar natuurlijk!
J: *Wat zijn het?*
A: Het zijn ruimtevoertuigen. Ze reizen erin.
J: *Wie reizen erin?*
A: Nou, dat hangt ervan af welke je bedoelt. Er zijn dingen die ze zien. Ze denken, dat het vliegende schotels zijn. Ze noemen ze ongeïdentificeerde objecten, die niets meer zijn dan een geest. Soms zijn het schepen, die van een andere planeet afkomstig zijn. Ze zijn in principe heel erg bang voor deze dingen. Als ze iets ontdekken, vertellen ze de mensen er niks over. Heel erg bang voor wat het zou kunnen zijn, want hun communicatie bereikt hen niet.
J: *Je zegt, dat dit ruimteschepen zijn van een andere planeet?*
A: Sommige zijn dat, ja.
J: *Zitten er mensen in; mensen zoals wij?*

A: Ze zouden een persoon kunnen zijn, als ze dat zouden willen. Degene die ze dit jaar en de afgelopen paar jaren hebben gezien, zijn een levensvorm die verschillende lichamen kan aannemen. Verschillende montage van dingen, laat ze er anders uitzien. Ze kunnen er als mensen uitzien.

J: *Weet je, van welke planeet zij komen?*

A: Ik weet de naam niet. Het is mij verteld. Ik kan het mij niet herinneren. Het is niet uit dit zonnestelsel. Ze komen uit een ander. Degene die het dichtst bij ons is.

J: *Oh. Het dichtstbijzijnde zonnestelsel van dit zonnestelsel?*

A: Ja. Ze zijn hier. Ze zijn een erg nieuwsgierig volk. Ze zijn in een andere fase van ontwikkeling. Ze observeren de Aarde, onze problemen. Ze komen zelden tussenbeide. Ze observeren en leren. Ze zijn erg nieuwsgierig.

J: *Denk je, dat ze zullen proberen op Aarde te landen en hier te leven?*

A: Nee, niet zoals je denkt, niet zoals je denkt. Ze zijn hier al een hele lange tijd.

J: *Zijn ze dat?*

A: Ze komen en gaan. Ze kunnen eruitzien als mensen op Aarde. Mensen hebben het niet door, als ze hen zien. Ze doen niemand kwaad – doen nooit iemand kwaad. Ze observeren; soms komen ze en leven ze hier een tijdje. Hele hectische plek, Aarde. Ze vinden het hier niet leuk. En ze gaan terug.

J: *Proberen ze de mensen te helpen?*

A: Nee, ze bemoeien zich zeer zelden ergens mee.

J: *Ze observeren gewoon, om te zien wat er gebeurt? Ze zijn echt nieuwsgierig?*

A: Ja. Ze zijn enkele duizenden jaren geleden door een soortgelijk stadium gegaan.

Dit was geweldige informatie om te ontvangen. Vooral omdat er in die tijd weinig bekend was over Ufo's en buitenaardse wezens.

Hoofdstuk 13

Kennedy en de Schorpioen

De sessies waren nu zo'n routine geworden, dat we inventiever begonnen te worden. We hadden alle vijf levens van Anita zo grondig doorgenomen, als we konden en we waren op zoek naar nieuwe en andere experimenten om te proberen. Het volgende was een deel van de laatste sessie, die we hielden. Anita had al haar mogelijkheden laten zien, om in de toekomst te kijken en bepaalde evenementen te zien. Nu deden vrienden de suggestie, dat we een belangrijke gebeurtenis zouden uitkiezen en haar dan naar die datum zouden laten gaan en het incident te beschrijven, zoals ze het zag gebeuren. We dachten dat dit zeker de moeite waard zou zijn, om te proberen.

De gebeurtenis die het meest werd aangedragen, was de aanslag op president John F. Kennedy, voornamelijk vanwege het mysterie dat zelfs nu nog rond de gebeurtenis hangt. Deze sessies vonden plaats in 1968, slechts vijf jaar na de gebeurtenis in 1963. De Warren Commissie had zijn onderzoek afgerond en kwam tot de conclusie dat Lee Harvey Oswald alleen had gehandeld, als de moordenaar. Ondanks dat er speculaties waren over andere mogelijkheden, werden de bevindingen van de Warren Commissie algemeen aangenomen. Slechts jaren later zouden andere theorieën enige geloofwaardigheid krijgen. Zodoende waren de resultaten van dit experiment in 1968 zeer opzienbarend, hoewel ze volgens de standaard van vandaag, geloofwaardiger zijn.

Gezien de aard van dit experiment, wilden diverse andere mensen aanwezig zijn bij deze sessie. Dit waren gezamenlijke vrienden die de sessies hadden gevolgd en op wie we konden rekenen om Anita's anonimiteit te beschermen. Ondanks dat we het onderwerp van de sessie hadden besproken, hadden we Anita niet verteld wat ze zouden proberen te doen. We dachten dat dit meer geldigheid zou geven. We zullen het aan de lezers over moeten laten, om voor zichzelf te bepalen of ze naar de werkelijke gebeurtenis keek en of wat ze zag ook de waarheid zou kunnen zijn. Misschien zal niemand het ooit echt weten.

J: June, heb je de kracht om vooruit te kijken in de tijd en dingen te zien die gaan gebeuren?
A: Ik kon een heleboel dingen vertellen over Al, door gewoon naar hem te kijken.
J: Heb je ooit gehoord van Dallas, Texas?
A: Hiervoor, bedoel je?
J: Ja, of nu. Heb je ooit wel eens gehoord over Dallas, Texas?
A: Nee.
J: Dat is een grote stad in het zuiden in Texas. Je hebt wel eens van Texas gehoord, toch? Dat is een grote staat in het zuidelijke deel van Amerika.
A: Ik heb over Texas gehoord ja, cowboys.
J: Ik wil dat je je concentreert en vooruitkijkt naar het jaar 1963, gedurende november, in Dallas, Texas. Er gebeurt daar iets. Kun je het zien?
A: Het is een grote stad, groter dan Chicago. Het is erg groot. Het moet in de buurt komen van een half miljoen of een miljoen mensen. Grote stad.
J: Nou, deze dag in november, dit is ... ah... (Hij probeerde te herinneren op welke dag het gebeurde).
A: Erg warme dag, is het niet?
J: Ja. Het is in het eind van november, rond de 22e, 23e.
A: Het weer is heel anders. Het is een erg warme dag.
J: Er is een man ... in een auto ... rijdt door de straat...
A: Ja, het is een parade.
J: Een parade?
A: Ziet eruit als een parade.
J: Die man in de auto – zit met die andere man en twee vrouwen?
A: De open auto, ja.
J: Ja. Hij is de president van het land.
A: (Verrast) Ja! Ziet er knap uit ... mooie vrouw.
J: Kun je iets zien gebeuren?
A: (Verrast) Hij zal worden gedood!
J: Zal hij dat? Wanneer?
A: Ik denk dat hij ... deze dag waarover je spreekt. Hij is gevangen in een kruisvuur van kogels.

Bij deze opmerking keek iedereen in de kamer elkaar aan en snakte naar adem. Kruisvuur! Dit was op dat moment nog nooit gesuggereerd.

J: *(Verrast) Een kruisvuur?*
A: Ja. Hij wordt van voren en van achteren geraakt.
J: *Kun je zien wie deze schoten afvuurt? Wie schiet er?*
A: Ja. Er zijn twee mannen. Er is een man achter dat hek daar.
J: *Kun je zeggen wie het is?*
A: Ik weet zijn naam niet. Hij ziet er anders uit. Misschien is hij Zuid-Amerikaans of zo. Hij ziet er donker uit.
J: *Is hij een buitenlands type man?*
A: Ja. Hij spreekt Spaans ... spreekt deze taal niet erg goed.
J: *En je zegt, dat hij achter een hek staat?*
A: Ja, hij stond op een auto ... en schoot.
J: *Waar schoot hij mee?*
A: (Verontwaardigd) Hij schoot met een geweer.
J: *Ik bedoel, wat voor soort geweer?*
A: Het zou een langere loop moeten hebben. Het lijkt erop, dat het een geweer zou moeten zijn, maar dat is het niet.
J: *Is het een korte loop?*
A: Korter dan een geweer.
J: *En je zegt, dat dit achter een hek was?*
A: Ja, een schutting met planken.
J: *En hoe ver weg van de auto van de president is deze schutting?*
A: Nou, het is niet erg ver. Het is ... ik lijk de afstand niet goed te kunnen zien, maar het is niet erg ver. De andere man is verder weg. Hij zit hoog in dat gebouw.
J: *Hij is in een gebouw? Kun je mij de naam van dat gebouw vertellen? Kun je de naam ervan aflezen, of heeft het een naam aan de voorkant?*
A: Ik denk, dat er één is. Het is een opslaggebouw. Ik denk, dat het is (Langzaam alsof ze aan het lezen was) Boekmagazijn? [Book Depository]
J: *Boekmagazijn?*
A: Ja, dat denk ik. Ik weet het niet zeker, maar ik denk het. Het gebouw staat vol met boeken en voorraden, voornamelijk schoolboeken.
J: *Kun je die man zien? Hoe ziet hij eruit?*

A: Ik vind hem niet leuk. Hij is mager, hij heeft niet veel haar en hij heeft gekke ogen. Soort van rond gezicht. Die man is gek!

J: *Is hij gek?*

A: De man is ziek van geest. Hij is heel erg in de war. Hij is erbarmelijk. Hij heeft veel slechte dingen gedaan, maar hij is er helemaal van overtuigd, dat hij gelijk heeft. Zelfs nu denkt hij, dat hij iets geweldigs heeft gedaan, waar mensen hem voor zullen prijzen.

J: *Denkt hij dat? Kun je vertellen, wat hij hiervoor heeft gedaan?*

A: Nou, hij is in de war. Hij heeft heel veel problemen met zijn vrouw. Ze wil hem verlaten en hij is boos op haar. En hij heeft van alles geprobeerd om goed voor haar te zijn en ze wil veel meer, dan hij haar ooit kan geven. Hij weet dit nu.

J: *Je zegt dat deze man denkt, dat mensen hem zullen prijzen voor wat hij heeft gedaan?*

A: De mensen waarmee hij werkt, denken dat.

J: *Oh, werkt hij met andere mensen samen?*

A: Ja.

J: *Kun je die mensen zien?*

A: Vaag. Hij is niet erg nauw met hen verbonden. Hij heeft geprobeerd in deze groep te komen. En ze hebben hem meteen uitgekozen vanwege zijn achtergrond. Ze weten, dat hij niet in orde is. En ze hebben hem hiertoe aangezet om dit te doen. Hij is de offergeit, zogezegd.

J: *Nou, als hij aan het schieten is, waarom is die andere man vanaf die auto, achter die schutting dan ook aan het schieten?*

A: Ze willen niets aan het toeval overlaten. Ze moeten er erg zeker van zijn. Ze willen deze man heel graag doden. Ze kunnen geen enkel risico nemen.

J: *Wie zijn zij?*

A: Wat bedoel je?

J: *Kun je de mensen beschrijven die deze twee mannen ertoe hebben aangezet, om deze persoon te doden?*

A: Bedoel je hun uiterlijk, of hun organisatie?

J: *Hun organisatie. Hun namen, als je die kunt zien.*

A: Ik ben niet zeker van de namen, want hij heeft weinig nauw contact met hen gehad. Het is moeilijk te zeggen, als hij geen contact heeft gehad. Het zijn communisten.

J: *Is dat hun organisatie?*

A: Ja. Ze behoren tot de Communistische organisatie – Communistenpartij.
J: *En je zegt, dat deze man hierboven in dit opslaggebouw wordt opgeofferd?*
A: Nou, ze weten dat hij hier niet mee weg kan komen. Hij kan dit gebouw niet verlaten, zonder te worden gezien. Mensen zullen zien, dat dit geweer werd afgeschoten vanuit dat gebouw. Ze weten dat hij zal worden opgepakt, maar ze hebben hem ervan overtuigd, dat hij dit voor elkaar kan krijgen. Hij is een erg egoïstisch persoon. Hij gelooft hen, als ze hem zeggen dat hij dit kan doen. Hij zal worden gepakt en ze weten het, maar ze beredeneren ... beter om hem kwijt te raken, dan het niet voor elkaar te krijgen. Hij betekent niets voor hen.
J: *En... er is hem niet veel verteld over de organisatie?*
A: Hij weet er erg weinig van.
J: *Je zegt dat hij er niet nauw bij betrokken was?*
A: Niet in dit land. Ze hebben contact met hem opgenomen en hij heeft geprobeerd contact met hen te maken.
J: *Heeft hij ergens anders dan in dit land contact gezocht met deze organisatie?*
A: Ja; hij was in hun land, in Rusland. Hij weet van deze groep.
J: *Okay. Nu, op deze zelfde dag waar we het over hebben, ik wil dat je naar deze zelfde dag kijkt en mij vertelt waar ik ben. Ik ben niet daar in Dallas.*

Dit was een test, die Johnny in de opwelling van het moment had bedacht, om te zien hoe accuraat het voorgaande zou kunnen zijn. Anita had geen enkel manier om te weten, dat hij aan boord was van een vliegdekschip (USS Midway) dat Hawaii naderde, ten tijde van de aanslag. Ze legden de volgende dag aan in Pearl Harbor.

J: *Kun je zien, waar ik ben?*
A: (Pauze) Ik probeer het, maar ik zie het niet ... ik kan het niet zien ...
J: *Zie je mij nergens in de buurt?*
A: Nee. Je bent hier nergens dichtbij.
J: *Nee, ik ben ergens anders. Je moet opnieuw scannen.*
A: (Pauze) Nee, ik kan het niet zien. Het spijt me.

J: Okay, June, ik ga tot vijf tellen en dan gaan we vooruit naar 1968. (Hij bracht Anita vooruit naar de huidige datum).

Toen Anita wakker werd gemaakt, was het eerste dat ze zei, dat ze verward was. Toen we haar vroegen waarover, zei ze: "Omdat je mij een vraag hebt gesteld, die ik niet kon beantwoorden, of niet?" Hij zei haar, dat hij haar had gevraagd waar hij was op een bepaalde datum. Ze zei dat ze het hele continent van de Verenigde Staten voor zich had gezien, alsof het een kinderlijke landkaart was. Ze kon de contouren zien en het water dat aan de randen grensde en het midden, dat was gevuld met duizenden mensen, als zoveel kleine mieren. Ze ging op en neer langs de kust en terug over de landkaart, terwijl ze heel snel naar elk gezicht keek. Toen zei ze: "Ik kon je niet vinden. Ik weet niet waar je was, maar ik wed op mijn leven, dat je nergens in de Verenigde Staten was. Daar ben ik zeker van."

Wat dus op een mislukking had geleken wat betreft de test, was uiteindelijk helemaal geen mislukking. Ze had gewoon niet ver genoeg gekeken.

Gedurende dezelfde tijd dat we de sessies hielden, verdween de nucleaire onderzeeër Schorpioen [Scorpio] spoorloos in de Atlantische Oceaan in mei 1968. Er werd veel over gespeculeerd, wat er mee was gebeurd. Dus dachten we dat het interessant zou zijn, om te kijken of Anita hier iets over zou kunnen ontdekken.

J: June, terwijl je naar het jaar 1968 kijkt, kijk naar de maand mei, ongeveer medio die maand. Kijk uit naar het oosten naar die grote oceaan.
A: Ja, ik zie water.
J: Ten oosten van het land is een schip, dat onder water gaat. Het wordt een onderzeeër genoemd. En het is naar een ander land geweest, aan de andere kant van de oceaan. Het komt terug naar dit land. Kun je het zien? Het is een heel groot schip, dat onder het water vaart. Het moet ongeveer, oh, bijna honderd man aan boord hebben.
A: Eén van hen is gek weet je!
J: Eén van de mannen op het schip?
A: Ja.
J: Kun je de naam zien, die op het schip is geschilderd?

A: Nee, ik zie nummers.
J: *Welke nummers?*
A: Het is erg moeilijk om te zien. Ik wil niet in dat water gaan. Die man wordt gek en hij doet iets, dat het schip beschadigd. Iedereen aan boord van dat schip zal sterven. Wist je dat?
J: *Nee!*
A: Ze zullen stikken.
J: *Door die man?*
A: Ja. Hij is een vreemd persoon. Hij wordt helemaal lijp en gaat een kamer binnen, waar hij niet zou mogen komen. En als die andere man met hem begint te praten, beschadigt hij bepaalde instrumenten. Het schip begint te duiken, dieper en dieper en het kan er niet uit worden gehaald.
J: *Het is in het water; het gaat naar beneden?*
A: Ja. Het gaat naar de bodem. Ze weten, dat ze niet naar boven kunnen gaan.
J: *Ze kunnen niet van de bodem af komen?*
A: Nee. Hij heeft iets gedaan, toen hij dit deed. Het raakt de bodem; het schip is beschadigd, de instrumenten.
J: *Hoe ziet die man eruit, die gek wordt en dit doet?*
A: Hij is lang, roodharig.
J: *Kun je zijn naam zien op zijn shirt?*
A: Nee. Hij heeft geen naam op zijn shirt. Het is gewoon een kaki shirt.

We namen hierdoor aan, dat hij een officier of een onderofficier moet zijn geweest, aangezien dat de enige matrozen zijn die kaki dragen. De zeemannen dragen doorgaans T-shirts met hun namen erop geschreven. Nadat ze wakker werd, besprak Anita deze beelden en ze kon nog steeds een deel ervan visualiseren. Ze had een beslist gevoel, dat hij geen officier was. Het gevoel was erg sterk, dat hij een bevelhebber [chief] was of een hoofdbevelhebber [chief warrant officer], maar waarschijnlijk een bevelhebber.

J: *Die andere mannen aan boord van het schip – zouden zij niet in staat moeten zijn, om de schade aan het schip te herstellen?*
A: Dat kunnen ze niet. Het blokkeert de besturing en wanneer het [de bodem] raakt, beschadigt de onderzeeër nog meer. Ze kunnen het niet. Dat schip blijft daar gewoon liggen.

J: *En kun je zien waar het nu ligt?*
A: Ik kan water rondom zien. Het is ver weg van enige kust.
J: *Kunnen ze niet praten met iemand van buiten?*
A: Nee, dat kunnen ze niet. Ze hebben het te lang geprobeerd. Ze hebben het geprobeerd en geprobeerd te maken en nu raken ze de stroom kwijt. Ze raken alle instrumenten op het schip kwijt. Niets zal ooit nog worden teruggezien van dat schip, totdat het in stukken uit elkaar valt door de druk.
J: *Zal het in stukken uit elkaar vallen?*
A: Ja.
J: *Zal iemand stukken vinden van dat schip?*
A: Niet in dit jaar 1968.
J: *Zal het later gebeuren?*
A: Veel later. Ze zullen delen ervan identificeren. (Pauze) Het is erg droevig.
J: *Kunnen de mannen er niet uit en naar boven naar de oppervlakte drijven?*
A: Nee; ze zijn heel erg diep. Het heeft iets te maken met hoe diep ze zijn; om die reden kunnen ze het schip niet verlaten.
J: *Moeten ze in het schip blijven?*
A: Als ze er proberen uit te komen, zullen ze onmiddellijk sterven. Het is een vreemd schip. Ik heb er nog nooit zo één als dit gezien. Erg goed gebouwd, nietwaar?
J: *Tja ... ik denk het.*
A: Het zou nooit zijn gebeurd, als het niet aan die man had gelegen. Het is zonde. Enkele hogere mensen dan hemzelf wilden hem van dat schip afhalen, maar ze kregen de papierwinkel niet rond en hij maakte deze laatste reis met hen.
J: *Oh, wilde iemand hem eraf halen, voordat ze aan die reis begonnen?*
A: Hij vertoonde tekenen van spanning.
J: *Nou, blijven die mannen daarin leven, terwijl het daar op de bodem ligt? Ik bedoel, het schip breekt niet meteen, toch?*

Aangezien niemand wist wat er met dat schip was gebeurd, dacht Johnny dat er een kans zou zijn, dat de mannen een tijdje in leven zouden blijven en misschien konden worden gered.

A: Ze raken zuurstof kwijt, en dan hun stroom om ... ze moeten zuurstof maken. Ze moeten daar lucht hebben op de één of andere manier. Maar het schip raakt zijn krachtbron beetje bij beetje kwijt. In ongeveer 48 uur, zijn ze allemaal dood.
J: En dat alles door die man die knoeide met, of iets deed met de besturingsinstrumenten?
A: Hij wilde zo graag zelfmoord plegen, dat hij iedereen met zich meenam.
J: Waarom wilde hij dat doen? Kun je dat vertellen?
A: Hij zit heel erg in de problemen, heeft financiële problemen. Ik denk, dat het dat is. Hij maakt zich heel erg zorgen en zijn vrouw baarde hem zorgen. Hij wilde er gewoon helemaal uitstappen.
J: Kun je andere mannen zien, die op het schip zijn? Ik kan mij voorstellen, dat ze allemaal aan het werk zijn om het probleem op te lossen, of niet?
A: Sommigen doen dat. Sommigen gaan helemaal kapot. Ze zijn bang, dat ze er nooit meer uit zullen komen.
J: Heeft iemand van de mannen een shirt aan met een naam erop?

We hoopten dat we ten minste een naam konden krijgen, om iemand te verifiëren die echt aan boord stond vermeld.

Opeens leek Anita het heet en oncomfortabel te krijgen. Ze begon te zweten.

A: Het is erg heet op het schip. Het is erg heet daarbinnen.
J: Ben je naar beneden in het schip gegaan?
A: Ik heb erbinnen gekeken.
J: Kun je namen zien op de shirts van de mannen? Kun je vertellen, wie de mannen zijn?
A: De mannen hebben alleen hun shorts aan, sommigen van hen. Ik kan geen namen zien. Het is erg heet. Ik weet hun namen niet.

Natuurlijk was het teleurstellend dat ze geen enkele naam kon zien, die kon worden geverifieerd, maar op dit moment wist niemand het lot van de onderzeeër. We moesten wachten net als ieder ander, totdat ze het zouden kunnen lokaliseren en ontdekken wat er was gebeurd. Het bleef enkele maanden lang een mysterie. Er werd zelfs gespeculeerd dat het was gezonken door een Russisch schip. Uiteindelijk lokaliseerde de marine met behulp van sonar iets, dat het missende vaartuig kon zijn geweest. Aangezien het zo diep lag dat geen mens ernaar kon afdalen, stuurden ze camera's naar beneden die werden bediend vanaf de oppervlakte, om te proberen de wrakstukken te identificeren. Het volgende artikel verscheen in de Corpus Christi Caller (Texas) op vrijdag 3 januari, 1969:

Oorzaak van het verlies van de Scorpion was mogelijk intern.

Foto's gemaakt door 'Washington Underwater' van de nucleaire onderzeeër USS Scorpion, welke afgelopen mei zonk voor de kust van de Azoren met 99 man aan boord, hebben enkele Marine experts ervan overtuigd, dat problemen met de onderzeeër zelf heeft geleid tot het tragische ongeluk, zo onthulden het Pentagon en bronnen uit het congres afgelopen donderdag.

"Indien de Scorpion was geraakt door een torpedo, of was geraakt door een oppervlakteschip, terwijl ze aan de oppervlakte verbleef, dan zou dit identificeerbare schade hebben achtergelaten," zei een bron. "Maar de foto's suggereren dat er problemen waren aan boord van de Scorpion die haar naar beneden hebben getrokken tot onder 'verpletteringsdiepte'.

Het was duidelijk dat een speciale onderzoeksrechter van de Marine in Norfolk, Virginia, die sinds juni verklaringen heeft afgenomen, zijn werk heeft afgerond.

De formele bevindingen en aanbevelingen worden nagekeken door het Hoofdkwartier van de Atlantische Vloot in Norfolk en worden naar verwachting binnen de komende paar dagen doorgegeven aan Admiraal Thomas H. Moorer, hoofd van de Marine Operaties. Een publieke aankondiging wordt hier aan het eind van de maand verwacht.

Bronnen die bekend zijn met de bevindingen van de onderzoeksrechter, zeggen dat de exacte oorzaak van het verlies niet precies is vastgesteld, maar dat het aantal mogelijke oorzaken is teruggebracht naar vier.

Deze zijn:

Falen van de bediening. Als de onderzeeër, die terugkeerde naar de Verenigde Staten na een tour in het Middellandse Zeegebied, snel en diep voer en het duikmechanisme plotseling vast is gelopen in de "duik" positie, dan zou het beneden verpletteringsdiepte zijn gedoken, voordat mechanische correcties konden worden gemaakt.

Experts zeggen, dat als het vaartuig boven de 200 voet diepte was geweest, wat aannemelijk is, dan zou er tijd zijn geweest om een dergelijk falen te corrigeren. "De bemanning van onderzeeërs worden telkens weer getraind in wat ze moeten doen onder zulke omstandigheden." Zei één officier, "Maar onthoudt, dat als het eenmaal naar beneden gaat, dan gaat het snel; een onderzeeër is immers gebouwd om te duiken."

Lekkage door een klein lek. *Getuigen in Norfolk zeiden dat de Scorpion minuscule scheurtjes had in haar wand en in de schoepschachten. Naarmate de onderzeeër dieper zou zijn gegaan, zou de druk op deze scheurtjes zijn toegenomen, mogelijk leidend tot een plotselinge breuk en water dat naar binnen zou gutsen. Het schip zou binnenlopen voor onderhoud, maar werd geacht in een veilige conditie te zijn om onderwater te gebruiken tot een bepaalde vastgestelde diepte.*

Een slecht functionerende torpedo in de onderzeeër. *Van tijd tot tijd worden torpedo's per ongeluk geactiveerd. In zulke gevallen nemen de mariniers de torpedo uit de buis en maken deze onschadelijk, of ze schieten deze uit de [lanceer]buis. Als het een torpedo betreft, die is ontworpen om de romp van een ander schip te volgen, dan is er een geclassificeerde procedure die het schip moet ondergaan, om zorg te dragen dat de torpedo niet terugkeert naar het lancerende schip.*

Aangezien foto's, genomen door onderzoeksschip Mizar, geen bewijs laten zien van een explosie aan de buitenkant van de Scorpion, neigt dit de theorie te elimineren, dat het schip werd geraakt door een eigen torpedo. Maar het elimineert niet de mogelijkheid, dat een slecht functionerende torpedo aan boord van het schip, kan zijn geëxplodeerd.

Paniek. *In het geval van één van de bovenstaande problemen, zouden één of meer bemanningsleden in paniek kunnen zijn geraakt en de verkeerde hendels hebben bediend. "Maar deze bemanning werd geacht zeer goed getraind en stabiel te zijn," aldus een bron.*

Er is dus niet veel meer, dan kan worden toegevoegd. Als de marine niet tot een definitieve conclusie kon komen, wie dan wel? Maar we vragen ons af, of Anita werkelijk zag wat er aan boord van dat schip is gebeurd?

Hoofdstuk 14

Het Doek Gaat Neer

En zo was het experiment, dat zo terloops was begonnen, uitgegroeid tot iets dat vele maanden duurde en dat veel nieuwe horizonten had geopend. We werden voorgesteld aan vijf fascinerende persoonlijkheden, die we anders niet zouden hebben ontmoet en we waren op avonturen gegaan, die we niet voor mogelijk hadden gehouden. In die paar korte maanden was de houding en manier van denken van veel mensen, voor altijd veranderd. We denken oprecht, dat het ten gunste is veranderd.

Ondanks dat Anita nog steeds anoniem wilde blijven, kwamen vele vrienden bij ons thuis gedurende die maanden, om het laatste hoofdstuk te horen als een vervolgverhaal. Vele van deze mensen kenden haar niet en dit was de manier waarop ze het wilde. Ze luisterden naar de laatste bandopname in een toestand van totale verwondering en ongeloof, en gaven na afloop hun commentaar. We werden allen voor het eerst blootgesteld aan een totaal nieuwe manier van denken. We werden gebombardeerd met nieuwe ideeën en concepten, waar we nog nooit eerder aan waren blootgesteld. Hoewel sommigen verward en verwonderd waren, doordat hun geloofsstructuur werd bedreigd en verbreed, hadden ze geen verklaring voor de dingen die naar voren kwamen tijdens de sessies.

Ze boden allen vele suggesties aan om nieuwe dingen te proberen, nieuwe wegen te onderzoeken. De mogelijkheden leken eindeloos. Misschien konden we vooruitkijken naar bepaalde toekomstige gebeurtenissen. Ze had het zo goed gedaan, achteruit kijkend naar de verdwijning van de Scorpion en de aanslag op President Kennedy, misschien kon ze naar andere historische evenementen kijken en zien wat er werkelijk was gebeurd. De dood van Adolph Hitler in de bunker in Berlijn was een mogelijkheid, die werd geopperd. Er waren talloze andere, de gedachten eraan waren opwindend en uitdagend. Het leek alsof we aan de drempel stonden van alle kennis, slechts beperkt door onze verbeelding. Dus wat gebeurde er, te midden van dit alles? Waarom kwam het experiment plotseling tot een halt, waardoor de opnamen 11 jaar lang stof liepen te verzamelen op een plank?

Het kwam allemaal tot een botsend, slepend einde op een donkere nacht in september 1968. Veel toevalligheden (als er al zoiets bestaat) waren die nacht aan het werk, om alles tot een donderende climax te brengen, die koers van onze levens voor altijd zou veranderen.

Johnny was gaan bowlen in een competitie in de stad en was onderweg naar zijn post op de basis. De bowlingmachines deden het die nacht niet goed en hij vertrok later dan gewoonlijk. (Toeval?) Op datzelfde moment had een marineofficier, die de hele dag had gedronken in de "O" (Officiers-) Club op de basis, besloten dat tijdstip te kiezen, om terug te keren naar zijn huis in de stad. Op talrijke andere gelegenheden was deze man al in de problemen gekomen door zijn drinken en later zou hij zeggen, dat hij niet eens kon herinneren wat er die nacht was gebeurd.

De film op de basis was afgelopen en een lange rij verkeer verplaatste zich van de basis, richting de stad. De officier besloot te proberen de hele rij te passeren en Johnny kwam oog in oog met de verblindende koplampen in een bocht, met geen enkele manier om te ontwijken. Het resulteerde in een verschrikkelijke frontale botsing, waarbij Johnny werd verpletterd en gemangeld in het metaal van zijn Volkswagen bus.

De volledige kracht was gericht op zijn benen en de hoofdader in zijn enkel was doorgesneden. Hij leed ook aan drie hersenschuddingen. Door toeval (?), reed er een hospik direct achter hem en hij was als eerste op de plek van het ongeluk. Zijn noodbehandeling heeft Johnny gered van een onmiddellijke dood door de bloeding. Wat daarop volgde, waren 45 minuten van onuitspreekbare angst, terwijl de noodteams hem wanhopig probeerden uit de auto te halen. De dokter die ter plaatse was, was tot de conclusie gekomen dat de enige oplossing was, om zijn benen daar in de auto te amputeren om hem te bevrijden. Hij aarzelde, omdat hij bang was dat de schok hem zou doden. Ondanks de medicatie die hij had gekregen, was Johnny nog bij bewustzijn gebleven en de morfine leek geen effect te hebben.

Toen besloot de vrijwillige brandweer nog één methode te proberen. Als het zou falen, dan was amputatie het enige overgebleven alternatief. Zij koppelden één van hun trucks aan de voorkant en een auto aan de achterkant van de bus vast en probeerden het metaal uit elkaar te trekken. Het lukte en hij werd met spoed aan boord van de wachtende helikopter gebracht en begon aan zijn reis naar het Marine ziekenhuis in Corpus Christi, 70 mijl verderop.

Gedurende de hectische vlucht verloor hij al het bloed in zijn lichaam en zijn hart stopte er drie keer mee. Zijn bloedtype was het zeldzame A negatief en het enige dat beschikbaar was, was type O, het universele donor type. Ze namen aan, dat het nu toch al niks meer zou uitmaken en ze moesten toch iets in hem krijgen. De dokter begon te wanhopen, want hij kon de naalden niet in Johnny's aderen krijgen. Toen, ineens weer bij toeval (?), was er een marinier aan boord, die net was teruggekeerd van Vietnam en hij vroeg of hij een procedure mocht proberen, die hij had uitgevoerd tijdens de oorlog. Hij maakte een incisie direct in de dijbeenslagader en stak de naald daarin. Later zou hij een eervolle vermelding krijgen voor zijn actie die nacht.

De helikopter landde op de laan van het ziekenhuis en Johnny werd met spoed naar de eerste hulp gebracht, waar vijf artsen koortsachtig aan hem werkten. Zijn gezicht was uit elkaar getrokken, hij had drie hersenschuddingen gehad, had al het bloed uit zijn lichaam verloren en zijn benen waren gebroken als glas uit een raam. De artsen voerden uitsluitend noodprocedures uit. Ze waren er zeker van, dat hij de nacht niet zou halen.

De basisarts was teruggekeerd met de helikopter, voordat ik op de hoogte was gebracht en een ambulance werd aangewezen, om mij naar het ziekenhuis in Corpus Christi te brengen. De arts was heel eerlijk, maar ook vriendelijk, terwijl hij mij vertelde dat het waarschijnlijk al te laat was. Dat Johnny misschien al overleden zou zijn, voordat ik zou arriveren. Zelfs als hij zou leven, had hij voor een te lange tijd, te veel bloed verloren en hij had hersenschuddingen, er zou zeker hersenletsel zijn. Hij zou zeer waarschijnlijk een kasplantje zijn. En zijn beide benen zouden hoogstwaarschijnlijk moeten worden geamputeerd. Hij had te veel dingen tegen zich.

Alleen degenen die ooit zo'n ervaring hebben doorleefd, kunnen mogelijk weten welke emoties door mijn hoofd gierden. Hier was een man, waar ik 20 jaar van had gehouden. Hij had zo verschrikkelijk veel pijn en er was niets dat ik kon doen om hem te helpen. Alles speelde zich in een soort droom-staat af, onwerkelijk, terwijl ik de 70 mijl in de ambulance naar het ziekenhuis toe reed.

De chauffeur en de marinier waren vriendelijk en begripvol, maar ze konden niet weten, wat er in mijn hoofd speelde. Ik wist diep vanbinnen, dat Johnny niet zou sterven. Ik kon mijzelf zelfs geen minuut toestaan, dat dit zou gebeuren. Ik neem aan, dat je dit een typisch ontkennen van de realiteit in het aangezicht van een tragedie zou kunnen noemen. Maar ik wist iets, dat zij niet wisten en daar hield ik mij met al mijn macht aan vast.

Op één van de opnamen hadden we Anita gevraagd, om vooruit te kijken naar onze toekomst en ons te vertellen was we jaren later zouden doen. Zij had gezegd: "Ik zie jullie in een zuidelijke staat, met wisselende seizoenen, maar niet zulke strenge winters als in het noorden. Een erg mooie plaats, niet een boerderij, maar met land om jullie heen. Jullie zullen een erg lang leven leiden. Ik zie je, als ik naar je kijk, als een hele oude man. Je hebt achterkleinkinderen bij je. Je zult een heel lang leven leiden. (Onze jongste dochter was pas 15 ten tijde van het ongeluk). Ik zie goedheid om je heen. Je bent aan het leren, de lessen beginnen door te komen. Daarom zul je een lang leven leiden. Je zult veel bereiken in dit leven. Je zult veel mensen helpen."

Wat we hadden meegemaakt, tijdens de maanden dat we aan het hypnose experiment werkten, had een blijvende indruk gemaakt. We wisten in ons hart, dat wat Anita in trance had gerapporteerd, waar was en we geloofden erin. En als we het geloofden, dan moesten we alles geloven. Dus ik wist, dat hij niet kon sterven, niet als Anita hem gezond en wel had gezien, zo ver in de toekomst. Dus hield ik mij vast aan mijn geheim en het gaf me een kracht, waarvan ik niet wist dat ik die had.

Toen ik aankwam in het ziekenhuis, werd ik naar een wachtkamer gebracht. Ik zal nooit het beeld vergeten van die vijf artsen toen ze de kamer binnenkwamen, elk vertelde mij iets anders, waaraan Johnny gedurende de nacht zou overlijden. De verwondingen waren te ernstig; te veel bloedverlies; te grote schok. De vele botbreuken in zijn benen hadden botfragmenten, beenmerg, bloedstolsels en vetstolsels in zijn bloedstroom veroorzaakt. Niemand had ooit zulke condities overleefd.

Ik wist, dat de artsen mij probeerden voor te bereiden op het ergste, en ze moeten het vreemd hebben gevonden dat ik niet emotioneler was. Maar ik hield mijn geheim van binnen stevig vast. Ik wist dingen die zij niet konden weten. Ik zei: "Het spijt mij, maar jullie zitten ernaast, hij zal niet sterven. Jullie kennen hem niet. Als er een weg is, dan zal hij hem vinden."

De artsen waren enkele momenten stil. Toen zei één van hen: "Nou, als hij zo'n persoonlijkheid heeft, dan heeft hij misschien nog een kans."

Toen ik Johnny op de Intensive Care zag, was hij bijna niet te herkennen. Zijn gezicht en hoofd waren haastig gehecht en twee grote mariniers hielden hem vast op zijn bed. Zijn hoofdwonden hadden hem uitzinnig en gewelddadig gemaakt. Zijn ogen stonden wild en hij was overduidelijk in schoktoestand. Hij wist niet wie ik was. Ik denk dat hij mij niet eens zag.

Ik wist dat er niets was, dat ik kon doen om hem te helpen. Dus ging ik naar de kamer die zij mij hadden gegeven en ik bad: "Er is niets meer, dat iemand anders kan doen. Hij is nu in Uw handen. Uw wil geschiede." En ik viel in een diepe slaap, zelfverzekerd dat hij in de morgen beter zou zijn.

De volgende dag begon het grijs en regenachtig. Weer dat paste bij de gelegenheid. Toen ik de IC binnenkwam, zag ik dat één van de eerste wonderen had plaatsgevonden. Hij had de nacht overleefd. Niet langer vastgehouden, lag hij te slapen. De artsen zeiden, dat het nog steeds 'aanraken en gaan' [touch and go] was. Het volgende "wonder" gebeurde, toen hij later even bij bewustzijn kwam. De artsen stonden rondom zijn bed en stelden hem vragen: Wist hij, waar hij was? Wist hij, wie zij waren? Wist hij, wie ik was? Toen, met grote lach, straalden ze: "Hij is samenhangend. Zijn hersenen zijn niet beschadigd!"

Terwijl ik bij zijn bed zat gedurende de volgende dagen en nachten, sliep hij en werd hij af en toe plotseling wakker met een wilde blik en angstig. Dan, als hij mij daar zag zitten, viel hij weer in een vredige slaap. De artsen zeiden, dat elke keer dat een stukje beenmerg zijn hersenen zou raken, dat er geheugenverlies zou optreden, zodat de komende weken erg verwarrend voor hem zouden zijn.

"Wonder" drie vond plaats in die eerste week. Zijn gezicht begon met verbazingwekkende snelheid te helen. De hechtingen werden verwijderd en de tekenen van schade begonnen wonderbaarlijk snel te verdwijnen, slechts vage tekenen van littekens achterlatend.

Zusters en mariniers kwamen aan zijn bed staan om naar hem te staren, zodat hij mij een keer vroeg om een spiegel. Terwijl hij naar zijn eigen spiegelbeeld keek zei hij: "Waar kijkt iedereen naar? Er is niks mis met mijn gezicht!"

Ik antwoordde: "Daarom staren ze naar je."

Ik sprak met de arts welke die nacht haastig zijn gezicht had gehecht en zei: "U heeft echt goed werk verricht onder zulke moeilijke omstandigheden."

"Luister," zei hij met een verbaasde blik op zijn gezicht, "Ik begrijp er niks van. Ik had verwacht ten minste vijf plastisch chirurgische ingrepen te moeten doen. Nu heb ik niks meer te doen!"

Iedereen leek het gevoel te delen, dat hier een vreemde kracht aan het werk was, iets onnatuurlijks. Verpleegsters vertelden mij, dat ze mensen hadden zien sterven aan verwondingen die nog niet half zo ernstig waren geweest, als die van hem. Het nieuws van de Wonderman op de IC verspreidde zich als een lopend vuurtje door het ziekenhuis. Ik kon er niks aan doen, dat ik van binnen liep te gniffelen, want had ik al die tijd al niet gevoeld dat er hulp zou komen van een hogere bron? In het geheim lopen gniffelen misschien, maar ik was ook extreem dankbaar dat er een hogere macht was, die voor alle dingen zorgde.

Toen duidelijk werd dat hij het toch zou overleven, deden ze hun best om zijn benen te redden. Ze besloten om voorlopig niet te amputeren en stopten hem in het gips van zijn oksels helemaal tot aan zijn tenen. Dit zou zijn gevangenis zijn voor acht lange maanden.

Na de eerste maanden op de IC werd hij overgebracht naar een ziekenafdeling. Vanwege de snede in de hoofdader in zijn enkel, kwam de circulatie in zijn voet niet goed meer op gang en kreeg hij Gangreen, zodat hij uiteindelijk zijn voet verloor. Maar dat was een heel stuk beter dan beide benen verliezen!

Eén arts maakte mij heel erg trots, toen hij mij vertelde: "Weet je, jij verdient wel een deel van de eer hierin. Hij moet een heel gelukkige man zijn geweest. Hij wilde niet sterven."

Johnny bracht meer dan een jaar door in dat ziekenhuis en werd uiteindelijk ontslagen uit de Marine als een gehandicapte veteraan met 21 dienstjaren. Ze zeiden, dat hij waarschijnlijk de rest van zijn leven in een rolstoel zou doorbrengen. Zijn benen waren te zeer verbrijzeld geweest, om zijn gewicht nog langer te dragen. Maar ze zaten er weer naast. Ze onderschatten de moed van deze man. Hij loopt nu met behulp van een brace en krukken.

In de jaren die volgden, moesten we vele aanpassingen maken. We gingen met pensioen, om van dat pensioen te leven in Arkansas, naar een plaats die dicht in de buurt kwam van Anita's voorspelling.

Sommige mensen hebben heel wreed gezegd, dat wat Johnny is overkomen zijn straf was. Een straf voor het rondneuzen in verboden plaatsen, voor het onderzoeken van verborgen dingen waar hij niks mee te maken had, of iets van wist. Reïncarnatie! Werk van de duivel!!

Ik kan en zal dat niet accepteren. De God die ons werd getoond tijdens de hypnose sessies was goed, vriendelijk, liefhebbend en extreem geduldig. Dit type God was niet in staat om zoiets te doen. Dat het ongeluk gebeurde met een reden, daar heb ik geen twijfel over. Maar als een straf? Nooit! Ik vind een dergelijke verklaring ondenkbaar!

Ik heb mij in tijden van reflectie wel eens afgevraagd, of ik de kracht zou hebben gehad om deze verschrikkelijke gebeurtenissen aan te kunnen, als ik niet die korte blik op onze toekomst had gehad. Zonder deze voorkennis dat alles goed zou komen, zou ik ingestort zijn door de stress en mentale spanning, om voor een familie en een stervende echtgenoot te zorgen? Daarom weet ik, dat de sessies meerdere doelen hebben gediend. Ze hebben onbekende en opzienbarende informatie verstrekt aan vele mensen, die nog nooit eerder over zulke dingen hadden nagedacht. En ze bereidden ons ook voor op gebeurtenissen, die ons anders zeer zeker zouden hebben overweldigd. Om beide redenen hebben de hypnosesessies die gedurende die paar maanden in 1968 plaatsvonden, onze levens voor altijd veranderd.

In deze dagen waarin we ons ernstige zorgen maken over de toekomst, wordt het niet langer als heiligschennis gezien om vragen te stellen over de reden van het leven. De laatste taboes rondom het mysterie van de dood en het hiernamaals worden eindelijk weggenomen.

Misschien zijn er andere mensen, die net als wij begonnen als sceptici. Misschien zal ons verslag van ons avontuur in het onbekende hen bereiken en helpen. Want, zei ze niet, toen we spraken met de Perfecte Geest: "Ik zal leren en ik zal de mensen op Aarde helpen, de familie. Alleen is de Aarde zo in de problemen, dat hij ons heeft gevraagd om te gaan helpen en we moeten de mensen daar helpen. Hij heeft hen gecreëerd. Hij wist terwijl hij creëerde, dat zij niet zouden doen zoals hij hen vroeg, maar hij voelde zich gedwongen in zijn goedheid, om de mooiste planeet van alle, mensen te geven. Een dier met kennis. En hij wist, dat zij de kennis niet correct zouden gebruiken."

Dus heb ik misschien door dit boek te schrijven, op mijn kleine manier ons deel van deze verplichting vervuld.

Luisterend naar de opnamen, kun je je afvragen: "Waar kwam het allemaal vandaan?" De eerste, meest duidelijke mogelijkheid is:

"Vanuit het onderbewustzijn." Maar je moet je nog steeds afvragen: "Hoe is het daar dan in de eerste plaats terecht gekomen?". We pretenderen niet het te weten, noch kan iemand anders dat. We kunnen slechts speculeren en ons verwonderen over de complexiteit van de menselijke geest.

En zo valt het doek voor ons avontuur, met heel veel vragen nog steeds onbeantwoord.

Epiloog

Veel mensen hebben mij gevraagd, wat er is gebeurd met de hoofdrolspelers in ons verhaal. Ze wilden met name weten, wat er van Anita terecht is gekomen. Ze woonde nog steeds in Texas, toen wij naar Arkansas verhuisden om ons leven opnieuw op te bouwen. Gedurende de regressies had ze vooruitgekeken, om te zien wat zij in 1970 zou gaan doen. Ze zag zichzelf in een noordoostelijke staat, waar de winters nog strenger waren. Ze beschreef de plaats en voegde eraan toe: "Mijn echtgenoot heeft mij geholpen om deze verhuizing mogelijk te maken, maar alles is nog steeds ingepakt en hij vertrekt. Hij vliegt ergens naartoe in een vliegtuig. Hij vertrok eerder, dan we dachten dat hij moest gaan."

Nadat we waren gesetteld, schreef ik Anita in 1970. Ik geloofde haar voorspelling zo zeer, dat ik er zeker van was dat ze niet langer in Beeville was. Ik schreef vol vertrouwen op de envelop: "Doorsturen alstublieft." Binnen een paar maanden ontving ik een antwoord vanuit Maine. Ze waren overgeplaatst naar een plaats, die aan de omschrijving voldeed. Ze vond het grappig, dat het andere deel van de voorspelling ook was uitgekomen. Haar bezittingen waren net bezorgd en ze was nog omringd door verhuisdozen, toen haar echtgenoot aankondigde, dat hij naar school gestuurd zou worden voor een paar maanden. Ze moest het inrichten van het huis alleen doen. Ze was erg gelukkig om in het oosten te zijn. Ze voelde zich daar heel erg thuis. We hielden contact tot het midden van de 70-er jaren, maar sindsdien hebben we niks meer van haar vernomen.

Na jaren van herstel en revalidatie, kwam Johnny uit de ernstige depressie die gepaard gaat met dit type tragedie. Hij is erg actief met sociale groepen, amateur-radioclubs, en veteranenorganisaties en hij helpt inderdaad veel mensen. Zijn leven heeft een totaal andere wending genomen en hij is niet langer geïnteresseerd in hypnose. Hij gelooft nog steeds in reïncarnatie en weet dat we een belangrijk stuk wetenswaardige informatie hebben ontdekt, maar zijn leven is zo zeer veranderd, dat hij niet langer hypnose-experimenten wil uitvoeren.

Ondanks dat de vonk die was opgelaaid door deze ervaring 11 jaar lang sluimerend bleef, laaide deze opnieuw op, toen ik aan dit boek begon te werken. Mijn kinderen gingen allemaal het huis uit, trouwden of gingen naar college. Ze leidden allemaal hun eigen levens en het werd duidelijk, dat ik iets moest vinden om de inmiddels lege uren te vullen. Ik neem aan, dat wat ik koos om te doen niet het antwoord zou zijn voor de gemiddelde vrouw en moeder. Mijn interesse lag in het bizarre. Terwijl ik dit boek samenstelde in 1979, ontdekte ik dat ik hield van schrijven en dit leidde tot het schrijven van artikelen voor tijdschriften en kranten, onderwijl proberend het boek onder de aandacht te brengen van uitgeverijen. Mijn interesse in reïncarnatie was nooit echt verdwenen, het was slechts 11 jaar in de wacht gezet. Het moet altijd net onder de oppervlakte hebben gesluimerd. Het opnieuw meemaken van het experiment, door de opnamen te notuleren en door over het experiment te schrijven, leidde ertoe dat ik dit veld dieper wilde uitdiepen. Ik besloot, dat als Johnny niet langer geïnteresseerd was in dit type onderzoek, dat ik dan maar zelf hypnose moest leren en dit werk in mijn eentje zou doen. Gedurende de 60-er jaren was de populaire techniek, om lange inductiemethoden te gebruiken en tests om de diepte van de trance te bepalen. Ik hield niet van dit type, dus zocht ik naar simpeler methoden. Ik ontdekte dat snellere inductie kon worden bereikt, door visualisatietechnieken te gebruiken. Ik werd een regressionist. Dit is een benaming voor een hypnotiseur die zich specialiseert in vorig-leven-regressie, vorig-leven-therapie en reïncarnatieonderzoek. Ik begon in alle ernst experimenten uit te voeren in 1979 en heb gewerkt met psychologen, die dit instrument gebruiken in vorig-leven-therapie. In de afgelopen 30 jaar heb ik duizenden gevallen in regressie gebracht en gecatalogiseerd. In 1986 werd ik een hypnose-onderzoeker voor MUFON (Mutual UFO Network) en heb ik gewerkt aan vermoedelijke ontvoeringszaken. Gedurende die jaren, heb ik nu vijftien boeken geschreven over mijn interessantste en ongebruikelijkste zaken. Ik heb zo'n rijkdom aan materiaal verzameld, dat er nog veel meer boeken wachten om te worden geschreven. We hebben in 1991 Ozark Mountain Publishing opgericht, om metafysische kennis en informatie aan mensen over de hele wereld te kunnen verspreiden.

Zodoende is dit boek het verhaal van mijn begin in dit fascinerende veld. Het begon allemaal door het werk en de nieuwsgierigheid van mijn echtgenoot. Ik was slechts een observeerder, die de microfoon vasthield voor het subject in trance en die talrijke notities maakte. Maar zonder dit onschuldige en naïeve begin, was ik er nooit toe gezet om het pad te zoeken, dat heeft geleid tot talrijke reizen op de weg naar het onbekende. Zonder deze vreemde en ongebruikelijke gebeurtenis in mijn leven gedurende 1968, was ik waarschijnlijk een "gewone" huisvrouw en grootmoeder geweest en zouden geen van deze avonturen ooit zijn opgenomen. Zo zijn de wetten van kans en ... toeval?

Ik geloof dat ons nooit meer wordt gegeven, dan we aankunnen. De informatie die wij ontdekten in 1968, was verrassend tot in het extreme. Echter wat ik in de daaropvolgende jaren in mijn werk heb ontdekt, is nog veel complexer geweest. Het ziet er zodoende naar uit dat kennis langzaam en subtiel moet worden gegeven, om het te kunnen accepteren en niet als overweldigend te worden ervaren. Er wordt gezegd, dat zodra de geest is verruimd door een idee of concept, dat deze nooit meer terug kan keren naar zijn oorspronkelijke staat van denken. Elk stadium van mijn werk heeft dus meer verruiming tot gevolg gehad. Wat ik in 1968 heb ontdekt, lijkt nu slechts simpel en rudimentair. Maar het was een onderdeel van het geheel, dat mij naar het stadium heeft gebracht waar ik nu ben. In dit licht aanschouwd, is elk stukje kennis essentieel en noodzakelijk. Ik hoop dat het zo altijd zal blijven en dat ik kan blijven groeien en het onbekende kan ontdekken, en mijn lezers met mij mee kan nemen.

Johnny Cannon bracht 25 jaar door in een rolstoel, maar was in staat om buiten te lopen met behulp van een brace en krukken. Hij reed in een speciale handbediende auto, al doende mensen helpend als een Service Officier voor veteranen door het gehele land. Hij overleed in 1994 en leefde inderdaad om zijn achterkleinkinderen te zien. Dit boek is gewijd aan deze opmerkelijke man en de enorme nalatenschap die hij achterlaat.

Schrijverspagina

Dolores Cannon, een regressiehypnotherapeut en psychisch onderzoeker, welke "Verloren" kennis opneemt, werd geboren in 1931 in St. Louis, Missouri. Ze is opgeleid en leefde in St. Louis tot aan haar huwelijk in 1951 met een beroepsmarinier. Ze bracht de volgende 20 jaar over hele wereld reizend door, als een typische mariniersvrouw en bracht haar gezin groot. In 1970 werd haar echtgenoot eervol ontslagen als gehandicapte veteraan en ze gingen met pensioen in de heuvels van Arkansas. Daar begon ze haar schrijverscarrière en begon artikelen te verkopen aan diverse tijdschriften en kranten. Ze heeft zich sinds 1968 beziggehouden met hypnose en exclusief met vorig-leven-therapie en regressiewerk sinds 1979. Ze heeft de diverse hypnose methoden gestudeerd en derhalve haar eigen unieke techniek ontwikkeld, welke haar in staat stelde om op de meest efficiënte wijze informatie van haar cliënten te verkrijgen. Dolores doceert haar unieke hypnosetechniek nu over de gehele wereld.

In 1986 breidde zij haar onderzoek uit naar het gebied van Ufo's. Ze heeft onderzoekingen ter plaatse gedaan naar vermoedelijke Ufo landingen en heeft Graancirkels bestudeerd in Engeland. Het grootste deel van haar werk op dit gebied is het verzamelen van bewijsmateriaal van vermoedelijke ontvoerden door middel van hypnose.

Dolores is een internationale spreker die les heeft gegeven op alle continenten van de wereld. Haar zeventien boeken zijn vertaald in twintig talen. Ze heeft wereldwijd tot radio- en televisiepubliek gesproken. En artikelen over/ geschreven door Dolores zijn verschenen in diverse Amerikaanse en internationale tijdschriften en kranten. Dolores was de eerste Amerikaan en de eerste buitenlander die ooit de "Orpheus Award" heeft ontvangen in Bulgarije voor de hoogste vooruitgang in het onderzoek naar psychische fenomenen. Ze heeft 'Outstanding Contribution and Lifetime Achievement' awards [Uitnemende Bijdrage en Levenswerk prijzen] ontvangen van diverse hypnose organisaties.

Dolores heeft een zeer grote familie die haar stevig met beide benen op de grond houdt tussen de "echte" wereld van haar familie en de "ongeziene" wereld van haar werk.

Dolores Cannon, heengegaan van deze wereld op 18 oktober 2014, heeft ongelofelijke prestaties op het gebied van alternatieve genezing, metafysica en vorig-leven-regressies nagelaten, maar het meest indrukwekkend van alles was haar aangeboren begrip, dat het meest belangrijke dat zij kon doen, het verzamelen van informatie was. Om verborgen en onontdekte kennis te onthullen, die van vitaal belang is voor de verlichting van de mensheid en voor onze lessen hier op Aarde. Het meest belangrijke voor Dolores was het delen van informatie en kennis. Dat is waarom haar boeken, lezingen en unieke QHHT methode voor hypnose nog steeds zoveel mensen overal ter wereld blijven verbazen, leiden en informeren. Dolores heeft al deze mogelijkheden, en nog meer, onderzocht terwijl ze ons meenam op de reis van ons leven. Zij wilde graag, dat medereizigers haar reizen naar het onbekende zouden delen.

Ozark Mountain Publishing, Inc.
P.O. Box 754
Huntsville, AR 72740
www.ozarkmt.com

Other Books by Ozark Mountain Publishing, Inc.

Dolores Cannon
A Soul Remembers Hiroshima
Between Death and Life
Conversations with Nostradamus, Volume I, II, III
The Convoluted Universe -Book One, Two, Three, Four, Five
The Custodians
Five Lives Remembered
Jesus and the Essenes
Keepers of the Garden
Legacy from the Stars
The Legend of Starcrash
The Search for Hidden Sacred Knowledge
They Walked with Jesus
The Three Waves of Volunteers and the New Earth
A Vey Special Friend
Aron Abrahamsen
Holiday in Heaven
James Ream Adams
Little Steps
Justine Alessi & M. E. McMillan
Rebirth of the Oracle
Kathryn Andries
Time: The Second Secret
Cat Baldwin
Divine Gifts of Healing
The Forgiveness Workshop
Penny Barron
The Oracle of UR
P.E. Berg & Amanda Hemmingsen
The Birthmark Scar
Dan Bird
Finding Your Way in the Spiritual Age
Waking Up in the Spiritual Age
Julia Cannon
Soul Speak – The Language of Your Body
Ronald Chapman
Seeing True

Jack Churchward
Lifting the Veil on the Lost Continent of Mu
The Stone Tablets of Mu
Patrick De Haan
The Alien Handbook
Paulinne Delcour-Min
Spiritual Gold
Holly Ice
Divine Fire
Joanne DiMaggio
Edgar Cayce and the Unfulfilled Destiny of Thomas Jefferson
Reborn
Anthony DeNino
The Power of Giving and Gratitude
Carolyn Greer Daly
Opening to Fullness of Spirit
Anita Holmes
Twidders
Aaron Hoopes
Reconnecting to the Earth
Patricia Irvine
In Light and In Shade
Kevin Killen
Ghosts and Me
Donna Lynn
From Fear to Love
Curt Melliger
Heaven Here on Earth
Where the Weeds Grow
Henry Michaelson
And Jesus Said – A Conversation
Andy Myers
Not Your Average Angel Book
Guy Needler
Avoiding Karma
Beyond the Source – Book 1, Book 2
The History of God
The Origin Speaks

For more information about any of the above titles, soon to be released titles, or other items in our catalog, write, phone or visit our website:
PO Box 754, Huntsville, AR 72740|479-738-2348/800-935-0045|www.ozarkmt.com

Other Books by Ozark Mountain Publishing, Inc.

The Anne Dialogues
The Curators
Psycho Spiritual Healing
James Nussbaumer
And Then I Knew My Abundance
The Master of Everything
Mastering Your Own Spiritual Freedom
Living Your Dram, Not Someone Else's
Sherry O'Brian
Peaks and Valley's
Gabrielle Orr
Akashic Records: One True Love
Let Miracles Happen
Nikki Pattillo
Children of the Stars
A Golden Compass
Victoria Pendragon
Sleep Magic
The Sleeping Phoenix
Being In A Body
Alexander Quinn
Starseeds What's It All About
Charmian Redwood
A New Earth Rising
Coming Home to Lemuria
Richard Rowe
Imagining the Unimaginable
Exploring the Divine Library
Garnet Schulhauser
Dancing on a Stamp
Dancing Forever with Spirit
Dance of Heavenly Bliss
Dance of Eternal Rapture
Dancing with Angels in Heaven
Manuella Stoerzer
Headless Chicken
Annie Stillwater Gray
Education of a Guardian Angel
The Dawn Book
Work of a Guardian Angel

Joys of a Guardian Angel
Blair Styra
Don't Change the Channel
Who Catharted
Natalie Sudman
Application of Impossible Things
L.R. Sumpter
Judy's Story
The Old is New
We Are the Creators
Artur Tradevosyan
Croton
Croton II
Jim Thomas
Tales from the Trance
Jolene and Jason Tierney
A Quest of Transcendence
Paul Travers
Dancing with the Mountains
Nicholas Vesey
Living the Life-Force
Dennis Wheatley/ Maria Wheatley
The Essential Dowsing Guide
Maria Wheatley
Druidic Soul Star Astrology
Sherry Wilde
The Forgotten Promise
Lyn Willmott
A Small Book of Comfort
Beyond all Boundaries Book 1
Beyond all Boundaries Book 2
Beyond all Boundaries Book 3
Stuart Wilson & Joanna Prentis
Atlantis and the New Consciousness
Beyond Limitations
The Essenes -Children of the Light
The Magdalene Version
Power of the Magdalene
Sally Wolf
Life of a Military Psychologist

For more information about any of the above titles, soon to be released titles, or other items in our catalog, write, phone or visit our website:
PO Box 754, Huntsville, AR 72740|479-738-2348/800-935-0045|www.ozarkmt.com

www.ingramcontent.com/pod-product-compliance
Lightning Source LLC
Chambersburg PA
CBHW062200080426
42734CB00010B/1752